東日本大震災・
放射能災害下の保育

福島の現実から保育の原点を考える

関口はつ江
[編著]

ミネルヴァ書房

は じ め に

　この本を作ることになりましたのは，2011年3月の東日本大震災後の5月に開催された日本保育学会第64回大会における緊急シンポジウム「災害時における子どもと保育」を受けて，「災害時における保育問題検討委員会」が発足，放射能災害にかかる保育問題研究委員会の調査研究が行われたことに端を発します。調査結果は，2013年5月発行の「震災を生きる子どもと保育（日本保育学会　災害時における保育問題検討委員会報告書）」およびその続編である2015年12月発行の「放射能災害下の保育問題研究（平成25年・26年調査報告書）」として，日本保育学会ホームページに公開されています。また，研究資料は学会事務局において管理されています。

　この調査活動で意図されたことは，保育現場から保育活動の実態，子どもや保護者の状況等の資料を提供していただき，それを整理して今後に残すことと，調査結果の現場へのフィードバックを通して現場を支えることの2点でした。研究協力園の関係者と年に3，4回，調査結果の報告と次の調査依頼を兼ねた話し合いを重ね，調査内容の検討を行うとともに，調査で把握できない子どもたちの生の姿や保育者の思いの聞き取りをして，調査活動自体が現場の方々の気持ちの整理や外部への発信になるように心がけました。そうした中で，研究に携わったメンバーは，これらの実状には保育研究者のみならず，保育実践者，保護者，子育てに関心のあるすべての人に意味を持つ「子どもが育つこと，子どもを育てること」に関する基本が含まれていると考えていました。

　出版の直接のきっかけは，保育学会2014年5月の日本保育学会での自主シンポジウム「保育環境の変化と保育の危機――放射能災害後の子ども，保育者，保護者における危機を考える」の後，ミネルヴァ書房編集者の吉岡氏から声をかけられたことでした。このときのシンポジウムの内容は，保育現場の保育の実際，保育者の迷いや悩み，園長・保育者・保護者の意識の変化などの調査結果報告を中心としており，震災発生後3年を経過したこの時期ではすでに，広

い関心を集めるものではありませんでした。しかし，子どもにも大人にも当たり前であった日常生活が当たり前でなくなったとき，しかも，それがそこにいる大人でさえそのことへの直接的責任を負うものではなく，ましてや子ども自身には何の咎もなく，ただ大人の指示に従わなければならなくなったとき，子どもを育てる大人に問われたことは何か，その問いにどのように応えようとしたかについて考え，学び，発信することは，保育にかかわるものとしての責務であると考えました。

　上記の調査活動を土台として，その後展開した各自の研究や活動，体験を何とかまとめようと取り組んでから2年が過ぎてしまいましたが，大震災後5年の節目を迎え，あらためてこの時期の保育から学びなおすことの必要性を感じ，実践に当たられた保育者の言葉を生かしながら本書を構成することに努めました。

　「保育者は，自分がいることによって，それぞれの子どもが最善の可能性を発揮して生きることを願っている。…（中略）…それは願であって，決して完全にはなし得られないものである。…（中略）…それにもかかわらず，願を持ち続けなければ，実現に近づく道を見出すこともできないであろう」（津守，1980）との言葉通り，放射能災害による環境汚染という厳しい保育条件下で，子どもの身体的健康を守りながら，子ども自身が最善の可能性を発揮することをどのようにして実現するか，先が見えず，確かな情報がない状態で，保育者も保護者もその決断は個々のおかれた条件と価値観に頼った模索の上でなされました。

　保育現場の先生方から，「放射能汚染があるからできないとは考えないで，できることをやろう」「幼児期をここで過ごしてよかったと思えるようにしてやりたい」「ただただ，こんなことになって子どもに申し訳ないとの一心で……」，などの言葉をお聞きしました。「幼児期における教育は，生涯にわたる人格形成の基礎を培う」（「幼稚園教育要領」総則）とするならば，「人格形成の基礎」をどう考えるかが最大の問いになります。一人ひとりの子どもにとって育ちざかりの貴重な時間は二度と戻らないのですから，子どもが好きなこと，

はじめに

子どものためになることを，ことごとく制止しなければならなかった保育者自身が，自己矛盾の中でもっとも辛い思いを重ねてきたに違いありません。

戸外活動禁止が解かれ，わずかでも外に出られるようになったときの子どもの感動，わずかな時間でも外で遊んでから戻ったときの子どもの生き生きとした様子に，大人の方が驚かされ，子どもにとっての「お外や土」「葉っぱやムシ」がどのようなものか，自分で遊びを見つけることがどれほど自信を与えるものか，屋内だけの生活の中で，大人の想像を超えた深い思いが子どもの中にはあったことに気づかされたことが語り合われました。活動制限がなければ，何気なく見過ごしたかもしれない小さな花の色合いや風の心地よさを，子どもたちは感じていたのではないかと思います。

子どもの感動はどこから生まれたのでしょうか。自分たちの状況を前向きに受け止め，毎日の生活の中で子どもの可能性を探り，子ども自身の自然を尊重しようとする保育者の努力によって，目分の外にある豊かな自然と向き合いたいと，求め続ける内面の世界が守られていたからこそではないでしょうか。

その意味では，環境が変わっても，そこで何を大切にして暮らしていくかが問われるということが強く意識化されました。「外には出られなかったけれども，こんなことをした」「友達がいるから」「先生と一緒だった」というような「何か」を子どもたちに残していきたい，との保育者の必死の思いから生まれた保育の工夫や細やかな配慮がなされました。一方で，物理的環境条件に基づく保育の限界や保育者自身の変容の問題も現れてきました。

この子どもたちが，5年後や10年後に，幼児期の思い出として何を語るでしょうか。震災後はじめての外遊びでの砂の感触や，郊外で思い切り走れたことの喜びが語られるでしょうか。毎朝，玄関やテラスを，水を流して洗っていた先生の姿や，部屋に目張りをしていたお母さんの厳しい表情を思い出すでしょうか。この難事において，自分たちが大切に守られたことが伝われば，そして，それが生き方への示唆になれば，環境制限による経験の偏りや不足という躓きがあっても，それを超えようとする生きる力の基礎は培われていたと言えるのではないでしょうか。

原子力発電所の事故による放射能汚染という現代文明の失策は，けっして容認できるものではありません。しかし，今回の事故によらずとも，幼い子どもが子どもらしく育つことのできる環境が，徐々に侵害されていることは明らかです。子どものための空間は矮小化し，何気ない遊びの価値は無視され，規格化された効率よい遊具や環境が推奨され，大人が細やかに心を砕かなくてもすむ保育環境が求められつつあります。本書を「保育をするとはどのようなことなのか」「現代社会において，保育の場はどのような役割を担っているのか」についての再考の契機としていただけましたら幸いです。

謝　辞

　本書の執筆に際し，一般社団法人日本保育学会が，災害時における保育問題検討委員会（平成23年度，24年度），および放射能災害にかかる保育問題研究委員会（平成25年度，26年度）において実施した調査活動，および調査結果に基づく執筆をお認めくださいましたことに感謝申し上げます。

　2016年10月

　　　　　　　　　　　　　　　　　　　　　　　　　　　執筆者一同

〈文　献〉
津守眞『保育の体験と思索』大日本図書，1980年，5頁。

目　　次

はじめに

第Ⅰ部　保育現場の実態──震災・放射能災害下の保育者と子どもの生活

第1章　震災・放射能災害の状況と人口動態……賀門康博…3

 1　福島県とは──その地理的な概略……………………………………3
 2　東日本大震災による
 　　東京電力福島第一原子力発電所事故の概略………………………3
 3　放射線量（外部被曝量）の変化……………………………………5
 4　福島県内各地の人口推移……………………………………………9
 5　幼稚園や保育所への就園状況………………………………………13
 6　地方自治体（県）の国への要望書から見る
 　　子どもたちへの支援の変化…………………………………………15
  （1）　2010年……15
  （2）　2011年……16
  （3）　2012年……16
  （4）　2015年……20
 7　震災・放射能災害下での家族…………………………………………20
  （1）　避難の実態……20
  （2）　親たちが抱えている課題……22
 8　中通り地方の放射能汚染……25

第2章　震災・放射能災害下の保育現場の実際
——保育者，園の記録から
……………………………………………………………関口はつ江…27

1　事態への対応……………………………………………………27
2　震災直後の園長，保育者の行動と思い………………………28
　（1）　公立N保育所（郊外住宅地）所長の記録……28
　（2）　私立H保育園分園（繁華街ビル2階）園長の記録……30
　（3）　私立T幼稚園（郊外住宅地）教諭の記録……31
3　震災後1〜3年の保育現場……………………………………34
　（1）　環境の回復を目指して（T幼稚園）……34
　（2）　季節感を補い，集団で集中する活動を目指して（N保育所）……39
　（3）　短時間でも散歩，そして保護者との対話（H保育園分園）……44

第3章　震災・放射能災害下の保育の実際
——調査の結果と実践事例から
……………………………………………賀門康博・関口はつ江…51

1　保育内容の変化…………………………………………………51
　（1）　保育活動……51
　（2）　保育現場の意識……55
　（3）　災害への対応と保育内容……62
2　子どもの1日の生活……………………………………………68
　（1）　1日の流れの比較……68
　（2）　環境構成の工夫……74
3　子どもの活動の変化……………………………………………75
　（1）　砂遊び（泥だんご作りの例）……75
　（2）　ごっこ遊び……80

第4章　子どもの姿と保育者の意識
——保育者の記録と語りから
……………………関口はつ江・田中三保子・池田りな…87

1　保育者がとらえた子どもの姿と保育実践………………………………87
　（1）　3歳児の育ちと保育への取り組み……87
　（2）　4歳児の姿と子どもの気持ちへの寄り添い……97
　（3）　5歳児の姿と生活の仕方……106
2　保育者の取り組みと意識の変化——聞き取り調査から……………111
　（1）　子どもの姿と保育者の意識の変化……111
　　　　　——子どもの年齢，保育方法との関連
　（2）　災害下の保育から見えること……132
　（3）　自然環境に関する意識の変化……139
3　保育現場の変化のまとめ………………………………………………149

第Ⅱ部　調査の結果から見えてきたこと

第5章　子どもたちの発達……………安斉悦子・長田瑞恵…157
1　身体発育・運動能力の発達……………………………………………157
　（1）　身体発育測定結果（2008～2012年度）……157
　（2）　運動能力測定結果（2009～2012年度）……162
　（3）　運動能力測定結果（2013・2014年度）……164
2　様々な領域の発達………………………………………………………166
　（1）　震災・放射能災害前の幼児期の発達……166
　（2）　震災・放射能災害前の子どもたちの発達の実態……168
　（3）　震災・放射能災害による保育環境の変化の影響……174
　（4）　災害前と災害後の直接比較……181

（5）震災・放射能災害による影響——発達評価を踏まえて……185

第6章　震災・放射能災害下の保育と保育者の意識……加藤孝士…193

- 1　活動時間の変化……193
  - （1）保育活動の時間……194
  - （2）保育者の活動時間……195
- 2　保育内容の変化……196
  - （1）保育の回帰……197
  - （2）保育の深化……198
- 3　保護者との信頼関係……200
  - （1）保護者とのかかわりの増加……200
  - （2）迅速な対応……200
  - （3）子どもへの真摯な取り組み……201
- 4　保育者のストレス……202
  - （1）保育者の頑張り……202
  - （2）頑張りを受け入れにくい保育者……204
  - （3）保育者の葛藤……204
- 5　園種による違い……206
- 6　福島の保育者調査から見えてきたこと……207
  - （1）福島の保育者が直面している問題……207
  - （2）福島の保育から学ぶこと……208

第7章　震災・放射能災害下の家庭生活と保護者の意識……加藤孝士…211

- 1　震災直後（1年間）の家庭生活と保護者の意識……211
  - （1）家庭生活の様子……211

（２）　子どもの様子……216

　　（３）　保護者の様子……218

　２　震災1年後以降の家庭生活と保護者の意識………………………220

　　（１）　家庭生活の様子……220

　　（２）　子どもの様子……225

　　（３）　保護者のストレスの変化……228

　　（４）　忘れたい気持ちと忘れてほしくない思い……231

第8章　支援活動とその意義………………………原野明子…239

　１　調査の対象と内容………………………………………………239

　２　震災以降に受けた様々な支援…………………………………240

　　（１）　建物や園庭・固定遊具に関係した支援……240

　　（２）　保育の活動に関する支援……242

　　（３）　除染に関する支援……244

　　（４）　物資に関する支援……244

　　（５）　人的支援……245

　　（６）　金銭的支援……245

　　（７）　考　察……246

　３　とくに有り難かった支援………………………………………249

　４　支援を受ける際に負担に感じたことと配慮がほしかったこと…251

　　（１）　負担に感じたこと……251

　　（２）　配慮がほしかったこと……251

　　（３）　自由記述の記載に見る負担や求められる配慮……251

　５　支援について考えたいこと——今後の課題…………………256

　　（１）　緊急時の支援に対する手続きの問題……256

　　（２）　人的支援の工夫……256

　　（３）　支援する側とされる側……257

（4）支援者・研究者に求められる配慮……258
　　（5）支援者支援——園長・保育者への支援……258

第9章　放射能災害と保育問題に関する研究の現在……岡野雅子…261
　1　放射能災害と日本保育学会の取り組み……261
　2　放射能災害による環境の変化が保育に及ぼした影響……262
　　（1）保育に対する取り組みや子ども・家庭の変化……263
　　（2）幼児の運動能力についての実証的研究……266
　　（3）福島におけるボランティア等の保育実践……267
　3　放射能災害による幼児と保護者のストレス……268
　4　放射能災害の特殊性と深刻性……270
　5　様々な観点からの研究と長期的研究の必要性……272

結びにかえて

第 I 部
保育現場の実態
震災・放射能災害下の保育者と子どもの生活

第1章

震災・放射能災害の状況と人口動態

賀門康博

　福島県の保育現場にどういうことが起きたかを述べる前に，東京電力福島原子力発電所事故が起きたことによって，地域にどのような変化があったかについて概略を述べます。

1　福島県とは——その地理的な概略

　福島県は北海道と岩手県に続き全国で3番目の広さの面積（13,782 km^2）がある県です。これは東京都のおよそ6倍であり，その広さもあり明治維新以降の廃藩置県の流れから県内は太平洋に近い順に「浜通り地方」「中通り地方」「会津地方」と大きく3つに区分されます（図1-1）。

2　東日本大震災による東京電力福島第一原子力発電所事故の概略

　東日本大震災は2011年3月11日午後2時46分に起き，各地方に大きな被害をもたらしました。福島県においても各地で地震や津波による被害が確認されました。しかし，福島県ではその後に起きた原子力発電所の事故による放射能災害によって環境汚染問題がより大きな災害となりました。
　東日本大震災により，東京電力の原子力発電所が立地する楢葉町，富岡町，大熊町，双葉町では震度6強を観測，また地震に伴う津波により，福島第一原

第Ⅰ部　保育現場の実態

図1-1　福島県の3つの地方
（出所）　福島県企業立地ガイド（一部加筆）　http://www4.pref.fukushima.jp/investment/02danti/index.html

発では基準水面に対し約15m、福島第二原発では約7m浸水しました。地震により運転中の原子炉は緊急停止したものの、地震および津波により施設が損壊し、福島第一原発では外部電力も絶たれ、炉心冷却機能不全に陥ったため、炉心溶融が生じました。その後、1号機、3号機、4号機の建屋が相次いで爆発により破損、国際原子力事象評価尺度でもっとも重い「深刻な事故（レベル7）」とされる大事故となりました。

　東京電力福島第一原発事故の発生後、政府（内閣総理大臣）より、3月12日18時25分に原発から10km圏内に避難指示が出されました。この後、同年3月15日には、原発から20〜30km圏内に屋内待避の指示、4月21日になりようやく「警戒区域」の設定が行われ、総理指示として公示されました。当初は半径で指示されていた避難等についても、放射線量の調査等が進むにつれてより細かい避難区分の設定および避難区域の設定になっていき、住民たちはそうした状況への対応に翻弄されたとも言えます。時間経過や除染作業の成果により警戒区域は徐々に狭くなってきてはいますが、5年を経過した現在も依然としてかなり広い地域が警戒区域になっており、放射能汚染に絡む諸問題は解決の目途の立たない長期戦であることを心にとめておく必要があります（表1-

表1-1 警戒区域等について

名　称	区域の基本的考え方	対応・運用内容
警戒区域	福島第一原子力発電所の半径20km圏内	・緊急事態応急対策に従事する者以外の者に対して，市長が一時的な立入りを認める場合を除き，立入りを禁止し，または退去を命ずる
計画的避難区域	福島第一原子力発電所の半径20kmから30km圏内で，事故発生から1年間に積算線量が20mSvに達する恐れのある区域	・原則としておおむね1月程度の間（平成23年4月22日以降）に順次当該区域外へ避難のための立退きを行う
緊急時避難準備区域	屋内退避区域（20kmから30km圏内）のうち，計画的避難準備区域を除いた区域	・常に緊急時に避難のための立退き又は屋内への退避が可能な準備を行う
避難指示解除準備区域	年間積算線量が20mSv以下となることが確実であることが確認された地域	・主要道路における通過交通，住民の一時帰宅（ただし宿泊は禁止），公益目的の立入りなどを柔軟に認める ・製造業等の事業再開，営農の再開，これらに付随する保守修繕，運送業務などを柔軟に認める ・スクリーニングや線量管理など防護措置は原則不要
居住制限区域	年間積算線量が20mSvを超えるおそれがあり，住民の被ばく線量を低減する観点から引き続き避難の継続を求める地域	・基本的に計画的避難区域と同様の運用を行う ・住民の一時帰宅（宿泊は禁止），通過交通，公益目的の立入り（インフラ復旧，防災目的など）などを認める
帰還困難区域	5年間を経過してもなお，年間積算線量が20mSvを下回らないおそれのある，平成24年4月時点で年間積算線量が50mSv超の地域	・区域境界において物理的防護措置を実施し，住民に対して避難の徹底を求める ・可能な限り住民の意向に配慮した形で住民の一時立入りを実施。スクリーニングを確実に実施し個人線量管理や防護装備の着用を徹底する

（出所）「南相馬市災害記録誌」2013年3月

1，図1-2①②）。

3　放射線量（外部被曝量）の変化

　原発事故以降，よく聞く言葉として「空間線量」と「個人線量」というもの

第Ⅰ部　保育現場の実態

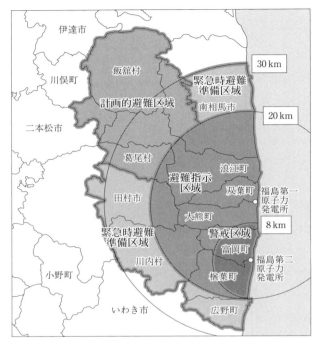

図1-2①　避難区域の状況（2011年4月22日時点）
（出所）ふくしま復興ステーション　http://www.pref.fukushima.lg.jp/site/portal/cat01-more.html

があります。これについて福島県の「除染情報プラザ」では以下のように説明しています。

　空間線量とは，ある空間における放射線量を表す単位の事で，基本的に地上1メートルで測定した1時間あたりの放射線量のことです。モニタリングポスト等の空間線量計で知ることが出来ます。
　個人線量とは，私達一人一人が日常生活の中で受けている放射線量のことです。内部被ばくを測るものとしてはホールボディカウンターがあり，体内のセシウム量を調べることが出来ます。[1]

　すなわち，個人線量は「空間線量（外部被曝）＋内部被曝」の合計値と考え

第1章 震災・放射能災害の状況と人口動態

図1-2② 避難指示区域の概念図（2016年7月12日時点）
（出所）ふくしま復興ステーション http://www.pref.fukushima.lg.jp/site/portal/cat01-more.html

ることができます。しかし，内部被曝値は同一地域に住んでいたとしても個人個人の生活や体格などの要因により違います。ここでは空間線量に絞り，各地域の変化の一端を述べます。ここで"一端"としたのは，同じ地域の中でも山間部や水が溜まりやすいところは線量が高いいわゆるホットスポットになりやすく，計ってみないとわからないというのが実際であるので，除染を行ったことでこれだけ変化があったという現状を知るための一端という意味です。そのように放射能汚染状況，その影響は微妙に異なることもあって，後に述べるように住民の不安，不信感，対処法が複雑にならざるを得ないとも言えましょう。

（1） 除染情報プラザ http://josen-plaza.env.go.jp/nasubinogimon/movie/2movie5.html?id=movieAreaTop

第Ⅰ部　保育現場の実態

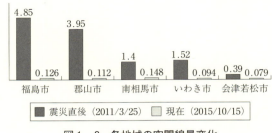

図1-3　各地域の空間線量変化

（注）　高さ1m・単位μSv/h
（出所）（2011年3月25日）福島県内各地方　環境放射能測定値（暫定値）（第223報）
　　　（2015年10月15日）原子力規制委員会放射線モニタリング情報　http://radioactivity.nsr.go.jp/map/ja/
　　＊計測場所（同一地点がない場合，近い場所を選択した）
　　○福島市：(2011年) 県北保健福祉事務所事務局東側駐車場　(2015年) 中央児童相談所
　　○郡山市：(2011年) 郡山合同庁舎東側入口付近　(2015年) 郡山合同庁舎
　　○南相馬市：(2011年) 南相馬合同庁舎駐車場　(2015年) 南相馬合同庁舎
　　○いわき市：(2011年) いわき合同庁舎駐車場　(2015年) いわき市文化センター
　　○会津若松市：(2011年) 会津若松合同庁舎駐車場　(2015年) 会津若松駅前公園

　以下の章で保育状況等を詳しく述べる福島県の中通り地方の2市（福島市，郡山市）と，福島第一原発に近い浜通り地方の南相馬市といわき市，原発から100km以上離れている山間部（会津地方）の会津若松市の5市の状況を比較します。

　図1-3を見るとわかるように，いわき市や南相馬市（浜通り地方）よりも県の中心部に位置する福島市や郡山市の方が震災直後の線量が高いです。これは事故発生後の天候（風の向きなど）により影響されたと考えられ，事故発生直後にメディアで名前があがったことで風評被害が起こり，ガソリンなどの物資の流れが滞ってしまったいわき市についても，実際には25日現在では1.5程度に収まっています。それに対して中通りの2市は全体ではないにせよ3.9〜4.8といった高い数値が出ていたことがわかります。除染後の数値は事故前の平常値（0.05μSv/h（1時間当たり0.05μSv（マイクロシーベルト）前後）よりは高いものの，0.1μSv/h前後に収まっていますが，この事故直後の高い数値が，福島に住む人々の心の中に暗い影を残していると考えることもできます。

ただし厳密に言えば、ホットスポットは市や県の境で途切れるものではないので、各地に分散はしているわけです。

4 福島県内各地の人口推移

次に福島県内の人口推移です。まず最初に見るのは各市の隔年1月1日付の総数人口の推移です。2010年度の人口を100として比較した割合をグラフにしたものです（図1-4）。

1月1日現在の比較なので、2011年度までは全市ともにほぼ横ばいか1％弱の減少であったのが、2012年度になると減少幅が大きく拡大していきます。2011年度から2012年度の減少幅最小は会津若松市の－0.5％であり、最大は南相馬市の－6.6％です。会津若松市においては2010年度から2011年度の減少幅が－1.2％でありむしろ減少幅が縮小していることがわかりますが、この数値も他地域の減少分を補完してはいません。この数値はあくまで住民登録をして

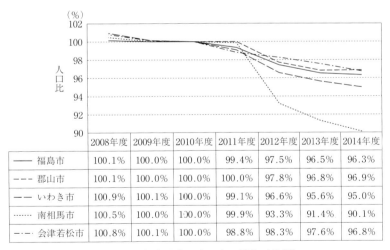

図1-4 福島県内5市の人口推移（総数）
（注） 2010年度の人口を100％とする（以下図1-5～1-11も同じ）。
（出所） 厚生労働省「人口動態統計」（各年度）から筆者作成

いる住民の数であり，被災地から仮住まいとしてその地に住んでいる数は入っていません。ここからも，福島第一原発から100km離れた会津若松市ですら，同じ福島県内の避難先として永住の地にはなっていないことがわかります。その心の内は，"いつか帰りたいから"なのか"福島には住めない"からなのかはわかりません。

では，どういった家族がそれまで住んでいた地を離れていったのか，各市の年齢別の変化を見ていきます（図1-5，図1-6）。

同じ中通り地方である福島市と郡山市は，年齢別の人口推移でも同じ傾向を示していることがわかります。急激に減少したのは0-4，5-9歳の世代であり，対照的に65歳以上の年齢層はその割合を減らすことなく増加しています。避難したのはやはり，放射線からの影響が高いと考えられる若年層であったことがわかります。しかし，減少した0-4歳世代ですが，両市とも2014年度は若干ながら底突きおよび上向きの傾向（福島市：79.5%→81.1%，郡山市：82.6%→82.6%）が見られます。これは，避難せずに住んでいた家族が事故から時間が経ったことで，出産等徐々に自然な状態になり，相対的に底を打った状態になったのではないかと考えられます。

次に，浜通り地方である南相馬市といわき市を見ます（図1-7，図1-8）。その人口推移は大きく異なっています。2014年度になっても0-9歳層の割合の減少が続いている点が異なっているものの，比較的中通りの2市と似た傾向を見せるいわき市に対し，原発により近い南相馬市では0-9歳人口の減少幅が他市よりかなり大きく，2014年度において0-4歳で61.7%，5-9歳で74.9%であり，しかも2014年度まで割合の減少が続いています。これは他市が15-64歳という成人年齢，すなわち出産年齢層がおおよそ93%程度の割合を維持しており，その地に住み続けていた様子がうかがえるのに対して，南相馬市では2014年度においては87.5%となっており，結婚・出産期である年齢層が避難をし，戻ってきていないのではないかと推測することができます。

原発から一番離れている会津若松市（図1-9）では，他の4市に見られた0-9歳人口の震災後の急激な割合減少は見られず，2010年から見た推移傾向

第 1 章　震災・放射能災害の状況と人口動態

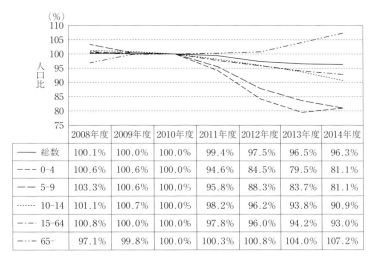

図 1 - 5　年齢ごとの人口推移（福島市）
（出所）　厚生労働省「人口動態統計」（各年度）から筆者作成

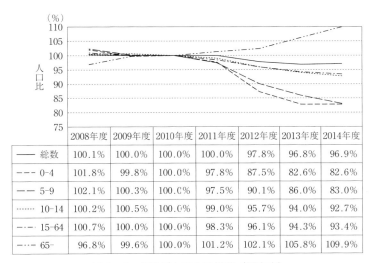

図 1 - 6　年齢ごとの人口推移（郡山市）
（出所）　厚生労働省「人口動態統計」（各年度）から筆者作成

第Ⅰ部　保育現場の実態

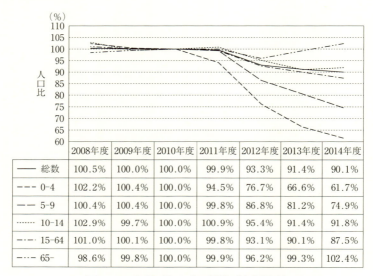

	2008年度	2009年度	2010年度	2011年度	2012年度	2013年度	2014年度
総数	100.5%	100.0%	100.0%	99.9%	93.3%	91.4%	90.1%
0-4	102.2%	100.4%	100.0%	94.5%	76.7%	66.6%	61.7%
5-9	100.4%	100.4%	100.0%	99.8%	86.8%	81.2%	74.9%
10-14	102.9%	99.7%	100.0%	100.9%	95.4%	91.4%	91.8%
15-64	101.0%	100.1%	100.0%	99.8%	93.1%	90.1%	87.5%
65-	98.6%	99.8%	100.0%	99.9%	96.2%	99.3%	102.4%

図1-7　年齢ごとの人口推移（南相馬市）

（出所）　厚生労働省「人口動態統計」（各年度）から筆者作成

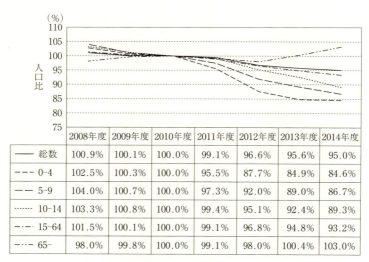

	2008年度	2009年度	2010年度	2011年度	2012年度	2013年度	2014年度
総数	100.9%	100.1%	100.0%	99.1%	96.6%	95.6%	95.0%
0-4	102.5%	100.3%	100.0%	95.5%	87.7%	84.9%	84.6%
5-9	104.0%	100.7%	100.0%	97.3%	92.0%	89.0%	86.7%
10-14	103.3%	100.8%	100.0%	99.4%	95.1%	92.4%	89.3%
15-64	101.5%	100.1%	100.0%	99.1%	96.8%	94.8%	93.2%
65-	98.0%	99.8%	100.0%	99.1%	98.0%	100.4%	103.0%

図1-8　年齢ごとの人口推移（いわき市）

（出所）　厚生労働省「人口動態統計」（各年度）から筆者作成

第1章　震災・放射能災害の状況と人口動態

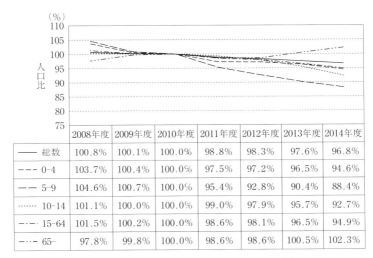

図1-9　年齢ごとの人口推移（会津若松市）
（出所）厚生労働省「人口動態統計」（各年度）から筆者作成

もほぼ一定で，震災や事故による影響は少なかったことがうかがえます。

このように福島の5市を見ただけでも受けた影響が違います。しかし5市に共通するのは65歳以上の人口は震災以前と比べても減らず増えており，高年齢層はその住み慣れた土地を離れておらず，結果的にいわゆる超高齢化社会に向かって急速に変化してしまっている様子が見えてきます。

5　幼稚園や保育所への就園状況

次に，5市における幼稚園と保育所の入園（所）者数の推移を示します。これも同じく2010年度を100％として，相対的な人数の変化を図にしたものです（図1-10，図1-11）。なお，これらのデータについては，4月1日もしくは5月1日現在の統計となっているので，先ほどまでの人口推移と異なり2011年度の数値は災害後のものです。

おおむね先に挙げた人口推移と同様の傾向を示していますが，幼稚園と保育

第Ⅰ部　保育現場の実態

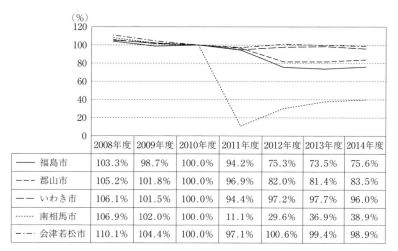

図1-10　幼稚園入園児数変化の割合

（注）　各年度5月1日現在
（出所）　文部科学省「学校基本調査」（各年度）から筆者作成

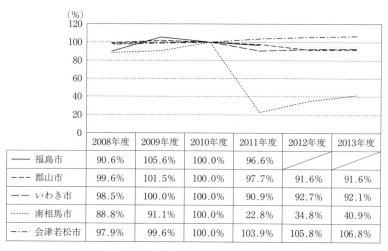

図1-11　保育所入所者数変化の割合

（注）　各年度4月1日現在
（出所）　各年度の「福島市統計書」「郡山市統計書」「いわき市統計書」「（南相馬）市マチＤス」「会津若松市　市統計調査」から筆者作成

所では増減率に若干の差があることがわかります。南相馬市を除き2010年度比で90％を割ったことはない保育所に対して，幼稚園は南相馬市の他にも中通り地方の2市（福島市，郡山市）が2～3割近く入園者数を減らしています。このことの背景には，保護者の就労状態による違い，避難可能な家庭とそこでの生活を継続する家庭との違いがあると考えられます。保育所と幼稚園の役割の違いが顕在化しました。

　会津若松市は，避難先の一つとして同じ浜通り地方のいわき市よりも候補に挙げられたので，震災後1年が経った2012年度の統計では，幼稚園で100.6％，保育所で105.8％と2010年度に比べても多くなっているのではないかと考えられます。

6　地方自治体（県）の国への要望書から見る子どもたちへの支援の変化

　震災と事故が発生し不安が生じている県民の生活を守るために，県は政府に対してどのような支援を求めたかについて，毎年出されている国に対しての県からの「要望書」にある厚生労働省分野・文部科学省分野を中心に，その変化を示します[2]。

（1）2010年

　震災前の2010年度の内容を見ると，以下に挙げる2011年度以降と比べると項目数も少なく，災害関連では文科省分野で「公立小中学校の耐震化の促進」が見られる程度で，中心となっているのは子育て世代への支援の拡充や地方分権とそれに伴う財源確保等です（表1-2）。

---

(2)　ふくしま復興ステーション「政府要望等について」　http://www.pref.fukushima.lg.jp/site/portal/fukkouhonbu-youbou.html

第Ⅰ部　保育現場の実態

表1-2　福島県から国への要望書（2010年8月）（抜粋）

厚労省
・妊婦健診検査に係る財源措置の恒久化 ・子どもの医療費についての拡充と助成制度の創設 ・特定不妊治療への医療保険制度の適用 ・子ども手当の全額国費負担 ・児童扶養制度の拡充 ・保育所や認定こども園などの整備について補助を手厚くするとともに，地方の財政負担の軽減 ・地方の創意工夫による独自の子育て支援策に対する助成の継続
文科省
・「地方教育行政の組織及び運営に関する法律」の地方分権の趣旨を十分尊重しての運用 ・分権型の教育の仕組み作り。創意工夫に基づく教育が可能となる制度へ。 ・役割分担に基づいた，国庫委託事業の安定的な実施。地方財政負担が増すことのないように，また速やかに情報提供をすること。 ・公立小中学校の耐震化の促進と財源確保 ・学校教育相談体制の充実において，カウンセリング技法の習得を教員免許取得の要件に位置させる。 ・スクールカウンセラーを新たな職種として学校教育法に規定し，教職員定数に含め配置する ・幼小中への特別支援，教育支援員の配置に関する地方財政措置の措置額の拡充 ・高等学校への特別支援教育支援員について地方財政措置の支援策を講じること ・発達障がい等の理解啓発活動の充実

（出所）　ふくしま復興ステーション「政府要望等について」

（2）2011年

　震災のあった2011年の7月に提出した要望書では，一般項目の他に「東日本大震災からの復旧・復興に関する要望」という項目が別に設けられています。内容的には被災児童生徒就学支援等臨時特例交付金制度の延長等による子どもたちの学習機会の保障や，校庭の表土改善や飲料水のモニタリング体制の整備といった内容が多く見られます。飲料水のモニタリングといった具体的な内容まで踏み込んでいる部分がありますが，地域の絆を深める等社会教育の充実のための事業拡充のための予算措置といったように具体化されにくい一般的な表現も見られます（表1-3）。

（3）2012年

　震災から1年が過ぎた中での要望書ではより具体的な内容への言及が多くな

第1章　震災・放射能災害の状況と人口動態

表1-3　福島県から国への要望書（2011年7月）（抜粋）

文科省
・平成23年度被災児童生徒就学支援等臨時特例交付金制度を延長すること。また，現行就学援助に対する助成支援の拡充を図ること。 ・被災した高校生を対象とした複数年度にわたる給付型奨学金制度を創設すること。また，独立行政法人日本学生支援機構における被災した大学生を対象とした無利子の奨学金枠を拡充すること。 ・原子力災害に伴うサテライト校の設置などにより，多数の高校生の通学費負担が大きくなることから，生徒の就学の機会を確保するため，本県において通学費の全部又は一部を負担する軽減措置をとることとしたが，これに対する国庫補助制度がなく，本県の負担が極めて多額に上ることから，新たな国庫支出金交付制度を緊急に創設し，平成24年度以降も継続すること。 ・震災及び福島第一原子力発電所事故の影響に伴い，避難所等からの通学や放射線による活動の制限など厳しい教育環境に置かれているため，多くの児童生徒がPTSD症状（Post Traumatic Stress Disorder: 外傷後ストレス障害）等の心理的苦痛を受けている状況にあり，教育相談や学習進度への対応など，きめ細やかな教育的支援を行う必要があることから，継続的な教職員の加配措置を行うこと。 ・警戒区域等に立地する高等学校10校（分校2校を含む）に在籍する生徒は，県内各地に設置したサテライトで学んでいるが，サテライトの教員のみでの対応には限界があり，他校からの教員の兼務等で対応していることから，きめ細やかな教育的支援を行うための継続的な教職員の加配措置を行うこと。 ・東日本大震災により，更に地域の絆を深める等社会教育の充実が求められることから学校・家庭・地域の連携協力を推進し，「放課後子ども教室推進事業」や「学校支援地域本部事業」等の充実を図れる十分な予算措置を行うこと。
〈東日本大震災からの復旧・復興に関する要望〉
厚労省
・被災した医療施設の復旧等支援，医療施設耐震化臨時特例基金・地域医療再生臨時特例基金の延長，医師確保・医師派遣に対する支援，看護職の人材確保支援などを行うこと。 ・社会福祉施設等の災害復旧費に対する財政措置，補助対象の拡充，仮復旧の際の基準緩和・財政措置などを行うこと。 ・避難が長期に及ぶことから，被災した高齢者に対する介護サービスの確保，介護サービス利用者の負担軽減に係る経過措置，財政支援等を行うこと。 ・子どもの安全・安心を守る観点から，被災地住民の医療保険の一部負担金等の免除期間を延長し継続するとともに，本県のすべての子どもに係る医療費について，助成する制度を設けること。 ・放射線から子どもの健康を守るために活用できるようにするなど，基金事業の対象範囲の拡大を図るとともに，子どもに関する各種施策についても弾力的に運用できるようにすること。また，安心こども基金の設置期限を延長すること。 ・〈放射線対策〉水道事業者による放射性物質検査機器設置のための経費を全額国費負担とするとともに，国の責任において飲料水のモニタリング検査体制を整備すること。 ・〈放射線対策〉身近な生活空間における被ばく量を可能な限り低減できるよう，生活空間において注意すべき場所とその線量基準，線量の高い土砂等の回収・除去・処分方法などを早急に示すこと。
文科省・環境省
・〈放射線対策〉校庭の表土改善，校舎・園舎等の側溝の洗浄経費等の全額国庫負担，校舎内及び通学路の汚泥処理方法の明示，エアコン・扇風機設置への財政支援，放射線と健康に関する教育及び広報を実施すること。
文科省
・私立学校に係る運営費等に対する財政支援，災害復旧に対する補助の拡充などを行うこと。 ・被災児童生徒等に対する就学援助，被災した高校生，大学生に対する奨学金制度の更なる充実，通学費に対する財政措置を行うこと。 ・特定被災地方公共団体の指定拡大，公立学校施設災害復旧費に対する対象範囲の拡大，応急仮設校舎整備に対する更なる財政支援などを行うこと。

（出所）　ふくしま復興ステーション「政府要望等について」

第Ⅰ部　保育現場の実態

表1-4　福島県から国への要望書（2012年6月）（抜粋）

〈重要項目〉
復興庁・内閣府・外務省・財務省・文部科学省・農林水産省・林野庁・国土交通省・環境省
・生活環境の除染，さらには農地及び森林を含め迅速かつ着実な除染を行うこと。また，除染に伴い毀損した財物の原状回復費用を補償すること。 ・除染の進捗状況に合わせて基金の積み増しを行うとともに，放射性物質による環境への汚染の対処が迅速かつ的確に推進されるよう，実態に即した基金の柔軟な執行を認めること。 ・本県の早急な環境回復と県民が将来にわたり安心して暮らせる環境創造のため設置する「福島県環境創造センター（仮称）」の整備・運営に当たり，継続的かつ十分な財政措置を講じるとともに，IAEAを始めとする国内外の研究機関を本センターに誘致すること。
厚労省・復興庁
・心のケアセンター事業について，平成25年度以降も財政支援を継続すること。
文科省・厚労省
・原子力発電所事故により子どもの安全・安心が脅かされている現状を踏まえ，放射線から子どもの健康を守るために基金を幅広く活用できるようにするなど，基金事業の対象範囲の拡大を図るとともに，子どもに関する各種施策に弾力的に運用できるようにすること。 また，安心こども基金（子育て支援対策臨時特例交付金）の積み増しを行うとともに，平成25年度以降の事業への充当を可能とすること。
文科省
・災害時に一時的に別の地域で再開する学校の教育環境整備に対する国庫補助制度の創設
〈最重要項目〉
復興庁・厚労省・環境省
・子どもの医療費については，医療保険制度における給付割合や対象年齢の拡充を行うとともに，自己負担について助成する制度を創設すること。 また，本県が独自に実施する対象年齢の拡充に対して，継続的な実施が可能となるよう必要な財政措置を行うこと。 ・新生児聴覚検査について，聴覚障がい児の早期発見，早期治療を受けられる環境を整えるため，本県では子育て環境整備の一環として検査費用の助成を行うこととしているが，継続した財政措置を講じること。 ・母子の健康支援について，放射線の健康への影響を心配し，育児不安を抱えている母子に対して，本県では相談事業を実施しているが，継続した財政措置を講じること。
厚労省
・子育て世帯のうち，多子世帯に対する保育料の軽減を行うため，補助対象者及び減免率の拡大に必要な財政措置をすること。
内閣府・文科省・厚労省
・子ども・子育て新システムへの移行時期については，被災県に関して移行時期の特例を設けるなど，弾力的な運用を行うこと。
文科省
・被災児童生徒就学支援等臨時特例交付金制度を，平成27年度以降も延長すること。 ・震災等に伴い増高する通学費に対して，今年度に新たな国庫支出金交付制度を創設し，次年度以降も継続すること。 ・震災により避難生活を送るなど，生活していく上で大きな困難に直面している児童生徒に対し，教育と福祉など多様な視点から更なる対応をするために，スクールソーシャルワーカーを継続的に配置すること。 ・我が国の児童生徒及び国民全般が放射線と健康に関する正しい知識を身につけることができるよう，放射線と健康に関する学習を学習指導要領に位置付けることも含め，国による積極的な教育を進めること。
〈復興に向けた緊急要望〉
文科省・環境省
・福島県立医科大学において整備する放射線医学に係る研究・診療拠点について，早期診断や創薬・治験に加え，「県民健康管理調査」，教育・人材育成などを担う施設を一体的に整備する必要があることから，これらの整備と運営に要する経費を全額国庫により負担すること。
復興庁・厚労省・環境省
・原子力発電所事故により，警戒区域及び計画的避難区域における社会福祉施設等の従事者は，家族とともに各地に避難している状態である。当該区域外においても，子育て世代を中心として県外に避難するなど，社会福祉施設従事者の人材確保が困難となっている。 現在，事業を実施している事業所はもとより，避難した社会福祉施設等の事業再開にも支障となっていることから，社会福祉施設等従事者の長期派遣が可能となるよう，派遣元に対する支援策を講じること。

（出所）　ふくしま復興ステーション「政府要望等について」

第1章　震災・放射能災害の状況と人口動態

表1-5　福島県から国への要望書（2015年6月・11月）（抜粋）

〈ふくしまの復興・創生に向けた提案・要望〉（6月）
復興庁・総務省・農水省・国交省・環境省
・子ども元気復活交付金の予算確保の継続と弾力的な運用について，子育て世帯が安心して定住できる環境を整え，地域の復興・再生を促進するため，子ども元気復活交付金の十分な予算確保の継続と市町村の要望を踏まえた当県の実状に沿う弾力的な運用を行うこと。
文科省
・双葉郡中高一貫校について，双葉郡ならではの魅力ある教育を継続していくため，本設校舎及び寄宿舎の整備・運営に向けた予算措置を講じるとともに，「福島県双葉郡教育復興推進事業」を拡充すること。 ・浜通り北部の復興の拠点となる相馬地方に魅力的な教育環境を整備するため，南相馬地区サテライト校の教育環境の充実に係る予算措置を講じること。 ・サテライト校及び生徒の宿泊施設の管理運営等に係る経費について，震災復興特別交付税での財政措置を継続すること。また，サテライト校の休校に伴う物品搬出等の必要経費について，震災復興特別交付税による予算措置を講じること。 ・現在，いわき市内の仮設校舎で教育活動を再開している富岡養護学校では，仮設校舎が劣化しているほか，今後児童生徒数の大幅な増加が見込まれることから，仮設校舎の修繕及び校舎の増設に係る予算措置を講じること。
内閣府・復興庁・総務省・厚労省・国交省
・震災から4年が経過し，長期化する避難生活により，県内外に避難する県民は高いストレス状態にあることから，被災者の心のケアに重点的に取り組む必要がある。被災者の心のケア支援事業費補助金による心のケア事業の継続はもとより，今後とも長期にわたり避難者に寄り添っていく必要があることから，長期的な事業の実施が可能となるよう基金化するなど，必要な措置を講じること。 ・また，特に県外に避難する県民に対する事業を避難先の都道府県においても継続できるよう地域自殺対策緊急強化基金事業の実施期間を延長するとともに，避難の有無に関わらず原子力災害という世界に例のない災害によるストレスにさらされ続けている県民の自殺対策に十分取り組むことができるよう，平成28年度以降も国において必要な措置を講じること。
復興庁・厚労省・環境省
・乳幼児期の医療費について，無料制度化を創設すること。 ・当県が実施している小学校から18歳までの子どもの医療費助成に対して，継続的に実施できるよう必要な財政支援を行うこと。 ・母子の健康支援について，放射線の健康への影響を心配し，育児不安を抱えている母子に対して，当県では相談事業及び母乳の放射性物質濃度検査を実施しているが，継続的に実施できるよう財政支援を行うこと。
復興庁・文科省
・長期にわたる原子力災害からの自立的な復興に向けて　将来の復興の担い手としての意識を子どもたちに育む必要があることから，復興に貢献したいという当県の子どもたちが，主体的に復興に寄与する社会体験活動や提言活動に取り組む機会を一層充実するための予算措置を講じること。
復興庁・総務省・文科省
・原子力発電所事故後，児童生徒の体力低下や肥満傾向児の出現率の上昇など，将来にわたり健康状態が懸念される状況にあることから，体力向上及び肥満解消を図る取組や食育を推進するための予算措置を継続して行うこと。 ・全国の児童生徒及び国民全般が放射線と健康に関する正しい知識を身に付けることができるよう，放射線と健康に関する学習を学習指導要領に位置付けるほか，十分な情報提供の機会を図ること。また，当県の子どもたちが心身ともに健康で安全な生活を送ることができるよう，放射線教育の充実に向けた当県の施策に対する財政支援を行うこと。 ・当県の子どもたちの豊かな人間性や生き抜く力を育むため，県内外における自然体験活動・交流活動の推進のための予算を継続して確保すること。 ・東日本大震災により就学が困難な者の教育の機会を十分確保するため，現行就学援助に対する財政支援の拡充を図ること。また，避難生活の長期化や経済状況回復に長期間を要することが見込まれるため，「被災児童生徒就学支援等事業」については，平成28年度以降も就学援助が確実に継続できるよう基金事業として実施すること。
〈ふくしまの復興・創生に向けた緊急要望〉（11月）
※子どもの教育・保育などに直接的にかかわる項目は無し

（出所）　ふくしま復興ステーション「政府要望等について」

っています。復興に向けた要望は前年度から引き継ぐ形であるものの，教育や保育に直接関連した項目は2つに留まり，一般的な項目での要望に含まれるようになってきています。福島県環境創造センター（仮称）の整備運営への財政措置やIAEAの誘致，心のケアセンター事業や安心こども基金事業等の継続と拡充，被災地の子育て，教育への配慮の努力が要望されましたが，保育現場からはその実効性は十分には感じ取れないようでした（表1-4）。

（4）2015年

　直近となる2015年11月の要望書では「ふくしまの復興・創生に向けた緊急要望」の項目はあるものの，教育・保育分野に直接関連した内容はなくなっており一般項目のみとなっています。特定問題に集約した要望および長期にわたる生活支援，発達支援の方向に転じています（表1-5）。

7　震災・放射能災害下での家族

　震災，原発事故後の幼児のいる家庭の状況について福島県私立幼稚園連合会加盟幼稚園に在籍する幼児を持つ保護者を対象にしたアンケート調査（対象2,548名）に基づいて概況を述べます[3]。

（1）避難の実態

　まず，避難の理由について，調査では"原因は地震か原発か"について聞いており，結果的には直接的に地震が原因で避難した人は回答数全体の3.3%にしかすぎず，その他の人たちの避難は多かれ少なかれ原発事故に起因したものであることがわかります（図1-12）。アンケートは2012年の時点で各園に在籍している保護者を対象に実施されており，一時的に避難した家庭も戻って園に通っている時期です。避難期間と避難から戻ってきた理由を引用します。

（3）　公益社団法人福島県私立幼稚園連合会「東日本大震災調査報告書」2015年3月。

第 1 章　震災・放射能災害の状況と人口動態

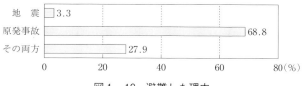

図 1 - 12　避難した理由

（出所）　公益社団法人福島県私立幼稚園連合会「東日本大震災調査報告書」2015年3月。

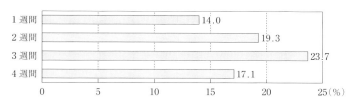

図 1 - 13　避難期間（1 か月未満の避難で帰って来た方（短期））

（出所）　公益社団法人福島県私立幼稚園連合会「東日本大震災調査報告書」2015年3月。

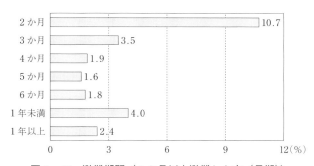

図 1 - 14　避難期間（1 か月以上避難した方（長期））

（出所）　公益社団法人福島県私立幼稚園連合会「東日本大震災調査報告書」2015年3月。

2 か月以内で帰宅した人が多いように見受けられます（図 1 -13，図 1 -14）。理由（図 1 -15）を見ると幼稚園や仕事がきっかけとなって帰宅するケースが多いようです。情報が混乱して何を信じてよいかわからない中で，幼稚園開始の時期がタイミングとなっていました。帰宅理由として，不安の減少や避難が

第Ⅰ部　保育現場の実態

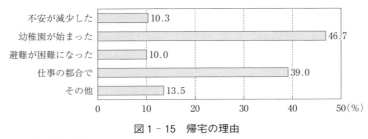

図1-15　帰宅の理由

（注）　複数回答可。
（出所）　公益社団法人福島県私立幼稚園連合会「東日本大震災調査報告書」2015年3月。

困難になったことが挙げられることは少ないことから，園の開始，仕事の都合など外的要因で帰宅していますが，不安解消には至っていないのではないかと推測されます。

それでは誰が避難したかを見ると（図1-16），まずは子どもの健康を大事にという姿勢が見えてきます。母親の避難率は子どもの次に高く，父親は県北地方では32.1％となっています。調査対象は幼稚園児を持つ家庭ですが，母子で動いている状態が明らかです。

避難理由は図1-17に示した通りです。報告書の中では主な理由を図中の5点に集約しています（数値は全体の回答総数（5,805件）の内に占める割合）。

（2）親たちが抱えている課題

このような状況で，親はどういった問題を抱えながら子どもたちに接していたのでしょうか。報告書の中で次のような課題が挙がっています。

①心理的な問題

・禁止過剰など抑圧によるストレスの影響

「外での遊びはもちろん，草や花，外のものは『ふれてはダメ』などダメダメばかり言っていた為，（子どもが）怒りんぼになってしまった」

・その他の心理的変化

第1章 震災・放射能災害の状況と人口動態

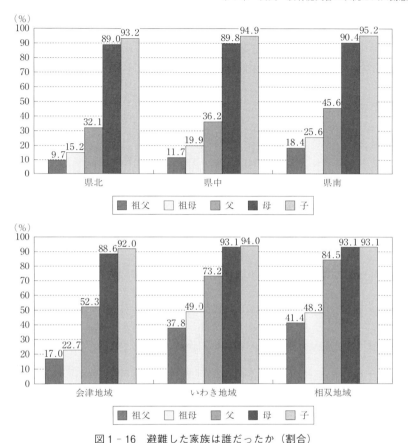

図1-16 避難した家族は誰だったか（割合）
（出所）　公益社団法人福島県私立幼稚園連合会「東日本大震災調査報告書」2015年3月。

②運動能力，身体発育の問題

「運動不足，それに伴って肥満傾向なのは気になります。外で遊べないことでのストレスが親子共々あります」

③健康の問題

・将来の健康不安

「低線量にはなっているが，体の小さい子が，これからずっと，成長していく

23

第Ⅰ部　保育現場の実態

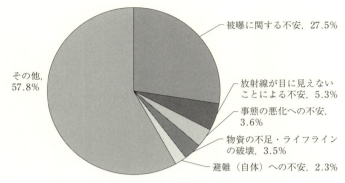

図1-17　避難した理由
（出所）　連合会調査結果から筆者作成

上で，少しずつ取り込んでいく事の体への影響，将来のガンへの不安はあります」
・定期的な検診の希望
・避難しなかった後悔
「健康にどのくらいの影響があるのかがはっきりとしていない。また個人差もあると思うのでなんともいえない，ただ避難をせずにいて何かあった場合自分をせめつづけてしまうと思う。子どもを守れなかった自分を許せないと」
④自然との接触の減少
「入園後，砂，水遊び，虫取りなど自然に関する遊びを全くと言っていいほどしてないと思う。幼少期に自然に触れないで成長してしまうことが，今後心配。プラスに出るか出ないかは，個々の性格にもよると思った。長女は製作，折り紙が増えた。長男はDVD，おもちゃで時間をつぶしているように見えた」
⑤親子，きょうだい，友人
・家族内の関係について
「避難により父親と離れて暮らすことになり，父親と接する時間が減ってしまい，それが一番子ども達の成長していく大事な時期に一緒にいられないのが不安です」
・子どもの社会関係について

「外遊びが減り，子供同士の遊びがなくなり接し方が分からない子どもが多くケンカする」
⑥子どもたちの将来に対する不安
・福島県人への差別
・結婚，出産の不安
「身体的精神的な不安はもちろんですが現在福島県人だというだけで結婚が破談になったという話も聞きます。将来的に子供たちが差別的な対応をされないか等不安になります」

8 中通り地方の放射能汚染

　次章以下で詳述する保育実践の場である中通り地域の状態を示しておきます。図1-18は，早川由紀夫氏が作成した福島第一原発を中心にした，2011年9月における空間線量の分布図です。

　原発から真っ直ぐ北西方向に伸びる濃い帯は原発事故時の風に乗って拡散した末に地面に付いた放射性物質を表していますが，この地図を見ると福島県の真ん中にも濃いめの帯が見えており，これが福島市および郡山市をはじめとしたいわゆる中通り（さらに細かく示すならば県北・県中地域）と一致しています。事故の直後に風に乗って南の方（関東方面）に飛散した放射性物質が，風向きが変わり再び福島県に向かい15日に降った雨によって放射性物質が地表に付着したことが原因となっていると考えられています（関東方面を含めて濃いめの色が円状になっていることからもわかります）。

　実際に筆者も15日ごろに県中地域の中核市郡山市にいました。原発事故は報じられていましたが，雨がどういった意味を持つのかということや，その降雨により周辺の放射線量が高くなっていることは知らされず，水の配給をはじめとした生活に直結するライフラインの確保が優先され，比較的高い線量の放射線を受けていたとも考えられます。そうした人はたくさんいました。

　その後放射線量は低下しましたが，震災後の政府および行政からの対応（国

第Ⅰ部　保育現場の実態

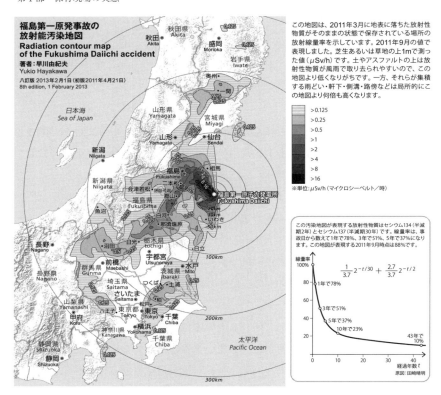

図1-18　福島第一原発事故の放射能汚染地図（2011年9月現在）
（出所）　早川由紀夫「早川由紀夫の火山ブログ」http://kipuka.blog70.fc2.com/blog-entry-613.html

からの避難指示など）や情報が遅く，「ただちに健康被害はない」の"ただちに"の解釈などで混乱が生じて，避難するかどうかという判断が住民に委ねられたことなどから個人の心理的負担が大きく，その後も見えない不安を抱えての生活が続くことになりました。

第2章

震災・放射能災害下の保育現場の実際
　　　――保育者，園の記録から――

関口はつ江

1　事態への対応

　本章では，震災後，保育現場の保育者がどのように対応してきたか，具体的な状況を園長，保育者に報告していただきました。
　災害発生後，刻々と変わる状況への対応には，園長のリーダーシップと保育者のチームワークが適切に機能することが必要であったことは明らかです。日頃から園が地域の核として子育て機能を維持してきていたことが，危機的状況においても回復に向かおうとする力の蓄えになっていたと考えられます。第6章で述べられますが，保護者調査において「保育所があるから」「幼稚園は安心だから」と保護者のよりどころとなり得たのは，幼稚園や保育所が「子どもを安全に生活させる」「必要なしつけや教育を施す」場であることを超えて，「子どものために最善を尽くす」「一人ひとりの日々の経験を意味あるものにする」という積極的な姿勢が伝わっていたから，と言えるのではないでしょうか。その原点は以下の記録にみられる保育者と子どもとの繋がり，全面的な信頼関係の中に認められます。
　また，保育者の専門性は，「反省的実践家」として「状況との対話」「行為の中の省察」を行うことにあるとされています。暗黙知，自律的判断，広範囲の裁量，反省的態度等がその中心にあるとされています（ショーン，2001）。この非常事態において，どの現場においても，子どもに即した的確な対応がなされたことは，日常保育において保育の基本が定着していたことによると言えま

第Ⅰ部　保育現場の実態

す。また，同一の緊急事態におかれた各現場では，共通の目的を持ちながらも，園の物的人的環境等によって目のむけ方，取り組み方に違いがありました。外部からの指示や的確な情報が得られない状況下で，ことのほか園の敏速で柔軟な決断が必要であったことがわかります。

　以下の記録（福島県県中地域の保育所，幼稚園の例）の中で，共通に出てくる保育の基本と考えられる箇所に下線を引いてみました。

2　震災直後の園長，保育者の行動と思い

（1）公立Ｎ保育所（郊外住宅地）所長の記録

　午睡の目覚めの時間，突然今まで経験のない聞いたことのない「ドン」と，床下から突き上げられるような揺れがあり休憩室にいた職員も危機感を感じ，子どもたちが寝ていた遊戯室へ一目散に走り出した。0歳児室には，給食員と用務員が補助に入り，抱っこをして遊戯室に移動し全児童職員が遊戯室の中央に集まり子どもたちを囲み，揺れがおさまるのを待つが，大きな揺れが続き天井に取り付けてある羽の扇風機が振り子のように動いた。職員は恐怖心を抑え平常心に努め優しい声で子どもたちに「泣かないでね。先生と一緒にいようね」と，頭から毛布を掛け落下防止対策をした。

　目覚めたばかりの1歳児は，目をパッチリ開け何があったのかと保育士の顔を見つめている。職員は毎月の避難訓練と同じように話しかけていた。すると安心したのか，いつもの避難訓練のように静かに指示を待つことができたが，子どもの眼差しからは，緊迫感と「所長先生，助けて」という言葉にならない叫びが伝わってきていた。地震がおきたとき，「一分一秒の判断遅れが生死を分ける」と思い，迷いや葛藤が続いたとき，年長男児からの両手を広げての「所長先生守ってくれる？」という一言で迷いが吹き飛び落ち着きを取り戻し冷静に判断できた。「まもってあげるよ」「ぎゅうっと抱っこしてあげるから泣かないで先生の話を聞いてね」「うん」。

　その後天井からの扇風機落下の怖れの判断から，園庭に二次避難するよう指

示するが，天候が急変し真っ暗になり吹雪になる。隣接している交流センターに来ていたおじいちゃん，おばあちゃんから，「保育所の子どもたち大丈夫かー」と声がかかり地域の人たちと外へピストン移動で避難させた。寒さ対策には，職員の機転により午睡用の毛布を外へ投げ，避難場所を確保し，裸足で逃げた子どもたちのために毛布を敷き，体を冷やさないよう毛布で包んだ。

　保育所内は，戸棚などの地震対策がしてあったことや，地盤が岩盤で硬いことが幸いし，紙一枚落ちない状態だったが，子どもたちの心に寄りそうよう職員に指示し，子どもたちが安心していられるようトイレには必ずついていくなど，子どもを一人にしないよう配慮し，パジャマから着替え「避難訓練上手にできたね」とほめながらおやつのシュークリームを渡し食べさせた。廊下にはいつでも避難できるように毛布を準備し，大きな揺れが来るたび，職員は毛布を使い絵本「おばあさんのこたつ」をイメージし，廊下のドアを開け「みんなでこたつに入ろう」と笑顔でやさしい声をかけるように心がけ，こたつごっこをして子どもたちの気持ちを和ませ，最終的に落ち着いた状態で全員保護者に引き渡した。

　子どもの安全を一刻も早く伝えて保護者に安心してもらうために，家庭の緊急連絡先（第１連絡　第２連絡）が記入されている連絡表をもとに連絡を入れた。早い段階の対応だったため固定電話につながり，子どもの安全を知らせ，施設に被害がなかったことを伝えると，保護者の方からは「保育所が一番安全で安心な場所だから，迎えが最後になるのでお願いします」という答えもあった。また保護者との連絡を取ることで，外部の道路状況やライフラインの情報を把握することができた。保護者の勤務先の都合や交通渋滞によりお迎えが夜間になることが予想されたが，非常食に備蓄がないことに気がついた。「福島県は地震や災害が起きないところ」と，言い聞かされて育った私にとっては，絶対はないと痛感した瞬間だった。

（大越洋子）

（2）私立H保育園分園（繁華街ビル2階）園長の記録

　2011年3月11日午後2時46分。ミシッミシッ，「あれ　地震？」ミーティングをしていた職員同士が顔を見合わせた直後にグラグラ……と4階のビル全体が揺れ始め，コーヒーカップが倒れ，テーブルはコーヒーであふれた。すぐに席を立った職員は自分のクラスへ猛ダッシュ。午睡当番をしていた職員と<u>起きていた子を抱きかかえ，寝ている子は起こして避難体制に入った</u>。1回，2回，3回と続く今まで経験したことのない大きな揺れに，このままビルが倒壊してしまうのでは？　という恐怖に襲われた。状況を理解できない子どもたちは，キョトンとして青ざめて，世話をしている職員を見ていた。少し揺れが収まって，そろそろと動こうとしたとき，<u>階下の御主人，向かいの呉服屋さん，保護者が次々と安否確認に来て「大丈夫？　ケガは？」と声をかけてくれた</u>。何の情報もない中でも，「これは今まで経験したことのない大変なことが起こった」と実感した。外はまだ3時前だというのに暗く，灰色の雲に覆われたと思ったら大雪が降り始め恐怖に襲われた。電気がとまり，暖房が消えたので，上着をきせ，毛布でくるんで緊張している子どもたちの不安を少しでも和らげるように，<u>歌を唄ったり，手遊びして気分を盛り上げ</u>保護者の迎えを待っていた。それでも6時過ぎには園児全員が保護者のお迎えで帰宅でき，ほっと一安心したが，明日からの保育がどうなるのかという不安の中で対応に追われた。

　園児のほかに，10名近くの1～3歳のお子さんを一時的にお預かりしていたが，その中で双子の男児を妊娠後期の母親が迎えにこられた。自分の身体も大変な中，2人の手を引いて車に乗り込み出発したが，何事もなく，自宅に帰れますようにと祈る気持ちで見送った。3歳以上の子どもたちは朝9時30分から午後3時30分までは本園で過ごし，分園に戻る予定でいたが（注：この園はビルの中にあり，園庭がないので3歳以上児は毎日郊外の本園に移動する），情報網が麻痺して分園と本園との連絡がとれず，<u>道路状況の安全も未確認だったので本園で動かず待機し，親に迎えに来てもらうことにした</u>。

　ライフラインの不通，給食材料の確保の不安，ガソリン不足による職員の通勤困難に加えて，福島原子力発電所の爆発が地震のうえにさらに恐怖心を大き

くした。総合的に検討した結果，12〜23日までの休園を決定したが，保護者の立場を考えると苦渋の選択だった。休園中は保育園の早期開園へ向けての園舎の修理やライフラインの復旧，給食材料の調達先の検討，園児の安否確認，原発の被害情報収集などに追われた。休園中，仕事を休むことができず，同伴就労を余儀なくされた保護者の方には申し訳なくて胸が痛んだ。

(屋代京子)

(3) 私立T幼稚園（郊外住宅地）教諭の記録

2011年3月11日金曜日，14時46分。突然，ガタガタガタという音が一面に響き渡る。今までの地震とはまったく違うものだった。当園ではちょうど14時降園後，2コース（2度目）のバス待ちの子どもと，預かり保育中の子どもがいた時間だった。私は14時50分発の黄色コースの子どもたちと保育室におり，トイレを済ませて保育室へ戻り，防寒着，鞄，上履きを持ち帰る支度が済み，子どもたちが並んで室内にいるときに地震が起こった。「テーブルの下に入りなさい」と声を掛け，先に入る年長組の姿を見て年中児も続く。年少児の身体を押してテーブルの下に入れ，自分も側に寄り添いつつ「もう少し我慢だよ」「頭と体そのままね」と指示する。揺れがさらに強くなりテーブルもロッカーにつけ，押さえていないと危ない。床が大きく揺れる，ガラスがガタガタと鳴りやまない。室内の物すべてが大揺れの状態，身動きできない。言葉を発していないといられない状態であった。「恐い」「キャー」という子の声はあったが，室内で泣く子はその瞬間は誰もいなかった。テーブルの下の子どもたちは，鞄を背負い防寒着は着ていたが，上履きは袋に入れていたため，タイツのままの足元が危険でないだろうか，という考えが頭をよぎるが，動くことができない。とてもとても長く感じる中，さらにさらに音と揺れが大きく強くなっていく。

私のいた黄色コースの保育室にはすぐに副園長先生と掃除をしていた後輩の先生が来てくれた。隣りの保育室には同じ2コースの赤コースの子どもたちと担当の先生，預かりの保育室には数名の子どもたちと担当の先生，そして掃除をしていた先生が入っていた。何とか子どもたちを守らなくてはという強い使

命感と，自分自身の中の恐さを必死で抑えるのに精一杯だった。私は「〇〇先生（副園長），外へ出た方がいいですか」「このままでいいですか」と繰り返し聞くことでいっぱいいっぱいになっていたが，副園長先生は子どもたちに「大丈夫だよ」「大丈夫だよ」「大丈夫だからね」「<u>先生たちがいるから大丈夫</u>」とひたすら声を掛けて安心させるように配慮していた。

　非常ベルが鳴り，窓ガラスが割れ始め，広場へ出ようとしたところ，戸が開かない。大人2人で手足を使って，子どもが出られるくらいまで開けられた。しかし，水たまりがすぐ前に広がり，地面もぬかるんでいたため，<u>上履きを履いていない状態では出られない</u>。どうしようかと迷ってもいられない。とっさに，逆の園庭からなら外靴を履いて何とか出られそうだと判断した。外出先から戻って来た園長先生が園庭に立っていて下さったので，再び大人2人で何とか子どもが出られるぐらいまで戸を開け，園長先生の姿を目印に子どもたちを外に出し，園庭の砂場まで走るように伝える。年少児は抱っこで外へ連れて行き，靴はみんなの所についてから履かせる。<u>黄色コース，赤コースのバスの子，預かり保育の子，園に居た先生たちが集まり，固まって座っていることで少し安心できたようだ</u>。そのときになって，年長クラスの女児たちが泣き出した。年齢の違いで，感じ方，捉え方の深さがあることを考えさせられる。年長児は大人に近い感覚で，見たことの恐ろしさ，経験したことのない恐ろしさを感じながら頑張っていたが，少し安心できたときに今まで出せなかった涙が出たのだろう。

　園にそのときいた先生全員で子どもたちを囲んだ。このとき，<u>幼稚園の園舎を見せないように座らせなくては</u>，と途中で子どもの体の向きを反対側の道路（国道49号線）へと変える。もう少し早く配慮できたら，と後々になればいくらでも見えてくることがある。子どもたちの側にいる先生の役割と，園舎内に入って緊急時の非常持ち出しの書類や荷物，飼育していたうさぎ，預かり保育児の持ち物と外靴，クラスの物，先生たちの荷物を取りに行く先生の役割を代わり代わりに行う。

　1コースバスが全園児を降ろして園に戻ってくる。送迎中に揺れが起こった

第2章　震災・放射能災害下の保育現場の実際

という担当の先生に話を聞くと，送った先の保護者から地震のことを教えてもらい，ラジオからの情報と合わせて地震の凄さを知ったとのこと。何とか全員を無事に送り届け，園に戻って来たという。バスが広場に着くと，園にいた子どもたちをバスに乗せる。防寒着を着ていても3月の屋外である。地震による恐さと寒さとお腹がすく時間（おやつの時間は過ぎている），バスのエンジンをかけて，ラジオで情況がわかるようにし，暖房のある中で保護者が迎えに来るのを待つことにする。道路状況がわからず，車が多く走っているが連絡の取りようがない状態のため，園バスの中で待機となる。子どもたちには厳しい状況だった。園長先生，副園長先生が園舎から<u>飴やお菓子，絵本，折り紙を持ってきて，子どもたちが安心できる物を用意して普段に近い状態に少しでも近づけた</u>。

　交代で先生たちも自分の家を見に行く。私は園から10分もかからない距離だが，ブロック塀や外壁が崩れている家が多く，電線が外れ道路に広がった状態だった。道路にひびが入っている所や崩れている箇所をよけながら運転する。園に戻る途中で，元保護者の方が経営するコンビニに寄りペットボトルの水を数本買って戻った。コンビニでは手書きのレシート，店内は停電で真っ暗，次々客が来るが，並んでいる人の後ろへ順番に列をつくる。まったく知らない人同士が地震の話で一体感のような思いを築いていた。知らない人でも言葉を交わし，姿を見ることでどれだけ安心に繋がったかわからない。園に戻り，子どもたちの飲む水として使う。

　<u>迎えが来る子が少しずつ増えると，残った子はまた新たな不安が出てくる</u>。園に近い所の子を理事長先生の自家用車で送る。私も同行し，危険箇所をよけながら運転する。年少組の男児3名を送るが，家に着くと瓦が落ちて辺り一面に散らばっていた。ある家では，車のロで赤ちゃんをおんぶして，避難しようとしていたおばあちゃんは泣いていた。また，<u>別の子どものおばあちゃんは，バスが来ると信じてずっと外で待っていた</u>。送り届けた子の保護者からも，園まで迎えに来てもらった保護者からも，涙を流して感謝の言葉をいただく。<u>「守っていただいてありがとうございました」</u>。この言葉はけっして忘れない。私の保育者人生の中で，強い，重みを感じる言葉。あのときの子どもたちへの

思い,保護者の方の思いが今の保育の核になっている。

(遠藤澄恵)

3 震災後1〜3年の保育現場

　地震による混乱がやや治まったころ(3月12,13日ごろ),東京電力福島原子力発電所の事故による放射能災害が始まります。幼稚園や保育所は環境回復と保育の工夫にどのように取り組んだのでしょうか。いくつかの例を紹介します。

(1) 環境の回復を目指して (T幼稚園)

　ある私立幼稚園の2011年3月12日から夏休みまでの園の動きの記録と,その後の対応です。震災直後はどの園も同じような状況で,日常の園生活,園業務の維持に加えて,新事態の情報収集・学習,とくに放射能についての学習は必須でした。また,環境保全のための作業,保護者への積極的な働きかけ等が必要で,園長の指導性と職員間の協力体制がきわめて重要であることがわかります。

　最初の半年はどの園にも共通する状況と言えますが,この事例の園はとりわけ園主導性が強く,各自に主体性を持たせつつ,教職員に環境保全の重要性を強調して早期の原状復帰を目指して,震災直後から問題点を絞って精力的に対策を進めました。子どもたちの成長にとって大事な「震災後の2年間を補う」との発想です。他の園に先駆けて2013年4月から外遊び制限を解除し,運動能力,心の豊かさ,豊かな感性を育てる活動など,「本来の有るべき姿の幼稚園に戻すように,積極的に取り組み,再び心の豊かさ,感性の育ちの重要性というものに目を向けて」(保護者への通知文より)子どもたちの活動に刺激を与える意図的な活動を設定して取り組んだ例です。

①2011年：保育の正常化に向けて放射能対策が課題
3月11日(金)　午後2時46分に地震発生

3月12日（土）（原子力安全・保安院が原発放射物質の漏洩を発表）
・地震による散乱の跡片付け（各保育室，玄関ホール，職員室），片付け終了後職員打ち合わせ，14日，15日を休園。各クラス担任より園児の安否確認をする（昨日から電話が通じない）。
・TV局に休園テロップ情報依頼。

3月13日（日）
・近隣への休園の表示（張り紙）貼付（正門，小学校，公民館）。
・放射能による被害防御のため雨にぬれないようにとの情報を得る（臨時職員の知人の自衛隊員，石油関係者から）。

3月14日（月）
・園児の安否の確認状況報告（15日までに一人を除き確認した。後日その一人は避難先から連絡あり）。

3月15日（火）
・職員打ち合わせ（諸行事の中止や延期決定。卒園式日時のTVテロップ依頼。1日入園通知）。
・地区内地域公民館長から地域の状況の情報，隣接小学校長との打ち合わせ。

3月23日（水）　全員出勤。
・午前中は職員打ち合わせ会（学年の計画検討，日程確定，年度末整理，修了式，卒園式，始業式，入園式，転園関係，給食・牛乳停止，等）。
・「のびゆく」（成長の記録）清書完了。
・園バス燃料補充，運転手当番，タイヤ交換確認，教室移動，退職手続き等実施。

【打ち合わせ内容】
①24日からの預かり保育に備えて。放射能から守るため服装，帽子，マスク，防寒着の着用（利用園児へ電話の連絡）。
②卒園式の実施細案作成，共有（緊急事態への誘導等）。
③保育方法について「この状況で安全で安心の保育」をするために何ができるかを学年ごとに話し合う。保育者一人ひとりが黒板に重要事項を書き出し共有する。

第Ⅰ部　保育現場の実態

【年少クラスの留意点】
・自分自身が落ち着いて、安心した態度で園児を迎えられるようにする。
・園児の体調管理をしっかりやる。
・部屋で遊べる内容を考える（今後外で遊べない日が続くことを予想）。
・園児を迎えられる環境を整える（ものの置き方の見直し）。

【年中クラスの留意点】
・先生同士声を掛け合い、笑顔を忘れない。
・自己の体調管理に努める。
・平常心を持った落ち着いた姿勢で保育にあたる。
・園児が安心して過ごせるにはどのようにしたらよいか考える。
・新年度の園児を受け入れる準備をする。

【年長クラスの留意点】
・つねに新しい情報を取り入れて、保育に生かすようにする。
・園児に不安を与えないよう、笑顔で安心感を持たせて迎え入れる。
・先生たちとの連携をしっかりとって保育にあたる。
・園児一人ひとりに言葉をかけ、安心させる。
・保護者との連携をとり、園児の状態をよく知る。
・園児一人ひとりとしっかりかかわり心のケアにあたる。
・水道水は飲ませない（持参の水を飲ませる）。
・地震についての避難訓練を行う。

【ホームクラス（預かり保育）の留意点】
・24日からの保育にあたり、集会の中で理事長先生、園長先生からお話をしていただく。その後、担当保育者が再度確認する。
・園児だけでなく、保護者の方の「心のケア」を行う。園児、保護者の声を丁寧に聞き、不安だったこと、怖かったことなど一つひとつに共感する。また、保育中に園児が不安な気持ちになるときは、そばに駆け寄って声をかけ、安心感を与えられるよう努める。
・余震に備え目の届く範囲で遊ばせる。また、その遊ぶ場所にも物が落ちていないか、危険なものはないかなど目を配る。数箇所に分かれて遊ぶことなく遊ぶ場所を決めて遊ぶように声をかける。

・午後は「放射能・放射線の理解を深める園内職員研修会　講師：放射線（レントゲン）専門家（保護者）」実施。保育者全員で放射能について学ぶ。現在郡山市の放射線量 $3\mu Sv/h$（1時間当たり $3\mu Sv$）であり、放射線量は積算管

理で影響を判断し，胎児への影響がないのは年間 $100\,\mu\mathrm{Sv}$ までとされていること，除染の仕方，生活等について情報を得る。

3月24日（木）　ホームクラス（預かり保育）開始。

3月25日（金）　保育者自主研修「被災した園児の適切な保育のありかた」。大きな地震を体験した園児の不安の解消のためのケアについて話し合う。

3月28日（月）　避難訓練。預かり保育の子ども参加。避難用スロープでの訓練。

3月31日（木）　卒園式。

4月5日（火）　「健康相談ホットライン」について家庭に伝達。

4月6日（水）　始業式。

・保護者へのアンケート調査「今後の外遊びについて」実施。

・園庭の土壌の放射線量調査実施（$50\,\mathrm{cm}\cdot 2.1\,\mu\mathrm{Sv}$，$1\,\mathrm{cm}\cdot 3.5\,\mu\mathrm{Sv}$。公表は後日した）。

4月8日（金）　「園環境放射線モニタリング結果報告」「外遊びに関する調査結果報告」「新聞情報（$10\,\mu\mathrm{Sv/h}$ 以下では外遊び可）」等を保護者に伝える。

4月9日（土）　子どものメンタルヘルスケア事業研修会（園長が出席）。

4月11日（月）　入園式。

・家庭に通知「安全な今後の保育について」（外遊びなし，手洗い，うがい，帽子・マスク着用）。

・職員学習会「園内放射線測定結果と放射線について」（講師：放射線技師）。

4月14日（木）　放射能管理 AV（原爆放射能医科学研究所長）による説明会（園長出席）。

4月15日（金）　家庭に通知「安全な今後の保育について（方法が変わりました）」。

・文部科学省からのガイドラインが出るまでの対応として，服装，外での遊び方，地震時のお迎え等について詳しく伝える。

4月18日（月）　家庭にアンケート「放射線への不安について」。保護者の状況を理解する。

5月2日（月）・10日（火）・7月16日（土）　3回にわたって園庭の表土削り作業を保護者の協力を得て行う（土はシートに包み仮置きする）。

5月14日（土）・28日（土）・6月10日（金）・30日（木）・7月18日（月）　屋根，窓，遊具等の放射能物質の洗浄を保護者の協力を得て行う。

5月25日（水）・6月8日（水）　保護者への講話「放射線を正しく理解するために」（講師：放射線技師）。

6月3日（金）・13日（月）・17日（金）・7月1日（金）・15日（金）　園庭の樹木剪定。

7月20日（水）　保護者に通知「園内放射線状況報告」。

② 2012年度：外遊びを開始

　4月は園庭の土壌の放射線量 $0.18\mu Sv$ 前後の状態であり，今年度から外遊びをすることにし，家庭には以下のようなお知らせをした。年度末2月の段階で，外遊び不許可の家庭は5％であった。

4月　始業式。家庭に通知「外遊びのお知らせ」。

> ・外にいる時間は30分以内　・屋外活動中は担任が一緒に見守る　・砂や土を素手で触ったり遊んだりはしない　・風が強く砂ぼこりがひどい場合は行わない　・園庭で遊んだ後はうがい，手洗い，必要に応じ洗顔をさせる　・外遊びを希望しないお子さんは，おゆうぎ室で遊ばせる

5月以降　毎月園の8か所の定点の放射線量を定期的に測定（※徐々に低減化）。個人積算線量計が市から配布され年2回の測定と線量計交換を行った。

③ 2013年度：体力向上を目指す

　4月の園庭の土壌の放射線量は $0.15\mu Sv$ 前後であった。特別の事情がなければ全員外遊びをするようにした。

4月　始業式。家庭に通知「外遊びのお知らせ」。

> ・外にいる時間の制限はなくした　・屋外活動中は担任が一緒に見守る　・砂や土を素手で触ったり遊んだりはしない　・風が強く砂ぼこりがひどい場合は行わない

・園庭で遊んだ後はうがい，手洗い，必要に応じ洗顔をさせる

4月　「運動実技講演会及び研修会」全職員で参加研修。
5月　郡山市町中駅伝へ，年長の希望者46名が参加。小学校校庭で練習を何回も行った。
7月　園内研修として園庭を活用した運動の研修会を実施。
10月28日・29日　東京藝術大学の指導により，総延長100mにも及ぶ巨大な「ネスト（クモの巣）」を年長の園児が作成。

（2）季節感を補い，集団で集中する活動を目指して（N保育所）

　次の例は公立N保育所の例です。公立保育所ですから，表土削りなど大がかりな汚染対策を独自にとれません。長期的な戸外活動制限を見据えて子どもの発達を保障する保育をどうするかが大きな課題になりました。以下は所長の記録ですが，実践の経過の中に生じる問題に遭遇して，保育の基本は何か，に迷いながら保育を続ける中で重要な気づきが述べられています。ここでの指摘は他の園の保育者からも語られた実感であり，保育の根底として一般に共通することと考えられます。

①2011年：放射線災害下でどのように活動を進めるか
（1）内部被曝と外部被曝の問題
　給食の食材は県外の野菜となる。給食の献立とその日に食べた給食，おやつの食材提供場所を掲示するようになる。その後，給食食材検査を行い，規定より放射線量の高い食材は食べさせないように，給食を検査機器のある保育所へ運び検査していた。やがて各保育所に食材検査機器が設置され，食の安全を知らせるようになった。
　外部被曝への対策として，洗濯物は外へ出さない，換気扇はまわさない，窓は開けない生活がはじまる。送迎の際には，靴入れには新聞紙を敷く，上着は保育室には持ち込まない（汚染されたものは持ち込まないようにした）。子どもたちが安心して安全にすごせるように，線量を下げるために職員が朝・昼（職

員休憩時間)・夕方，建物と児童通路の除染のために，中性洗剤を使いブラシで洗浄を行う。室内は雑巾がけをするが，数値は下がらない。除染のために掘り起こされた土を入れた袋が，保育所の庭の隅に積み上げられた。

(2) 空間線量への意識

大人の話や表情に敏感に反応して，子どもたちが不安を抱くようになる。窓を開けると「放射線がはいるよ」という。保育士の行動にも敏感になった。保護者向けに放射線に対しての正しい理解を求めるため医師から話を聞く研修会を開催したり，職員が研修に出かけ知識を得たり情報を共有することに努めた。また，他の機関に相談することで正しく理解し，保護者に対して誤解を招かないように理解を得ながら慎重に対策をすすめていった（例：感染症を防止することの喚起，飲み水・牛乳等の安全基準についての掲示）。

情報を保護者の目につくところに貼り出し情報を共有するように努めた。

汚染対策としては，外気とともに放射能が入らないように窓は締め切りにして，ガムテープを貼って過ごし，外出時は，マスク・帽子を着用して，放射能が体につかないような上着を着る。

(3) 主な活動の工夫

夏休み後，戸外遊びが解禁されても，3歳未満児15分，3歳以上児30分と制限されるために，幼児期における子どもたちの発達への影響が心配になる。そのような中で以下のような工夫を行った。

①限られたスペースの中で意識的に保育士が環境を整え，場を設定し体を動かせるように，「とぶ」「はねる」「はしる」「なげる」など，36の基本の動きをもとに運動遊びを工夫する。

②例年行っている和太鼓の活動を積極的に行う。子どもたちのバランス感覚や脚力，体の移動運動，握る力を養い，体力の低下や活動不足を防ぐために，毎年行っている和太鼓の活動に力を入れ，戸外活動の代わりに生かすことにした。和太鼓演奏がさらに上達することを目的とするのではなく，運動不足を解消することだけを目的とするのでもない。音を聴くことにより相手の鼓動を感じ，心を通じ合わせることを見据えて行うようにした。その結果，活動を通し

て，子どもたちは太鼓の音を響かせるために耳を澄ませ，呼吸を合わせるようになり，話を聞く姿勢ができた。一人ひとりに合わせる援助の仕方に保育士自身が気づき，「この子には耳から」「この子には，視野から」等，一人ひとりに対する援助の仕方や言葉かけにも変化が見られ，子どもの表情も変わってきた。今まで見えていなかった子どもに寄り添う保育を学び，保育の振り返りができ，子どもたちのチームとしての高まりを感じた。

　和太鼓活動の成果として行う戸外での演奏会参加（年度末）について，保護者への理解を求めるために，制限時間内での演奏と演奏場所の除染を行うことを約束し，「今，就学前に子どもたちに体験させ，習得させておかなくてはならないものは，後には身につかないので，後悔しない子育てをしよう」と保護者への理解を求めて，戸外での演奏を行った。その結果，放射線量数値を気にしていた保護者の方も，子どもたちのやりきった達成感や充実感を肌で感じ，子どもたちの表情から戸外で演奏する心地よさと心の育ちを見ることができた。

　室内の狭い空間で一緒に過ごす時間が多くなったことで，一人ひとりの行動が観察でき，援助の仕方について話し合う機会が増えた。今度は，「職員とのコラボしょうか，遊ぼうか」と保育士も保育の達成感や成功感を味わって保育を楽しんでいた。

　③季節感を味わうために工夫したこと。自然物を使っての触れる，臭いをかぐなど，五感を通しての遊びができなくなってしまった。そこで，遊戯室のステージに全児童で新聞紙を使って大きな桜の木を制作し，遊戯室を森にみたてた。春には，花を咲かせ，緑の葉を貼り，秋には紅葉と，季節感を味わわせるように，全身を使って広いスペースで絵の具を使って表現し，「保育所の森」と命名して季節感を感じられる環境を設定した。1年を通して山形県から保育所に笹竹や松ぼっくりが届き，笹のにおいに包まれた七夕祭り，松ぼっくりのクリスマスツリーなど，地域の繋がりと心の優しさの詰まった子どもたちへのプレゼントで，季節を五感で味わわせた。しかし，その環境は保育士が作り上げた環境で，子どもたち自身が体験し盛り上げての遊びではないことの限界が徐々に強くなってきた。震災前は，当たり前のように季節の変化を匂いや肌で

感じていた。当たり前のことができなくなったことをとても悲しく思うことと、人の心の温かさに触れることが同時に起こっていた。

② 2012年：保育士の充足感と迷い

震災後、子どもたちのためにと、和太鼓演奏に頑張って保護者や近隣の方にも褒められたり、室内遊びの遊具も充実し、大型遊具で遊び体験をさせてあげようと必死になって保育を工夫して、保育士として充実感を味わってきた。だが、子どもにとって作られた環境の中での保育は、子どもたちの成長発達にとってよかったのか。保育士の自己満足になっていないのかと、疑問を持つようになってきた。子ども自身が本当にやりたかったことは何なのか。

そのような疑問は子どもたちの気になる様子からも生じてきた。どうして靴が履けないのだろうか。放射線量を気にするあまりに抱っこするなどして歩かせない、おのずと靴が履けない。雪遊びをしようとしても手袋がなかったり、雨がふっても長靴を履いてこない。自然とのかかわりで必要な活動が省かれていることに気づかされる。暑いときは洋服を調節するなど、自分で考えて自分からやろうとする気持ちが育っていないのではと疑問を持ちはじめた。外遊びをしても砂に触れないので、スコップの使い方がわからない。そのため土を掘れない、砂山が作れない。走ると転ぶ……。自分たちの保育は本当によかったのか？　子どもたちのためにとやってきたことは本当によかったのか？　本来子どもは、自然の中で遊び、遊びは子どもたちから自発的に出てくるもの。保育とはその遊びを保育士が援助し発展させていくことでは？　と考えるようになってきた。「遊びとは何なのか」という大きな疑問にぶつかっていた。

③ 2013年：3年ぶりの運動会に向けて

理解が得られるのかの心配はあったが、制限解除となり震災後3年目から戸外活動を保護者の理解のもとで進めた。また、小学校が外での運動会を開催するようになった機会に、震災後は行っていなかった運動会を保育所の庭で行うことを目標に外遊びの日程を考え、役員会に相談承認を得た。解放感を味わっ

て思いっきり風を感じて走ってほしかった。運動会に向けトラックを描くと，コーナーがうまく曲がれず転ぶ。子どもたちは転ぶと痛いから「外で遊ぶの嫌だ」「かけっこ嫌だ」とぐずり，テラスで過ごす子どもの姿も見られた。そうした姿に困惑しつつも，根気よく毎日戸外遊びを促した。おもいっきり体を動かすことで解放感を味わい，外で遊ぶことを喜ぶようになり，遊ぶために身支度やものの始末も手際よくするようになり，保育士の指示が少なくなってきた。自然の中でいきいきと活動することで仲間意識や思いやりの気持ちも育ってきていると感じた。

④ 2014年：見えてきた保育士自身の課題

　保育の連続性，保育を繋ぐということを考えさせられることが多くなった。震災前は，遊びを子どもに伝えることが当たり前のようにできてきたが，震災を機に途切れてしまい，子どもも喜ぶと思ったことが，「やらせ」てしまっていたのではないかと気づかされた。

　以前は子どもがいつの間にか知っている，いわばまわりから自発的に学習していたことが，大人からあるいは大きい子どもから小さい子どもに伝えられていない。あらためて教えざるを得ない。そのことは必然的に子どもを受け身にさせていると気づかされる。また，外遊びでは，保育士が，子どもが安全に遊べるように判断しながら見守ることができない。遊びのルールを忘れて危険な行動をしても声をかけることをしない，気づかない，などのことが出てきた。固定遊具の使い方を知らせることを忘れてしまっている保育士もいた。それは，震災時には学生で保育の勉強はしていたが，子どもと同じで外遊びの経験が不足していることが原因と思われた。子どもの成長には遊びの連続性が必要なことなども含め，保育において大事な日常的なことが若い保育者に伝えられておらず，保育士自身が，震災で本来の保育を失ってしまっていることに気づいた。

　震災による環境の変化は，自分たちの内側に大きな変化を引き起こしていることを踏まえると，自然環境が回復してきたとき，そのまま元の保育に戻るのではなく，新たな取り組みをしなければならないと感じた。

(3) 短時間でも散歩，そして保護者との対話（H保育園分園）

　次に，繁華街にある社会福祉法人立H保育園分園の例を紹介します。園児数30名の分園でビルの2階にあり，保育室のみで，広い遊戯室や戸外スペースを持っていません。3歳以上の子どもは9時30分から3時30分まで郊外にある本園でのびのびと活動して戻ってきます。3歳未満児は毎日散歩を日課としていました。保護者も通勤の便利さから選んでいる方が多く，多様な家庭環境の子どもたちが通園しています。以下，園長の記録にこの園が直面した問題が述べられていますが，前出の例同様，この例もどの園でも多かれ少なかれ体験している事態だと言えます。

①2011年：日常生活の保障，保護者への対応

　地震の被害よりも原子力発電所の爆発の恐怖，放射能の子どもへの影響を心配した何人かの保護者は全国各地へ避難した。目に見えない放射能の恐怖やライフラインの復旧の遅れで休園していたが，保護者からは一日も早い保育再開を希望する声が届いていた。

　(1)保育の再開。3月24日，ようやく保育を再開した。「おはよう」と元気に登園してくる子どもたちは「友達とあそびたい」という気持ちが顔全体にきらきら輝いていた。しかし，放射能から子どもを守るための保育はいろいろな制約が伴った。窓を開けない，換気扇はつけない，外遊びはしない，洗濯物は外に干さない。ビルの2階にある保育園なので，これまでは朝窓を開け新鮮な空気を入れて，お日様に挨拶して一日が始まっていた。子どもたちにも職員にもストレスがたまることが予測された。

　(2)放射能についての勉強会。7月には全保護者を対象に放射能についての勉強会を実施した。その中で家庭生活をする上での様々な質問，疑問点が出されたが，担当者の話を聴いている保護者全員が，納得のいく安全・安心は保証できるものではなかった。

　(3)給食への対応。毎回放射能検査をして規定より数値の高い食品は使用しないという市主管課の連絡により，代替食品を備蓄して，毎日の食品検査が始ま

った。給食担当者の日常業務に対して，検査は専門要員が実施したが，給食担当者はより緊張を強いられる結果となった。なによりも食材をすべて県外産にすることはコスト面も含めて難しいことだった。

⑷外遊びや散歩の開始。9月から0〜2歳は15分，3〜5歳は30分外に出ることになった。ただし風が吹いているときは控える。いったいどこまで行けるのか？　子どもの歩数を考えながら，ストップウォッチを持って時間と場所を探した。帽子，マスク，手袋をつけて，草・土にさわらない，帰ったらすぐにうがいと手洗いをする，という散歩でも，広いスペースのない保育園では子どもには必要，出してあげたいと思った。

次のようなこともあった。これらのすべてをクリアーしながらお天気により実行しようと思っていたら保護者からのきつい一言。「15分という時間は家で買い物に連れて行ってクリアーしているので，外には出してほしくない」とのこと。仕方なくそのお子さんは天気がよくても散歩には行かず，他クラスの児童と室内遊びをして待つことになった。

その子どもは，他の子どもたちの散歩での発見も地域の人たちとの交流や「すごい，わーなんだろう」という驚きも感動もクラスの仲間と共有する機会もなく，友達が大騒ぎしながら帰ってきておしゃべりしているのを横目でちらり……。「そんなの知ってる」「行ったことある」。本人はなにやらぶつぶつ言っている。話にまざれなくて面白くない様子が見られた。そんなことが何回か繰り返されてH君がかわいそうになった担任が，もう一度父親に話をしてみた。「連れて行ってもいいでしょうか？　友達と散歩の楽しさ，感動を一緒に味わわせてあげたいのです」。しかし，父からの答えは，「先生方はわからないんですよ，今でも放射能は飛んでいるんです」。もうしばらくの間仕方がないか，と一緒に行くことをあきらめていた。

ある日の散歩で，園の近くのペット屋さんで飼っている20歳のカメが道路で遊んでいて，キャベツをバリバリ食べたり，のそのそ歩いたりするのを見た子どもたちが感動いっぱい大騒ぎしながら帰ってきた。「あのね，あのね，おおきなかめさんが……バリバリ食べたんだー」「足が大きかった」「つめがはえて

たー」「ジローッと見られたー」「背中も大きかったよー」。H君は知らんぷり。でも後ろ姿にまざれないさみしさがただよっていた。そんな息子の様子を見ていた母親が息子がかわいそうになり，父親に話をしてくれた。「秋ごろから短時間であれば一緒に出かけてもいいです」とようやく許可がおりて職員もH君もバンザイと大喜び！　いつも大人びた表情をしていたH君が満面の笑顔を見せてくれた。みんなと一緒に見た大きなカメの甲羅に「わー大きい」とほほを紅潮させていたのが印象的だった。

　⑸環境構成と活動内容。運動遊びなどについては主に次のようなことを考えた。外遊びの回数が減るということは室内で過ごすことが多くなるということで保育空間の確保が必要になった。室内の運動遊びの工夫（何を使って，どういう動き，運動機能を発達させるのか）について，職員間で話し合いを何回も持って実践していった。可動式遊具収納庫を移動させて，広い空間を作り，遊具の並べ方を変えてみると，また新しい空間が生まれ，保育の見直しのきっかけになった。

　具体的な活動内容としては，①体操のレパートリーを増やす。②身近なものを使ってのふれあい遊びや運動遊びを工夫する。③鉄棒，マット，三輪車などの使用場所の工夫と回数を増やす。④とぶ，よじ登る，滑り降りる，くぐるなど体全体を使った遊びの工夫をする。

　指導計画の中から外遊び，散歩の文字のでる回数が減った。室内での運動遊びの工夫とストレスをためない時間と空間の使い方に職員は悩んだ。小動物や木々の葉，砂，土，水，どろ，空気，雨，風，太陽の光を浴びての外遊びは，なにごとにも替えがたい大切な保育教材そのものだった。自然植物などを，写真や絵本で見せても，実際に触れる，なでる，匂いをかぐ，などの感触は味わうことはできないので，実感は乏しいものだった。

　久しぶりの散歩時の様子を記す。「さあー行こう」とみんなで出かけた公園の大きな木の下で，ありがのそのそ歩いていた。「ありだー」と見つけた女の子，しゃがみこんでありが動くのをじーと見ていたり，追いかけたりと大いそがし。3歳の男児は立ったままじーとありを見つめていたが，触ろうとも追い

かけようともせずに「こわい」と他児のところへ行ってしまった。「小さくてかわいいねー」「あ，動いたー，マテマテー」などのような好奇心より，見たことがないものへの恐怖の方が彼にとっては大きかったのか？　母親に聞いてみると，小さいころからありなど見せたことがなかったと反省していた。

②2012年以降：保護者の放射能対策

　避難した家族と避難しなかった家族があった。避難したケースとして，以下のような例がある。①母子のみで避難し，父は郡山に残って仕事し長期休暇に会いに行く。②家族皆で，県外の実家の近くへ。とにかく安心だから。③知人・親類がいるから，誘われているから，安心だから。④支援内容が手厚い県を選んで，インターネットで調べて決める（旅費も住宅借り上げ料も無料なので）。

　その後については以下のような例がある。①父親が会いに行くのが大変，お金も精神的にも。両親の心のすれ違いもあり離婚という結果になり家族が一緒に暮らすことはできなくなった。②コミュニケーション不足からか，父が帰るとき，子どもが泣いてつらくて父も泣いた。もうこれ以上家族が離れての生活は子どものためにもよくないと，1年後母子が戻る。③自主避難なので，残って頑張っている友達などへの後ろめたさを感じ，なかなか戻れない母子は戻るきっかけがつかめないでいる。

　一方，避難しなかったケースについては次のようなことが挙げられる。①週末ごとに，放射線量の低い県外，県内の遊び場を見つけて遊びに出かけていた。②長期休みを利用して親子で県外の支援を受けて，キャンプや体験教室へ参加し，放射能の心配をすることなく思う存分遊ばせた。③保育園では，国の予算による元気アップ事業などにより県外の遊園地や動物園，水族館などを積極的に活用し，思い切り外遊びができる機会を多く計画した。実施するためには，毎回保護者から同意書をもらってから……という事務も一層複雑になった。

③子どもや保護者その他の変化

(1)子どもについて

- 親の不安からより過保護になって，やってもらうことが多く依存的になった。
- 何かをやる前に周りの様子を見てから行動に移すことが多くなった。
- 自然とのふれあい，体験がすっぽり抜けてしまい，遡ってうめてあげることが難しい。
- たくましさ，行動力，自主性が不足していると感じる。「触ってはだめ」と禁止の言葉をいっぱい聞いて育ってきた。

(2)保育者について

- 今まで以上に危機管理，音，揺れ，周りの人の動きや声などに敏感に反応するようになった。
- お預かりした状態で怪我なく保護者にお返しできるように，より気をつかう。
- 子どもたちと思い切り全力で走ったり，自然物を触ったり楽しむ前に，今でも「やっても大丈夫かな？」と心配してしまい，保育にも保護者対応にもストレスを感じている。

(3)保護者との関係

- 保育園に行きたくない，園で泣いていた，傷ができた，転んだといったことにも，以前は大らかに対応してくれたが，震災後は異常に反応する。
- 「震災，放射能のせい？」と過敏になる人もいて朝夕の対応に疲れを感じる。

(4)地域や行政との関係

- 日ごろから地域とのコミュニケーションを活発に行っていれば，緊急時に連携がとれることを再認識させられた。声を掛け合う，支え合う，協力し合う関係を地域の中で大事にしたい。
- 地域の中で孤立しないように，こういうときにはどこに連絡するか，避難場所はどこにあるかなど，行政との連絡・連携のしかたを確認し合い，だれもがわかるところに掲示しておく必要を再認識した。

(5)保護者の振り返り（ある母の話より）

2011年3月11日の震災時，10か月児を抱え，80代の義父母は入院中，身動き

が取れない状況の中，父親は避難させることを 3 か月間ずっと考えていたとのこと。6 月にようやく義父母が退院して普通の生活に戻れたのを機会に宇都宮へ避難することを決めた。家族の大反対にもかかわらず，避難させることを父親はがんとしてゆずらなかった。

　6 月に入ってから母子だけで，実妹が嫁いでいる家の近くにアパートをかりての生活が始まった。妹は近くにいても一日中居るわけもなく，母一人の子育ては不安でさびしく，つらかった。しかし，放射線の被害を考えずに公園や川，池，畑，田んぼ，公園などで思いきり遊ばせてあげられる環境を準備できたことは，何にも代えがたい貴重な時間でもあった。しかし，父親は避難先の遊び場所，その付近を放射能測定器で何回も測定し，安全確認をしないと気がすまなかった。あるとき，父親は仕事上，1 週間分の書類を持って滞在していった。仕事が終わってから新幹線で戻った。しかし，少しずつ大きくなってきた息子は父との別れが理解できず，さびしくて大泣き。帰るときは家族皆で泣いていた気がする。避難して 10 か月経ったころ，郡山に用事があり戻ったら，義父が体調をくずしていて，家族が離れて暮らすのはもう無理，と 4 月に戻る決心をした。父親は「戻ってほしくない」と心配していたが。

　その後しばらくしてから，2 階建ての放射線量が低い保育園を父親が選んで入園させた。外で遊んでいる子どもの姿が見えない。息子も園から帰ると室内でいろいろなおもちゃや地図を見たりして遊んでいる。外で身体を使って友達と元気いっぱい遊ぶことが少ない。それが運動能力の低下に繋がるのかこれから心配もあるが，あまり気にしないようにしている。身体によい物を食べさせ，明るく元気に過ごすことが大切だと思うので，楽しく子育てしたいと思う。

〈文　献〉
　ショーン，D.（著）佐藤学・秋田喜代美（訳）『専門家の知恵』ゆるみ出版，2001年，76-121頁。

第3章

震災・放射能災害下の保育の実際
――調査の結果と実践事例から――

賀門康博・関口はつ江

1 保育内容の変化

（1）保育活動

原発事故後，放射能災害下において保育にはどのような変化があり，園や保育者たちはどのように保育をしたか，事故から4か月が経った2011年7月に行った，福島県の中通り（中部）に位置する福島市と郡山市にある7幼稚園（A～G）への調査の結果に基づいて，保育の状況を述べます。

①登降園の時間

まず登降園時間について見てみますと，2010年度と2011年度で大きな変化は見られません（表3-1）。保育時間が長くなっている園もありますが，これは前年度から計画済みであったことであり，保育時間が昨年度に比べ15分減となっている園もありますが，これはバス到着時刻などによる変化ではないかと考えられます。

②行　事

しかし，行事は大きく変わりました。表3-2は中止もしくは内容を変更した行事について調査した結果です。

これらについて，各行事活動が持つ教育的意味を教育指導要領における5領域（健康・人間関係・環境・言葉・表現）に分けてみると表3-3のようになりました。活動は様々な領域が複雑に絡まりあっていますが，今回はその中での主なねらいを抽出しました。

表3-1 各園の登降園時間の比較

地域	郡山市							
園名	A幼稚園		B幼稚園			C幼稚園		D幼稚園	
年度	2010	2011	2010	2011		2010	2011	2010	2011
曜日	月〜金	月〜金	月〜金	月火木金	水	月〜金	月〜金	月〜金	月〜金
登園完了時間	9:30	9:30	9:30	9:30	9:30	9:00	9:15	9:30	9:30
降園時間	13:45	13:45	13:00	14:00	12:30	14:00	14:00	13:30	13:30
→保育時間	4:15	4:15	3:30	4:30	3:00	5:00	4:45	4:00	4:00
→平均保育時間/日(分)	255	255	210	252		300	285	240	240

地域	福島市						
園名	E幼稚園				F幼稚園		
年度	2010		2011		2010		2011
曜日	月火木金	水	月火木金	水	月火木金	水	月火木金
登園完了時間	9:30	9:30	9:30	9:30	9:30	9:30	9:40
降園時間	14:30	11:30	14:30	11:30	14:00	11:30	14:00
→保育時間	5:00	2:00	5:00	2:00	4:30	2:00	4:20
→平均保育時間/日(分)	264		264		240		230

(※ 表後半はG幼稚園まで継続: G幼稚園 2010・2011、曜日 月火木金/水、登園完了 9:30、降園 14:00/13:00、保育時間 4:30/3:30、平均 258/258)

(出所) 関口はつ江ほか(2014)の調査結果(未発表)

　この結果から見ますと,「中止になった行事」においては,放射線の影響が一番大きい「環境」,ついで「健康」,「人間関係」。また,「内容が変更になった行事」においては,一番が「人間関係」そして「健康」,「環境」です。

　幼稚園教育の中で発達の基礎となる「人間関係」については,行事の中で内容を変更しつつも,重視して維持していこうとする姿勢がうかがえます。大震災を経験し,「環境」が限られる中で,人間関係を重視した保育へと移行せざるを得ないと考えたのか,あるいは「人間関係の発達は保障しよう」と留意したのかについては明らかではありません。

　また,「環境」領域については,中止での対応割合が,変更に比べ大幅に多いことも特徴的で,他領域に比べ変更が急務であったことが明らかです。単純に放射線量の問題や,野菜等出荷停止処分の問題などだけの影響ではなく,保

第3章　震災・放射能災害下の保育の実際

表3-2　中止した行事・内容変更した行事

2011年度1学期

①中止になった行事		A	B	C	D	E	F	G
野菜栽培（ジャガイモ等の種植え）		○	○				○	○
プール		○	○				○	
ハロウィンカボチャの苗植え		○						
田植え		○						
遠足					○	○	○	
夏祭り						○		
園外保育					○			
家庭訪問				○				
収穫した野菜からのクッキング							○	
②内容の変更		A	B	C	D	E	F	G
保育参観		○						
盆踊り大会（夏祭り）		○						○
父母親善球技大会	秋に延期	○						
年中・年長の親子遠足	秋に延期	○						
お泊まり保育	場所，時期などの変更	○		○		○		
遠足	時期・場所・活動学年の変更		○				○	○
避難訓練	避難場所を室内に変更		○					○
参観日	外での活動をやめた		○	○				
家庭訪問				○				
園外保育	年長のみ実施						○	
プール	室内プールに変更							○
花の日礼拝								○

2011年度2学期

①中止になった行事		A	B	C	D	E	F	G
稲刈り		○						
ハロウィンカボチャの収穫		○						
もみじ会（文化祭）			○					
栽培した野菜などの収穫（園外保育）		○	○				○	○
そり滑り								○
リンゴ狩り								○
②内容の変更		A	B	C	D	E	F	G
全園児親子遠足		○						
避難訓練		○						
バザー		○						
七五三参り		○	○					
文化祭（作品展等）	展示内容，時期等の変更		○					○
運動会	屋内に変更，時期をずらす		○	○		○	○	○
防火パレード				○				
お祭り	7月→11月						○	
マラソン大会								○

（注）　A～Gは幼稚園を指す。
（出所）　関口はつ江ほか（2014）の調査結果（未発表）

第Ⅰ部　保育現場の実態

表3-3　行事変更の領域別分類

	健康	人間関係	環境	言葉	表現
中止になった行事 （1学期＋2学期）	5	3	13	0	0
内容が変更になった行事 （1学期＋2学期）	9	12	8	1	3

（注）　行事別5領域要素の統計（一つの行事について複数の領域があてはまる場合もあるので合計数は一致しない）
（出所）　関口はつ江ほか（2014）の調査結果（未発表）

護者の不安への対応などもあり，簡単に解決できない問題でもありました。そうした環境下で，事前に行った地域のプラネタリウム見学から星空という自然に目を向けさせ，遊びを通じて友達と図鑑などを使って星について調べたり，話し合いを通じて，「星空という自然」への興味を深めるようにした例もありますが，「身近な，触れられる動植物」から「遠くの自然」へと関心の対象が変わっていったことなどは，子どもの経験不足を補うための対応から出た姿の一端として考えられます。

自然環境等の問題は領域の内容を読み解けば，原発事故に起因する放射線量の問題が大きい福島だけの問題ではなく，より広い意味での環境とのかかわり方として，現代において自然環境や園庭の有無などに関して厳しく制限された保育環境は珍しくはないでしょう。そうした中で子どもたちの内面のどの部分に訴え，発達させていくのかが重要になるのではないでしょうか。

③遊び時間

表3-4から，自由遊びの時間については，園によって「自由遊び」のとらえ方が違うことが，回答からうかがえます。郡山市では一斉時間以外の"自分の思う場所で遊べる，活動できる"時間としてとらえているようですが，福島のF，G幼稚園は先の意味に加え"外にも自由に行き来しながら活動できる"時間としてとらえているのではないかと推測されます。その意味では「外に出ることが"制限"されている"遊び"」の中で，どこまで子どもたちの中にその制限を意識させずにいさせることができるのか，という保育の質や，子ども

表3-4　自由遊び時間の変化

地域	郡山市				福島市				
幼稚園	A	B	C	D	E	F(少)	F(中)	F(長)	G
増減率	0.0%	0.4%	2.6%	0.0%	0.0%	−37.5%	−37.5%	−25.0%	−46.5%
平均	0.8%				−29.3%				

（出所）　関口はつ江ほか（2014）の調査結果（未発表）

表3-5　一斉活動時間の変化

地域	郡山市				福島市				
幼稚園	A	B	C	D	E	F(少)	F(中)	F(長)	G
増減率	0.0%	3.6%	1.1%	0.0%	0.0%	−3.6%	0.7%	1.1%	0.0%
平均	1.2%				−0.4%				

（出所）　関口はつ江ほか（2014）の調査結果（未発表）

の活動についての考え方自体が問題であることも見えてきました。

　一方の一斉活動時間（表3-5）については全7園の変化率が－3.6～＋3.6％に収まっており，従来の保育を崩さない姿勢が明らかです。その中で「B幼稚園（＋3.6％）」と「F幼稚園の年少組（－3.6％）」には変化があります。B幼稚園は通常だと一斉活動をほとんど行わない幼稚園であり，F幼稚園は一定方法の保育を取り入れている園であり，その両園においてそれぞれがそれぞれの教育理念のもとで，環境の変化に対応したものと考えられ，保育の形式ではなく，その保育の中で子どもたちがどのような経験を得たかという中身が問われていたと言えましょう。

（2）保育現場の意識

　保育現場での意識変化については，日本保育学会の調査委員会による報告書の内容を引用しながら述べます（日本保育学会　放射能災害にかかる保育問題研究委員会，2015）。園に対して，2011年度のⅠ期（3～7月），Ⅱ期（8～12月），Ⅲ期（1～3月）に分け，各時期の中での子どもの変化や，カリキュラム内容等について記述されたものから項目を抽出し，KJ法を応用した形で各期にお

第Ⅰ部　保育現場の実態

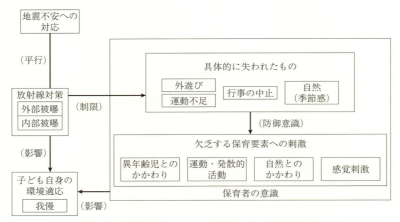

図3-1　保育についてのとらえ方の変化の概要図（2011年度Ⅰ期）
（出所）　日本保育学会 放射能災害にかかる保育問題研究委員会（2015）

ける保育者の意識などの相互関係を図に表したものです。調査対象データ数は摘出項目数728項目（Ⅰ期247，Ⅱ期278，Ⅲ期203項目）に上りました。

① Ⅰ期の様子（2011年4月〜2011年7月）

Ⅰ期に関しては3.11に続く東京電力福島第一原発事故からの混乱の中で，卒園式，入園式を行い，福島に残っている目の前の子どもたちに対して，どのように保育を行っていくべきかわからないまま保育を行っていた時期と言えます。その保育の基盤には，園庭や砂場などの外に自由に行くことができるような以前からの生活を送りたいという，「3.11以前の当たり前の保育」ができないことからの喪失感が強く，それを「守り」補っていこうという意識が強く見られた時期と思われます。

マスクをしたり，屋外での活動を強く制限する，地元産のものは食べないなど，内部被曝・外部被曝に対する対策を行うことは，前と同じ活動を維持しようという「防御意識」に繋がっていると考えられます。そうした中で「運動・発散的活動」「異年齢児とのかかわり」「自然とのかかわり」「感覚刺激」といった保育の要素に対しての欠乏感が強くなり，そこをどう補填していこうかと考える中で，「何かをしなければいけない」という意識が先に立ち「欠乏する

第3章　震災・放射能災害下の保育の実際

図3-2　園庭での活動を制限され，室内活動だけ
　　　　で過ごす（2011年4月）

保育要素」に対してより多くの活動への刺激を与えていると見ることもできます。

　一例として，B幼稚園では以前は登園するとともに「行ってきまーす！」と園庭に飛び出していった子どもたちがその園庭に出られなくなり，子どもたちの遊びたい気持ちをどう受け止めていくかという問題に対して，園内のホールや体育館を使い，より一斉活動的な運動遊びを行う指導計画を立てました。追いかけっこやフープを使ってのゲーム遊び，しっぽ取りゲームなど，それまでは自然発生的に出てくる子どもたちの思いを汲み上げる中で行っていた遊びを，より意図的に子どもたちに必要なこととして行いました。たとえば，幼稚園のホールでクラス全員が集まってビニール袋を使っての運動遊びを展開するといった活動も見られました。こうした活動により運動遊びを一斉活動的に行うことで，不足しがちである運動の機会と体を動かすことでの心の安定を園児全員に保障できるよう配慮していると考えられます。

　これは一例ですが，遊びが中心の園ではそれまでの活動に含まれていた経験を意識して計画に入れ，逆に一斉活動が中心の園はその活動の中にある子どもたちの思いをどう汲み取るかを考えていったようです。他にも発散的活動として「走れる場所が限られてしまうので，それに代わる活動を入れて満足できる

時間を作る。参観日に行う親子運動遊び（ミニ運動会）のような活動やフォークダンスなど音楽を使った活動で楽しさを味わう」といった活動や，自然とのかかわりを補塡する目的で「子どものジャガイモの種植えは放射線の心配があるため，先生が行い，絵本やお話を通して野菜作りや成長に関心を持てるようにした」，「室内に砂場ができる（支援物資）。みんなが砂の感触を楽しめるよう，スーパーボールを隠し宝探しをする。安全に遊べるよう，ルールを決めた」といった活動，感覚刺激を補塡する目的で「フィンガーペインティング，小麦粉粘土，片栗粉の粘土，絵の具のぬたくり，スライムなど様々な感触教材を好きな遊びや一斉保育で取り入れていく」，「部屋の一角に箱庭の用具や手先を使う遊びを準備する」といった活動を取り入れ，失われた経験を補塡しようとする姿が見られていました。

②Ⅱ期の様子（2011年8月～2011年12月）

　Ⅱ期は，震災・事故から半年近くが経ち，また夏休みを挟んだということから，子どもたちも保育者自身もⅠ期よりも落ち着いて状況を理解し，保育を進めることができはじめた時期です。地震や津波からの直接的被害については，岩手県・宮城県や福島県沿岸部（浜通り）に比べれば小さかったこともあり，地震や津波に起因する対応は徐々に少なくなり，園全体の大枠の対応としては放射能対策が中心になってきます。地震，放射能両面への対応が急務であったⅠ期に比べると，問題意識を放射能対応に集中することができてきたとも言えます。一方で，そのためにかえって保護者や地域が放射能に過敏になったとも言えます。

　少しずつですが，除染が進んだりしたことで，一部の放射線量の低い園では外遊びの制限解除が見られはじめたのもこのころですが，マスク着用や衣類への注意（放射性物質の付着への注意）もあり，まだまだ制限や保護者の要望への配慮の方が強く，とりあえず外に出ることができるといった状態です。依然として続く活動制限を補塡しようと刺激を生みだしつつも，その中で保育の基盤となる「三間（時間，空間，仲間）」への意識が保育者の意識の中でより明確に出てきているのもこの時期からでした。

第3章 震災・放射能災害下の保育の実際

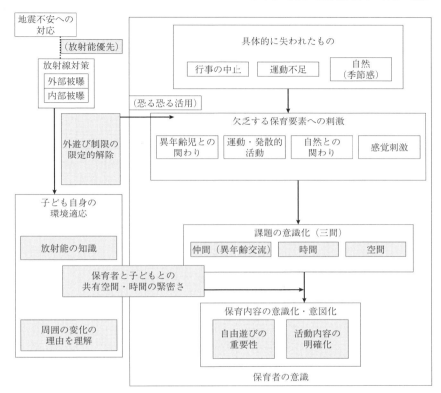

図3-3 保育についてのとらえ方の変化の概要図（2011年度Ⅱ期）
（出所） 日本保育学会 放射能災害にかかる保育問題研究委員会（2015）

　放射能という言葉について子どもたち自身も，それまで周囲の大人がとっていた対応などから，漠然とですがその意味（危ないもの，汚いもの，触ってはいけないもの）を把握し，意味がわかってきたことで，自分の周囲の状況の変化（友達との別離，活動の制限）について理解しはじめました。そうした子どもたち自身からの環境へ適応しようとする（あるいは，「しなければならない」）積極的な気持ちと，保育者の三間への課題意識の双方が出会って，保育が変わってきたと思われます。子どもと保育者が時間と空間を緊密に共有していたことから，Ⅰ期に強かった「何かをしなくては」という保育意識が弱まり，「子

第Ⅰ部　保育現場の実態

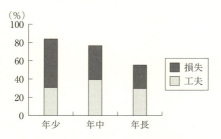

図3-4　保育状況における損失感と工夫の割合（2011年4〜7月）
（出所）　日本保育学会　放射能災害にかかる保育問題研究委員会（2015）

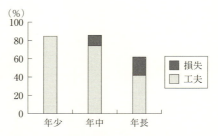

図3-5　保育状況における損失感と工夫の割合（2011年8〜11月）
（出所）　日本保育学会　放射能災害にかかる保育問題研究委員会（2015）

ども自身が必要としていることは？」という意識が高まり，「自由な遊びなど子どもが決めてすること」の大事さにあらためて気づかされるようになった時期であるとも言えます。それと平行して，限られた時間と空間の中での保育のねらいが明確化して，時間を有効活用しようという意図もしっかりしてきました。「遊び」と「保育者からの意図した活動」という両面を，限られた空間でどう指導していくかを，より意識して保育に臨んでいる姿が浮かび上がってきています。図3-4，図3-5は震災後の保育状況における損失感と工夫の割合についての先の調査の結果です。これは調査における自由記述内容の数を比較したものです。

　このグラフを比較すると全学年を通して2学期になると工夫的要素が増えており，とくに年齢が下がるにつれその割合は大きくなっています。具体的な活動としては，自由遊びの重要性を意識した上で，「運動会を楽しみにしているがどこか落ち着かず，小さな傷を作ることもある。室内での（運動会の）練習も続けているので，切り替えのできないまま移動することもあるので，一度リセットする時間を作って，新たな気持ちで取り組むようにする」といったように，「活動をさせなくてはいけない」という意識よりも，その子どもたちが持っている心と体のリズムを汲み取って工夫して対応していく意識が増してきていました。また，その流れで「（外遊び）30分という時間の中で，異学年を含

めたみんなで交流しながら遊べるようにする」「跳び箱の高さを変化させながらジャンプを楽しむことで，あえて"跳ぶ"という状況をつくる。着地の位置が遠くなるように励ましたりする」といったように，内容を吟味して目的を明確にしてきたのもこの時期です。目の前の子どもたち自身の姿をしっかりと見つめることで，体験が喪失されたという面ではない，子どもたち自身の主体的な気持ちに気づき，その状況を把握して徐々に補塡するといったマイナスの補充の方向から，今の子どもたちの姿から方向性を見つけるプラスの方向に保育の向きが変わってきたと考えられます。

③Ⅲ期の様子（2012年1～3月）

　Ⅲ期については震災から1年近くが経ち，様々な情報からの「放射線知識の深まり」が強く感じられる内容となっており，自由遊びと活動内容の明確化という意識を持った上で，その「活動自体の連続性」が重視されるようになりました。それは欠乏している保育要素がばらばらなものではなく，子どもの中では一つの流れであるべきであるという意識でもあり，また，子ども自身の生活が充実するためには各要素の補塡，充実も重要だが，それ以上に子どもの気持ちの流れを塊として見ることがより重要であることが再認識されていたようです。解決が難しい課題として「縄跳びがいつでも行える状況ではなく，場所や時間に制限が出てくる」といった声があることからもわかるように，子どもたちの活動が少しずつ安定を取りもどし継続的になってきているからこそ，以前なら続いていた活動が止まらざるを得ない状況の限界を感じているようです。そうした状況に対し，「（ホールの使用が）クラス毎での使用になると，時間になると室内での遊びを中断させてしまうこともあるので，曜日によってのホール使用に変更する。また一斉に移動するのではなく自由にホールを行き来できるようにする」といったように，震災・放射能災害発生後に行われた対応をより子どもの気持ちの流れに沿う形で変更するようになっていました。こうした対応の変化はどのような災害への対応を行ったかという種類別に分類してみるとより見えてきます。

第Ⅰ部　保育現場の実態

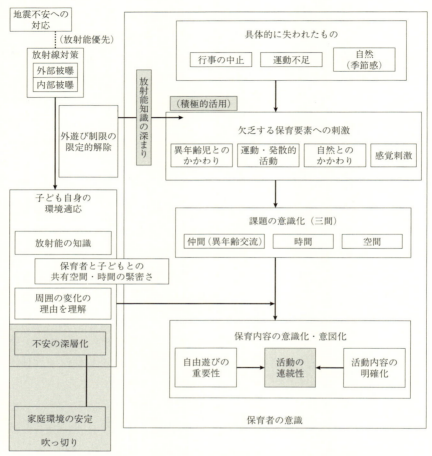

図3-6　保育についてのとらえ方の変化の概要図（2011年度Ⅲ期）
（出所）　日本保育学会　放射能災害にかかる保育問題研究委員会（2015）

（3）災害への対応と保育内容
①災害への対応の変化

　保育の変化は，どのような災害への対応を行っていたか，保育者が何に関心を持っていたかの具体的な内容との関連が明らかにあります。図3-7，図3-8は先の調査の自由記述で保育者が気になっていることとして書いた内容の

第3章　震災・放射能災害下の保育の実際

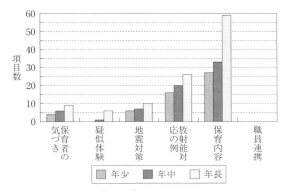

図3-7　保育者が気になっていること
（2011年4～7月）

（出所）　日本保育学会　放射能災害にかかる保育問題研究委員会（2015）

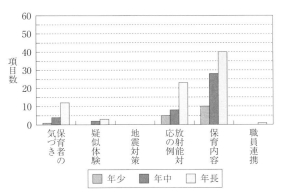

図3-8　保育者が気になっていること
（2011年8～11月）

（出所）　日本保育学会　放射能災害にかかる保育問題研究委員会（2015）

比較です。4～7月ごろはある程度の割合で地震対策（今後の地震発生への備え）や放射能対応が見られています。「保育者の気づき」は子どもの状態についての記述，「疑似体験」は従来とは異なる場所や方法による保育についての記述です。

63

これら地震対策や放射能対応の一例は次のようなものです。
①災害全般に関する内容（主に地震対策）
・保護者と子どもの心のケア
②放射線に直接かかわる内容（主に放射能対応）
・外に出さない
・保育中に地震が来たときの危機管理
・窓の開閉の換気
・室内でできる運動遊びを取り入れる
・放射線に対しての対処法等を考えながら進めている（固定遊具，窓などを水で洗う，飲み水の準備）
・除染作業
・線量測定公開
③自園の保育内容に関する内容（主に保育者の気づき，保育内容）
・震災から直接的に受けた不安を取り除く時期のピークは過ぎたように感じているので，これからはより発達を考え，一人ひとりを見つめる中で適切な活動を話しあい，実施するようにしていきたい
・一人ひとりの保育者が"保育の腕"の見せ所を念頭に置き保育を進めている。外で遊べないのがマイナスではなく，そのことで今年度プラスになるような保育をする
・見渡せる環境作り
・シンプルな環境を心がける
・物を豊かに与えない
・暑い日の水分補給
④保護者との協調・理解に関する内容（主に保育内容）
・保育内容に関し保護者の同意を得る
・幼稚園の方針や現状を手紙で伝える

　項目①，②については震災および原発事故を原因として，まったく新たに保育の中に生じたものであるのに対し，③，④に関しては今までも各園において

図3-9 線量を計りながらの職員による表土削りによる除染（2011年8月）

行ってきた「自己点検」「カリキュラムの考察」をさらに深め、「子どもにとって大事なこと」を考えていく上での配慮であると見ることができます。原発事故でマイナスのことばかりが頭に浮かぶのは事実ですが、③、④の配慮点のように、震災以前の意識をより深めるきっかけと見ることができるならば、それはプラスにもなります。

　こうした配慮については8～11月になると安定（定着）期に入って減少して、「保育内容」、「（子どもの変化についての）保育者の気づき」が増えています。ここからも保育者たちは時間の経過とともに環境の喪失感を感じるⅠ期から、Ⅱ期、Ⅲ期に向かうにつれ、子どもたちの気づきや関心を汲み取り、徐々に創意工夫をして子どもたちによりよい対応をしようとする様子が見られます。福島の状況を通して見ていますが、今後全国の保育現場において増加せざるを得ないであろう外遊びその他の外部からの規制の強い場所での保育において、"内在する課題"に保育者自身が気づいて動くことを忘れてはならないことを、急激な変化を経験した福島の保育者たちの様子は示唆するものとなっているのではないでしょうか。

② 5領域から見る震災時の保育内容対応

　その保育内容への対応はどのようであったかを見るために、保育活動についての記述を幼稚園教育要領における5領域の視点でまとめました（図3-10、図3-11）。全体的な傾向は似ていますが、1学期から2学期にかけて「言葉」

第Ⅰ部　保育現場の実態

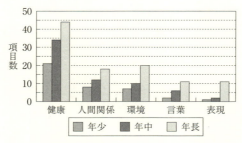

図3-10　保育活動についての記述（5領域別）（2011年4～7月）

（出所）　日本保育学会　放射能災害にかかる保育問題研究委員会（2015）

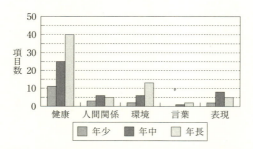

図3-11　保育活動についての記述（5領域別）（2011年8～11月）

（出所）　日本保育学会　放射能災害にかかる保育問題研究委員会（2015）

の領域での対応数が全学年とも減少しています。これは3月11日から時間が経つにつれて，当初見られた津波ごっこや地震ごっこといった震災に直接起因する言葉の面での変化が，徐々にではあるが落ち着きを見せはじめてきているからではないかと考えられます。代わって増えているのは表現の領域での対応です。

　たとえば「支援物資のカプラで遊ぶ。高く積んだり並べたり，町や地図を作る。個人の遊びから集団へ。集中力，想像力，達成感，協力性を習得する」といった記述に見られるように，震災直後の保育について「○○ができない」と

図3-12 園のホールに設置したサーキット遊び
（2012年1月）

いった喪失感があった様子から，2学期になり以前とは違う方法や物の環境を工夫することで，子どもたちの違った面からの成長を促す意識が働いてきていると見られます。図3-12は震災以前はあまり行わなかったサーキット遊びでの運動活動の一場面です。外遊びが制限される中で高くジャンプをしたり，飛び降りたりという動きをする場面が著しく少なくなったことで，子どもたちにそうした経験をさせるにはどういう方法があるかを考え，取り入れた中での動きです。従来は園庭の小山や木の上からの飛び降りなど，自然に遊びの中で出てくる動きを，屋内でできる活動に組み入れています。動きのダイナミックさなどについての課題はありますが，運動機能のみならず，保育者が持っているタンバリンを叩くことによる親近感・達成感や，友だちの動きを見ての発見など他の要素もふくんだ活動になっていきます。屋外活動での自由な活動はある一面で補えてはいますが，そこでの子どもにとっての体験の質は変化していることを認めざるを得ません。

③福島から全国に──あるべき育ちを考える大切さ

　先ほど人工化が進む現代社会の保育環境に内在する課題についてふれました。一番の問題は「問題に気づかない，気づいているのに気づかない振りをする」ことではないでしょうか。今回の福島のケースでは3.11を境に一気に環境が変わったことで，各園や各保育者の中にある保育の中で譲れない点を重視し，保

育対応を工夫してきました。日々の保育を進めるだけではなく，本来そこにあるべき育ちがきちんと担保されているかどうかという視点をどこかに持つことが，これからの日本の保育を進める中で重要になってくることが，福島の状況から強調されます。

2　子どもの1日の生活

　放射能災害下では，たんに戸外遊びが禁止，時間制限されたということではなく，1日の生活の流れ，屋外の意味が変化しました。外にあるものは見えるけれど触れられないものになり，ゆったり自分のテンポで遊べた遊びが限られた時間で行うものになり，また，遊具遊びはすぐに交替しなければならないものに変わりました。着替えや手洗いは，気持ちの切り替えやよりよい生活習慣の習得として行っていたことが，体についた有害物質を落とすための緊張を伴う仕事になり，食事は「美味しく，楽しく」の前に「安全かどうか」が気にされるようになりました。同じ活動をしていても，災害発生後の保育者の配慮点は大きく変化し，味気なくなりました。生活基盤の安全性が失われたことにより，保育のねらいは変わらざるを得ません。

　それがいつまで続くかがわからない，自分たちが決められないという見通しのなさが，保育者には大きな負担になっていました。子どもたちもまた生活の雰囲気全体が慣れ親しんだ生活とは異なるため，保育者への依存度が高くなり，自分の裁量では行動できない部分が増えました。それでも子どもたちは大きく混乱せずに適応していきます。保育者や友達との繋がりが支えになっていたことが推測されます。

（1）　1日の流れの比較

　災害発生後の1日（年長組4月）の保育の流れを前年と比較してみました。子どもたちの生活のポイントが変化していることが明らかです。また，生活時間が子どもの生理的，心理的なリズムよりも，生活の管理上の時間によって区

切られることになり，個人差に応じるゆとりが減っています。これは一面では子どもたちが集団の生活に適応するために必要な経験とも言えますが，心身ともに納得して自分から行動するという基本が薄れて，「決められたように動かなければならない」という，心と行動が一致しない状態とも言えます。第4章で述べられる様々な子どもの姿の背景には，このような生活の仕方の急激な変化の影響もあると考えられます。

2010年4月：年長組の1日の例

7:40	出勤。園児の登園前は幼稚園の通路や園庭の掃き掃除，下駄箱や窓ガラスなどの拭き掃除を行い，子どもたちが気持ちよく登園できるようにする。昨日の遊びの様子から遊具は控えめに出す。		
時間	環境構成	幼児の活動	保育者の援助・配慮
8:30	・窓の開閉で，寒暖の調整をする。 ・描画，製作コーナーの設定や積み木，ブロックの準備をしつつ，子どもたちが場面を作りながら遊ぶことができるようにあまり遊具は出さず，室内を整えておく。 ・保育室，園庭などを自由に行き来しながら活動。 ・製作コーナーのハサミ等の始末はケースにきち	登園 ・お手ふきタオルなどの提出物を出すなどはさっさと自分でする。 遊び ・登園してきた順に身支度を整え，自分がしたい遊び，前日の遊びの続き，友達と話をしながら新たな遊びなどを始める。戸外やホールなど遊びの目的に合わせて自由に出かける。 ・保育室の中では積み木・レゴブロックを使っていろいろな形に組み立てたり，ごっこ遊びに必要なものを保育者や友達と描いたり作ったりする。また，気が移りやすい子もいる。 ・戸外に自由に出かけ，花	・朝の出迎えは子どもの様子に合わせる。始末が雑になりやすい子に気をつけながら，朝の会話を楽しむ。 ・遊びはできるだけ子どもたち自身に任せて必要と思われるときだけ手を貸す。 ・子どもたちのイメージをとらえて，先を見とおしながら必要な助言をしていく。また，使うと思われるものを出してみるなどしながら活動が深まるようにする。いろいろなことに気づくようにする。 ・戸外から戻るときには各自，手洗い，うがいをする。 ・保育室では遊びの続きを

第Ⅰ部　保育現場の実態

	んと入れるなど，つねに環境を整える。	びらや草花，木の枝や小石などを集めてごっこ遊びをしたり，砂場で形抜きをしたり，山川などを作って楽しむ。中には昼食前まで外遊びに集中し，保育室には戻らない子どももいる。 ・母の日のプレゼント作りは各自がやってみたいときに自由に行う。保育者に作り方などを聞いたり，友達と見せ合う。	したり，母の日のプレゼント作りをすすめる。 ・母の日のプレゼントは大枠を保育者が準備をし，子どもたちがそこに絵を描いたり模様をつけたりしながら，母親に感謝の気持ちを持って仕上げることができるようにする。
12:00		昼食 ・手洗い・うがい・手の消毒などを並んで順に行って，友達と楽しんで給食を食べる。 昼食後の活動 ・保育室の中で描画やパズル，ブロック，積み木などを使い静かに過ごす。	・友達と一緒に美味しく給食が食べられるような雰囲気作りを心掛ける。おしゃべりで遅くなる子に注意する。 ・園庭に出たい子は園庭に行き，それぞれにゆったりと遊べている。
13:45	・食事の後は，保育室内で静かに落ち着いて活動ができるように描画コーナーなどを設定。	帰りの集り ・楽しかったことを話す。 ・季節の歌を歌う。	・面白そうな遊びをしていた子どもの紹介。遠足の話をして楽しみにするように伝える。

保育終了後，保育室の中の掃き掃除，床や棚は水拭き。また，保育室の整理をしながら子どもたちの遊びの様子や思い，状態などを再確認し，反省と計画を日誌に記録。気になっている子ども同士のやり取りについて記録。隣の組の担任と母の日のプレゼント作品を見せ合う。全体会議なし。

2011年4月：年長組の1日の例

7:20	園内の点検，清掃のため早く出勤。下駄箱や窓ガラスなどを拭き，玄関は水を流して土埃を取り除く。全教職員による朝の打ち合わせ（一日の予定，連絡事項，保護者の問い合わせ，要望の確認（室内でもマスクを着用させてほしい，登園時に手袋をしてきてよいか）など）。休園児，前日の欠席の園児についての状況確認など。

第3章　震災・放射能災害下の保育の実際

時間	環境構成	幼児の活動	保育者の援助・配慮
8:30	・玄関マットには泥よけ用のマットも敷くことで，外からの泥や砂埃が保育室に入るのを防ぐ。 ・窓は閉め切り，寒暖の調整はエアコンで行う。	登園 ・上着，長袖，長ズボン，園帽，マスクを着用し，肌の露出を極力抑えた服装で登園する。 所持品の始末・身支度 ・水筒・お手ふきタオルや提出物などが多い。<u>保育者と一緒に所持品を始末する。</u> ・マスクをつけるのを嫌がる子どももいるが，親に必ずつけているように言われているのでマスクは装着したままでいる。	・保護者には園児を<u>玄関先まで送ってもらうようにするが，玄関先では戸外の時間を短くするためにさっと室内に入るようにし，身支度は子どもと一緒にゆっくりと時間をかけて行う。</u> ・幼稚園に来ることに不安で精一杯の子どもも見られる。できるだけ明るく言葉を掛けるようにし，温かく受け入れるようにする。 ・上着は玄関先でほこりをしっかり払う。マスクは保育室内では外してもよいが，保護者に確認をしながら対応する。
9:00	（図3-13参照） ・折り紙，パズル，積み木，レゴブロック，粘土，こま，メンコなど室内で遊べるあらゆる遊具を準備し，さらに描画コーナー，製作コーナー，ままごとコーナーなどの設定。	遊び ・震災のため，仲良しの友達がお休みをしている子どもなどは，登園してからしばらく保育室の中で<u>何をしようか迷いながら様子をうかがっている。</u>しばらくして席に着き何となく描画活動などを始める。 ・保育室の中では，いろいろな遊具や描画コーナー，製作コーナー，ままごとコーナーなどの遊びの場面が設定され，興味を持った遊びへと向かうが，集中ができずにすぐに遊びを転々としてしまう子	・<u>子どもが選べるように様々な遊具や場面を設定していく。</u> ・赤ちゃんがえりをしたように，保育者にくっついたり肌をこすりつけてくる子どもには，手をつないだり抱きしめるなど<u>保育者がつねに側にいるような安心感を持たせる。</u> ・子どもたちなりに外で遊ぶことができない状況を把握し室内で過ごそうとしているが，室内でも身体を動かしたい気持ちが強くなっている。室内の遊具や物を壁際に片付け，保育室でできることは子

第Ⅰ部　保育現場の実態

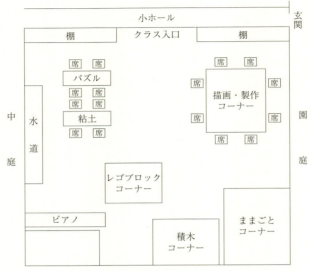

図3-13　遊具・場面の設定

		もいる。 ・「先生，キャッチボールをしたい」と言うので，昼食後にすることにする。ボールやバットは担任と厚紙や段ボールを使って作る。	どもたちの要求をできるだけ受け入れるようにする。 ・<u>地震にすぐに対応できるように机を数台出しておくようにする</u>が，子どもの遊びの状況に合わせて片付けをしていくために慌ただしい。
10:15		・<u>クラス活動</u> ・こいのぼり作りや母の日のプレゼント作りを全員でする。自分のものを作ることに集中して，子ども同士の話は弾まない。	・課題活動はできるだけ自由な発想でできるように材料を増やしておく。
11:00～	・大ホールの使用は各学年ごとに時間を決め活動する。	・<u>大ホールの使用時間となる</u>。保育の場が変わるため活動が中断されてもきちんと話を聞いて応じる。	・ホールはクラスごと学年ごとに使用時間を決めてある。与えられた1時間の中で前半30分は空間で

72

第3章　震災・放射能災害下の保育の実際

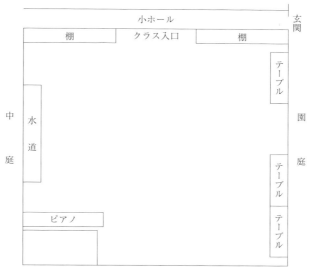

図3-14　片付け後の保育室

	10:00～11:00 年中 11:00～12:00 年長	・前半は自由に駆け回ったり保育者が準備した縄跳びやフラフープ，鬼ごっこなどをする。後半は保育者の指示通りにルールのある遊びや動きをする。<u>自分の好きなように存分に動けないことや時間が短いことなどで表情や動きに勢いがない。</u>	自由に活動をし，後半30分は全員で縄跳び競争や長縄跳び，フラフープなどを使った活動を計画する。なるべく子どもの動きを見ながら誘導する。
12:15		昼食 ・手洗いうがい，手の消毒は丁寧に行う。友だちとのおしゃべりはだいぶ話が弾むようになった。	・牛乳は保護者の希望により，アレルギー対応だけでなく，放射能対応として飲ませない子どももいるため十分に注意を払い配膳する。
13:00	（図3-14参照） ・食事の後は，室内の遊具を片付	昼食後の活動 ・午前中に作った手作りのボールやバットを使い，	・子どもたちと約束をしていた野球ごっこは，「約束を守る」ことが今の子

73

第Ⅰ部　保育現場の実態

	け保育室の中で野球ごっこをする。	担任がボールを投げ，子どもたちは順番にバットでボールを打つ。「打ったら走るんだよ」「ここをタッチして戻ればいいんだよ」など自分たちで提案，担任がそれに乗る形で，盛り上がった。 ・入らない子どもたちは小ホールに追いやられる形になり，<u>それぞれが満足することが難しい。</u>	どもたちとの関係には<u>大切と考え</u>，机や椅子などを壁際に慌ただしく片付け，気持ちよく遊ぶことができるようにする。
13:45		帰りの集り ・幼稚園の生活についてのお約束など先生のお話を静かに聞く。 降園	・幼稚園の生活の中で，遊んでいるときに地震が来たらどのように行動するかを一つひとつ確認し，<u>先生がみんなを守るから大丈夫なことなどを話し合う。</u> 身支度をしっかりする。
保育終了後は砂や埃などをきれいに掃き，床や棚は水拭きを丁寧に行う。室内の設定は煩雑なところや混雑しているところ，使われない遊具やコーナーを確認し，明日の設定の確認をする。ホールの時間割り当てでは，年長児の動きを考慮し，時間を職員間で検討する。保護者の質問や不安定な園児について電話で対応する。日誌，連絡帳記載は自宅に持ち帰る。			

（2）環境構成の工夫

　各園では屋内空間を有効に使うために様々な工夫をしました。遊具を設定したり，活動を誘導して震災前と同種の活動に近づけて，身体活動などはある程度は補えたと言えます。

　保育の場の環境構成は，日ごろは，活動の発展に伴って保育者と子どもが一緒になって作り上げるものですが，戸外活動の不足を補うためには，保育者が意図的に設定せざるを得ません。子どもたちは自分たちなりに考えて試したり，生み出したり，変化させる時間的な経過をたどることよりも，保育者によって

設定された環境によって引き出される活動に一生懸命取り組む傾向が強くなります。一面では保育者の意図した成果はあがりやすくなりますが、空間が限られているため、自由な出入りができにくくなり、活動が同質的になります。見た目の成果は同じようになりますが、満足感や充実感は小さくなったと思われます。また、子どもの独自性はどうしても出にくくなりました。

　園庭というオープンスペースが使えなくなり、異年齢間の交流や多様なグループ間の交流、刺激し合うことが少なくならざるを得なかったと言えます。

　子ども同士の学びが起こりにくくなったことの影響は以下に述べる遊び方の変化にも示されています。

3　子どもの活動の変化

　災害発生後の子どもたちの変化を、幼児期の代表的な遊びである砂遊びとごっこ遊びの姿からとらえてみました。子どもたちの遊びは、その日常が安定して継続する生活の営みの基盤の上に成り立っていることが鮮明に見えてきます。生活の連続性、ともに暮らす仲間との関係が崩れると、遊んではいるのですが「仲間と一緒に遊びこむ」ことが難しくなり、自分たちで遊びを作っていくという、もっとも重要な体験が希薄になっていることを保育者が感じていることがわかります。このことは前節で述べました活動制限による子どもの身体活動、自然体験の不足を補うべく、保育者が意図的な活動を組んで誘導していったことと裏腹の関係にあるとも考えられます。

（1）砂遊び（泥だんご作りの例）

　子どもたちは震災以降、3年間園での砂遊びをしてきませんでした。2011年4月に3歳で3年保育に入園した子どもたちは、砂で遊ぶ経験をせず卒園せざるを得ませんでした。2014年5月から再開した砂遊びでは、誰一人園での砂遊びの経験者はいません。園庭に大量の砂を準備し遊びの時間を作りましたが、震災前の子どもたちと明らかに違った姿が見られました。

- 砂山を見ても興味を示さない。以前は一目散に砂山の頂上に登る等，嬉々とした姿があった。
- 遊び方が慎重でぎこちない。
- スコップ等の用具が上手く使えない。
- 砂を固められない。
- 手足が汚れることを嫌がる。
- 新任の保育者も砂遊びの指導法がわからない。

① 「泥だんご」は過去のものか

　私たちは震災前に年長児が得意げにまた誇らしげに自信に満ちて作っていた「光る泥だんご」は，園の中では存在すら過去のものとなったのかと思いました。このとき，子どもの文化として伝えられてきた，外での遊びを取り戻すのには時間がかかることを覚悟しました。

② 保育者の実践

　2014年5月2日（金）3年2か月ぶりの砂遊び。

　戸外での活動時間を60分と制限していた中での園庭での遊びになるので，時間配分を考慮した計画になった。

◉ 1日目
- 年長のみ裸足なり一斉に砂遊びをする。（砂遊び30分，片付け他30分）
- 砂の感触を味わえるようにするため，スコップ等の用具は少なめに用意した。
- 遊んだ後は手足が洗えるようにタライやタオル，シャワー等を準備した。

◉ 2日目
- 学年ごとに時間を決め，混雑しないで遊べるようにした（30分，時間配分を考慮）。
- 用具の使い方や遊び方を指導する。
- 水が使えるよう，バケツやタライに水を汲んでおいた。

◉ 3日目
- 昨日に引き続き，学年ごとに砂遊びは30分と時間を決めて行う。
- 砂の扱い方や遊び方を伝える。

・保育者が楽しんで活動する姿を見せる。
・用具を種類別に片付けられるよう表記したかごを準備した。
◉4日目
・昨日に引き続き，学年ごとに時間を決めて砂で遊ぶ。
・用具の量を増やした。
・遊びの内容によって用具が変えられるように子どもに声をかけた。
◉2週間目
・戸外へは学年ごとに決めて出る。
・砂遊びの仕方がわかってきたので，戸外活動1時間の中でそれぞれ好きな遊びが楽しめるようにした。
◉3週間目
・砂遊びでは山作り，川作り，だんご作りなどを翌日へ繋げられるよう，作ったものは保存できるようにした。
・砂遊びでもグループで活動する姿が見られるようになってきたので，他のクラスとの交流ができるよう，保育者が声をかけるなど遊びの橋渡しをした。

③A子（5歳児年長）の砂遊びの活動記録

　はじめての砂遊びを援助するために，砂とのかかわりに慣れるまでの間，意識的に環境を制限してきたが，おおよそ1か月くらいで時間や遊ぶ学年などの制限を外すことができました。

　表記の園環境の中で，A子（5歳児年長）が震災前のような「ぴかぴかの泥だんご」を作り上げていく，「泥だんご」復活の過程を追ってみました。A子は2年保育年中児のときに入園，感情の起伏が激しく，友達との関係がうまくいかず，遊びが単独になりがちな子どもでした。

『本当に触っていいの？』（5月）
・5月からスタートした砂遊び，家庭で経験している子も少なく，はじめて砂に触れる子もいた。A子も「本当に触っていいの？」と尋ねながらの砂遊びのスタートとなった。
・保育者たちは山作り・川作り・穴掘り・型抜き・だんご作り等，とにかく様々な遊

- び方を楽しんで見せた。
- A子も砂でいろいろな遊びをしていくが，その中でもとくに泥だんご作りに興味を持って遊んでいた。
- 水加減や力加減が上手くいかず，すぐに形が崩れてしまい，A子と一緒にだんご作りをしていた友達も，他の遊びへと移行してしまった。しかし，A子はだんごが壊れても，何度も挑戦し根気強く作り続ける。

『固いだんごができたよ！』（7～9月）
- 何度も泥だんごを丸めることで，ちょうどよい水加減がわかるようになった。
- 泥だんごが崩れないような握り方のコツをつかみ，固くて形のよいものが作れるようになった。
- 水を含んだ泥だけでは壊れやすいことに気づき，あたたかい砂や乾いた砂等，いろいろな種類の砂をかけて握ってみる。

『すごい！　A子ちゃんのだんごが光ってる‼』（10～11月）
　白砂をかけて形を整えているうちに，表面が黒く光り出すことがわかり，手のひらや指を使って擦りはじめる。油・紙・土粘土製作の際，少しのひびや型崩れに気づき，指で擦ったり，手のひらで形を整えたりした。その経験を活かしたことで，だんごが光りはじめた。だんごが光ることが面白くなり磨きはじめ，時間をかけて仕上げていた。
　友達や保育者から「すごい！　A子ちゃんのだんごが光ってる‼」と褒められ憧れを持たれていた。友達も，A子と同じようなだんごを作ろうと，磨く様子を見たりやり方を聞いたりして模倣しはじめた。同年齢の友達だけでなく，自ら年中・年少児にもだんごの作り方を教えたり，さらさらの砂の場所を教えたりし，意欲的に友達とかかわって活動することができた。泥だんごをきれいに光らせたことで友達や保育者に認められ，自信がつき他へ働きかける能力が培われてきた。また，だんご作りにじっくりと取り組むことで気持ちが満たされ落ち着き，人と穏やかに接することができるようになった。

④「泥だんご」の復活

　A子の5月からの泥だんご作りは保育者の予想を超えて「ピカピカの泥だんご」を完成させました。3年間の砂遊びをしていないブランクは「泥だんご」作りという従来，園内で年長者から年少者へと受け継がれてきたことから，復活するのには，相当に保育者の力が必要と考えていました。ところが，保育者

の指導はあったにせよ，A子が「光る泥だんご」に自分でたどり着いたことに，子どもの持っている計り知れない能力を感じ，あらためて驚かされました。

しかし，以前の砂遊びとは「何かが違う」のです。そこで，震災前までの「泥だんご」作りが「A子の泥だんご」作りと「何」が違っているのか考えてみます。

⑤「泥だんご」作りの今昔（比較）

11年前に「泥だんご」作りに関する研究発表を当園でしたときのレポート（震災前）と，今回の活動記録を比較してみました。以下は，11年前の記録です。

【年少児の姿】
5月ごろ・大きさにこだわり「一番大きいやつ作って」と保育者に要求する。作ってもらうだけで満足する。
6月ごろ・自分の手に収まる大きさの泥だんごが扱いやすいことに気づく。
7月ごろ～9月・年長児から白砂をかけると固くなることを教えてもらう。・根気強くだんご作りに取り組むことで表面に変化が見られることに気づく。

【年中児の姿】
4月・自分で作れるようになった自信と作ったものを誰かに見せたいと思う気持ちが出てきた。
5月～7月・友達といかに大きく作るか，競い合うことから，光らせることに目標が移った。
夏休み明け～・泥だんご作りを翌日まで引き続き行うようになり，活動が継続していくようになった。

【年長児の姿】
6月・昨年の経験から固いだんごが作れるようになる。・ザルに白砂を入れ，細かくさらさらの砂を作り，光る泥だんごを目指す。・「こんな風に作りたい」と自分のイメージを持ち，数日間かけて，友達同士で取り組む。・泥だんごが光るよう工夫をして布で磨いたり乾かないようにラップをしたりして，試行錯誤しながら自分で経験していった。

11年前も震災後も泥だんごの魅力は変わらず，年少児から年長児まで試行錯誤をしながら自分流のやり方で取り組んでいましたが，「A子の泥だんご」作りの姿とは少し違います。11年前の子どもたちの姿は，年少・年中・年長と

「泥だんご」作りが繋がっていく過程が見えます。ここでは年少から年中へ成長するに従い，思考の仕方や想像の広がり，交流の幅が出ています。また，技術の伝承があります。交流の幅は，互いに競い合い，挑戦し合い，挫折やあきらめない気持ち，頼る一頼られる関係，信頼などの感情が行きかって，自己肯定感や自信の強さに結びついています。上の例から，子どもの活動や感情に保育者がきめ細かく配慮して，子どもの持っている様々な力が引き出されて，「自分たちの泥だんご作り」として共有されていることが，子どもの内面を支えていることがわかります。

　震災の影響により3年余り活動が途絶えた「泥だんご」作りは，A子が限られた時間（戸外遊び1時間）を有効に使って復活させました。経験知を持たない子ども自身の力で遊びが復活することは大きな発見でした。自ら探査・発見し，創意工夫をして何かを獲得していくことができました。こうして生まれた遊びは子ども自身が主体的に伝達していくことで，震災前の「泥だんご」作りが，「再生」ではなく「新生」として新たな子ども文化となってきたと考えられます。それが子ども同士の絆をつなぐ力，安心して共有する活動になりえるようにすることの重要性，園の中で伝承されている遊びにはそれなりの重みや深みがあり，揺るぎないものとして存在していることをあらためて感じさせられます。

（川上むつみ・根本頼子）

　※　本事例は，関口・田中（2016）を修正したものです。

（2）ごっこ遊び

①2010年年少組（震災前）11月

　まず，震災前の年少組11月のごっこ遊びの姿を述べてみます。少しずつ遊びにも継続性が見られてくるようになり，戸外でも遊ぶことができていたので，自分のやりたい遊びがはっきりして，安定していました。保育者がいなくても安心して過ごせるようになって，友達とのやりとりも持ちながらも，3歳児らしい一人でのごっこ遊びを堪能しています。

> 2010年11月18日
> 　段ボールで家を作り，猫ごっこの子どもたちが遊んでいたのだが，猫役の子どもも増えたので牛乳パックで家を作る。子どもたちも「やる！　手伝う！」と参加する。飲み口を折りたたんで中に入れ込むことを手伝ってくれる。
> 翌日
> 　昨日作った牛乳パックの家に，S子が毛布を床に広げて，窓には布をつけてカーテンのようにする。机代わりの段ボールを置いて，ままごと用の皿やごちそうを並べている。S子も猫を飼っており，イメージを広げながら楽しんでいる。ほかの友達が戸外で遊ぶ中，「一人でも大丈夫！」「先生，行ってきていいよ〜」と，一人でも遊びが満たされているせいか，安心して遊びを継続させている。

② 2011年度年中組（震災の年）第1保育期（4〜7月）

　半年後です。4月の保育初日の，上記のクラスの震災から1か月後の遊びです。子どもたちも震災の影響を受けながら生活をしていることが伝わってくる遊びです。おたより帳によれば，家でのT男は風の音に怯え，トイレに一人で行けなくなることがありましたが，幼稚園では環境も気持ちも切り替わるのか，「大ホールに行ってきます」「外に行きたい」と保育室から出てしまいます。家での不安な様子は？　と思うような行動が見られます。はじめて子どもたちから出てくる大津波の遊びに，担任も不安と「これでいいのか」という疑問も出ますが，こうやって遊びで表現し出していくことで昇華させていくのかという思いで受け止め，かかわっていきました。

> 2011年4月11日（月）平常保育開始日
> 　今日の朝はH子とC子が早く登園をして，積木をたたみのところに並べて家や乗り物を組み立てている。椅子のような運転席になっていて，そこに一人ずつ座る。T男も加わるとすっかり車になり，丸いブロックをハンドルにしてドライブになるのかと思っていると，T男は「大津波だ〜!!　逃げるよ〜車に乗って!!」と，大津波をイメージして遊んでいる。その後，大ホールでも遊ぶが，同じような遊びが見られる。
> 　T男は「大津波がきた〜！」と言いながら走ってステージに上がっていて落ち着かない。

　震災から2か月。暖かくなってきていつもなら外へ出るのですが，毎日のように室内での遊び中心となると，友達同士のやり取りも密になり，トラブルと

なることもありますが，お互いを理解し受け入れるようになって，短い時間で遊びも折り合いをつけるという姿が見られるようになります。しかし，繰り返し行われる津波ごっこに怖い気持ちを抱く子どもも気持ちを出してくるようになり，それぞれの表出の違いに担任も悩みました。のびのびと遊んでいるように見えるC子も心の中には大きな負担があるのかもしれず，また，C子，T男，K男，A男は一人っ子ということもあって，家庭での生活がこのような遊びになる影響が大きいのかもしれないと思われます。

> 5月10日（火）
> 　積木で線路を作る。T男はブロックで作った列車を走らせるように長くしていく。作り方を見ていると家のようにもなり，「線路だよ」とK男に言うと，「お家だよ！」と言い合いになってしまう。T男が折れて家になる。その積木の少し高いところにC子が座って，C子「緊急地震速報です！」と，T男たちにアナウンサーのような存在として話している。C子が何度も繰り返していると，S子が「もう，地震ごっこはやめてください！」。担任「どうして？」S子「怖いから……」。C子は「ガタガタ揺らさないからいいでしょ？」と，S子に答えている。

> 5月19日（木）
> 　積木を並べて家を作るC子。積木の小さいものを一つ抜いて窓にする。
> C子「先生！　窓があるんだよ」担任「お家の中から外が見えるのはいいね」C子「（窓があるのは）カビが生えるからね」。

③ 2011年度年中組第2保育期（8～12月）

　第2保育期になり，周りの子どもたちも地震ごっこ，津波ごっこなどが減ってきたものの，特定の子どもは相変わらず続けています。K男は自宅の放射線量が高いこともあり，夏休みは県外へ避難していました。しかし母親の不安は大きく，家庭の事情もありいっぱいいっぱいであることがうかがえ，母親の不安が子どもの生活や遊びに影響しているようでした。

> 2011年8月31日
> 　T男と積木を並べて基地や家を組み立てているK男。T男が大きな広場のような空間を作ると，K男は「何？　ここ？　地震のときに避難するところ？」と訊き，T男は「違うよ」と戸惑った表情でK男に答えている。K男「先生，地震ごっこやってい

い？」担任「怖くしないなら……」K男「ほら〜いいって言ったよ」。

> 2011年9月14日
> 　A男，I男，M男と一緒にブロックで車を作って遊ぶK男。パトカーや消防車を作って，積木で作った道路を走らせている。突然，K男が「原発が爆発しました！　逃げてください！」と言う。
> 　A男，I男，M男もK男と同じように自分の車をスピードを出して動かしている。K男は「菅さん（注：菅直人元首相のこと）はどこですか？」と言い，A男，I男，M男は意味がわからず車を動かし走り続けている。

　その後，K男は学園の体育館に出かけて身体を動かして遊んだり，運動会や作品展，子どもバザーなどの行事にも参加したりするようになり，気持ちも切り替えられたのか，震災に関連するような遊びが見られなくなります。友達と一緒に遊びを進めていくようになり変化が見られました。K男も母親も落ち着いてきたことも影響していると思われます。しかし，今度は逆に製作活動や運動面，鬼ごっこの遊びなどで，「できないかも」「わかんない」と自信が持てない言葉が増えてくるようになります。

> 2011年12月2日
> 　K男「先生もパーティーに来て！」と，担任をパーティーごっこに誘ってくれる。J男と御馳走をならべて準備をしているところへ，担任がクリスマス用のチキンを作って持っていくと，K男「え〜！　お誕生会なんだけど〜！」と，言われて3人で大笑いをする。担任「お祝いだからケーキ作らなくちゃ！」と，リボンや折り紙などでケーキにデコレーションしていると，H男が担任の製作を手伝う。K男は「H男くんはみんなに何がいいか（食べたいか）聞いてきて！」と，H男を受け入れて一緒に遊ぶことができた。

④ 2011年度年中組第3保育期（1〜3月）

　休日や長期の休みになると，家族で遠出をしたり避難のために出かけたりすることが多くなり，休日明けはほとんど出かけた先で経験したことについての会話や遊びになりますが，年中組の子どもたちとしては遊び方に幼さがあります。子どもたちのごっこ遊びから，放射線量の低いところでのびのびと外遊びをさせたい，様々な経験をさせたいという父母の思いが伝わってきます。温泉旅館ごっこもその一つで，子どもたちも体験したことを思い出し，細かいとこ

ろを再現しています。経験が生活や遊びに繋がるこの時期によい方向になればと感じますが，そこから子ども自身の独自の発想への展開は出にくい状態です。震災に関連する遊びは減りつつありますが，ふとしたときに出てくることもあり，どのように自分は守られたか，どうやって過ごしたのかという経験が子どもたちの心の中には根強く残っていることを遊びを通して感じさせられます。

> 2012年2月17日（金）
> 　いつも剣や人形などの製作活動を好んでいたA男は，ままごとコーナーで温泉旅館ごっこを始める。畳に布団を敷いて，テーブルにはごちそうを並べる。A男は「先生はお客さんね。こちらへどうぞ〜」と，積木で囲ったところを温泉にして入るように案内してくれる。S子は薪を画用紙で作り，火をおこしている。S子は「身体が温まりますよ〜」と，緑色のブロックをミントにして温泉に入れてくれる。担任が，温泉から上がると，H男が「マッサージはいかがですか？」と，肩や足をマッサージする。A男が「寝る時間ですよ」と言って，夜になり布団を掛けて眠る。A男は「緊急地震速報です。慌てず逃げてください！」と，アナウンスする。すると，一緒に加わっていたN子が布団に入っている担任の上に乗って，「大丈夫。怖くないですよ」と守ってくれる。朝の場面になると朝食になり，棚にごちそうをたくさん並べて，A男は「好きなものどうぞ！」と，バイキング形式を再現している。

⑤ 2015年度年長組（震災後4年を経て）

　震災当時1歳であった子どもたちです。入園時は戸外遊びもできて，普段家庭で経験することも増え，遊びにも経験が生かされるようになってきました。その遊びの中で，友達と一緒にイメージを共通理解しながら広げていくことも多くなり，それぞれの経験が増えてそれらを重ね合わせてイメージを共有する姿は，震災前の5歳児の姿に戻ってきたように感じました。しかしながら，3歳児で入園してきたときに心配した子ども（E男，M子）は5歳児になっても心配に感じる部分は同じで，気持ちのコントロールが難しいところがあります。その子の本質的なものなのか，震災からの環境によるものなのかの見極めは難しいところですが，とかく「これは震災のため？」と，保育の中で子どもの成長を関連づけて見てしまうことが多いのは事実です。体力面と人とのかかわりについてはとくにそう感じることも多いです。しかし，子どもたちの遊ぶ姿を

見ていると，どの子どもも震災前の子どもと同じ力を持っていることを5年経とうとしている今，あらためて感じているところです。保育者として，その子どもの力をうまく引き出せたかと思うと，焦りや反省も多くあります。自分自身の経験を活かしながらも，子どもを見る目というのはどのような環境下でも本質的なものをとらえていかなくてはならないと感じます。

2015年5月12日（火）
　休日にキャンプを楽しんだH太が小ホールの空間を見つけて，「ここに布団やって，家にしたい！」と，担任に話してくる。キャンプの話を聞いていたので，布で屋根をつけてみる。H太は「こっちは（カーテンのように）開くようにして！」と屋根用に使っていた布を見て要求してくる。家らしくなると，実際にそうしていたのであろう，「星が見えるな〜」と，寝転んで天井を見上げている。そこにB男も加わり，ごちそうのカレーや皿などを家の中に持ち込む。H太は「いいね〜一緒に食べよう！」と，B男を受け入れる。担任もバーベキューセットになるようなものを用意する。新しい遊びが始まると早速興味を持ってやってくるR男。普段から多少そそっかしいところがあるR男だったので，「やさしく入ったり出たりしてね」と伝えて一緒に遊べるようにする。しかし，残念ながら出入り口のカーテンを破ってしまい，周りの友達に注意される。もう一人，M子も加わるがR男と同様なところがあり，「みんなと大事に使ってね」と伝えるが，テントの中で意図せずではあるがH太の鼻を蹴ってしまい鼻血が出てしまう。

（小澤千晶）

〈文　献〉
1　保育内容の変化
日本保育学会　災害時における保育問題検討委員会に関連した調査（未発表）「原発事故による保育内容の変化に関するアンケート調査（第1報）」2011年。
日本保育学会　放射能災害にかかる保育問題研究委員会『放射能災害下の保育問題研究──平成25年・26年調査報告書』2015年。
日本保育学会　災害時における保育問題検討委員会報告書『震災を生きる子どもと保育』2013年。
3　子どもの活動の変化
関口はつ江・田中三保子「放射能災害下における子どもの変化と保育者の支援」『発達』145号，2016年，70-74頁。

第4章

子どもの姿と保育者の意識
―― 保育者の記録と語りから ――

関口はつ江・田中三保子・池田りな

1 保育者がとらえた子どもの姿と保育実践

　幼稚園では毎年3歳児が年少組（新入園児）として入園し，年中組，年長組へと進級して卒園していきます。同じ年齢でも年によって子どもの状態は異なり，よく「今年の年少組は……」などと話し合われます。子どもたちはその生活に織り込まれた経験によって育ちますから，環境が異なれば発達の姿も異なります。以下に，保育者がとらえた震災後の異なる年度の同一学年の子どもの姿を述べます。原子力発電所の事故によって受けた生活上の制限，保護者の状態が発達の時期によって違っていた子どもたちの育ちは，同じ年齢でも発達の課題が異なっていたことが明らかです。それに伴って，保育者の取り組み方も違ってきています。このような姿から，一つひとつの経験が持つ意味の大きい乳幼児期の保育においては，発達を縦断的にとらえること，コホートの特殊性を考慮することの重要性が強調されます。ここでは福島県県中地域の幼稚園の先生方の記録と語りからまとめた子どもの姿と保育者の思いを紹介します。

（1）　3歳児の育ちと保育への取り組み
①2011年度の子どもたち
●おとなしい
　震災直後の入園児です。子どもを預かる現場が一番恐れたことは，入園当初にまた大きな災害が起こったら新入園児が保育者の話を理解して行動できるか，

子どもの命を守れるかだったに違いありません。それに加えて，放射能の影響により子どもの成長に欠かすことのできない外遊びができない状況を子どもたちは理解できるか，我慢できるのかという不安があったことは言うまでもありません。振り返ってみると，実際は私たちの想像とは違っていました。

まず，入園当初の母子分離不安があまり見られず，例年になく穏やかなスタートでした。当時は余震が続き，子どもを守ることに必死で「今年はクラスで泣くのが1，2名でおとなしいね」「お利口さんで助かった」と内心ほっとしていました。しかし，今思えば自分の身に何が起こって，放射能とは何なのかわからないのに，社会の情報や現状，親を含めた周りの大人の異変を感じて，極度の緊張と不安で泣くことすらできない状態であったことがわかります。子どもたちが大人の言うことを聞かなくてはいけない雰囲気を社会全体で，家族間で，そして幼稚園の対応も一緒になって作っていたのかもしれません。

●保育の工夫あれこれ

子どもたちは4，5月ごろまでは「外で遊びたい」とは言いませんでした。「ダメだよ」と促されると従ってくれていました。5月の後半になると，テラスなどに出たり外に行こうとする姿が見られたので，園長先生が各クラスに「見えないバイキンマンがいてね，みんなの体を攻撃するよ」などと，ペープサートでお話する機会を設けました。しかし3歳児は理解には至っていませんでした。だから，だっこして連れ戻してカギを閉めることや，気を紛らわせて子どもたちが室内に入れるように工夫するのが，3歳児の担任の苦労した点でもありました。

次に子どもの事例を通して震災直後の様子をお伝えします。

やはり遊びの内容としては地震ごっこや津波ごっこが1学期いっぱいは続きました。ウレタン積み木を高く積み上げて何度も倒したり，遊具箱を全部ひっくり返して中身を全部出したりしていました。4歳児だとストーリーがありますが，3歳児は叫ぶ，隠れる，倒す，かき混ぜるなどの行動自体を繰り返すことで感覚的に遊びを通して不安や緊張を表現していたと思います。音に対しても敏感な姿がありました。緊急時避難速報の音を口真似する子，当時のテレビで

流れていた CM の音楽を口ずさむ子がいました。5月の愛鳥週間にちなんで例年"小鳥の歌"を歌っていますが，この年に見られた現象としては，前奏の高音でファソラシドレとグリッサンドする部分があり，そこが緊急時避難速報音に似ていることで真似をしはじめたり，不安な表情に変化したりしていました。

　6月に入ると，疲れと我慢の限界に達し奇声を上げて廊下を走りまわったり，不本意なけんかが多発したりするようになりました。3歳児は，とくに昼食後は不機嫌になり，訳もなく泣いたり，じゃれあいからけんかになったり，落ち着かない状態でした。また健康面でも，りんご病や長引く熱で長期欠席者が増えたのもこの時期です。非常勤の臨床心理士も子どもたちの姿を察し，以下のアドバイスをくださいました。緊張状態が続くと呼吸が浅くなるので，深く息をする遊びを取り入れること。全身を使った発散できる遊びをすると同時に，リラックスできる時間を保障すること。スキンシップ以上の体をゆだねて人を感じることができる遊びをすることでした。

　私たちは，息を入れると膨らむおばけを用意したり，傘袋でロケットを製作したり，ティッシュを息で移動させる遊びをしたり工夫を重ねました。また，今までは遊戯室に様々な運動遊具を出していましたが，それを一切なくして，ただ走るだけの日を設けたり，サイバーホイールでクラスごとに遊んだりしました。一方，昼食後ゴロゴロできるようにじゅうたんを敷いたり，1，2人で入れる狭いスペースを作ったり，安心できる場作りもしていきました。生活習慣では一人でトイレにいけない子がほとんどでした。できないのではなく「一緒に行って」の依頼が多く，大人と一緒にいたかったようでした。

◉ストレスを乗り越えようとする力

　3歳児にとって，とにかく安心・安定がなにより大事で，保育者が心のよりどころになるように，養護の場面で丁寧に保育にあたった1年であったかと思います。子どもの内面の不安を表していた事例として，自由画帳に×印や黒色でのスクリブル（なぐり描き），ペン先をつぶすように点を描いた絵が数枚見つかりました。衝撃とともに子どもの心のストレスを強く感じました。振り返

って自由画帳の内容を見てみると、2学期には色が多色使用されるようになり、3学期には頭足人が出はじめました。子どもの3年間を見ると、保護者の不安度と絵の荒れ具合が比例していました。絵画は内面の表れであることの証明にもなり、子どもの姿には保護者の心持ちが大きく影響していることを実感した事例でもあります。

　5歳児は3歳児と違います。自由画帳に津波や土砂崩れを描いていました。何を描いたの？　と聞くと、津波や土砂崩れで町がなくなっていくところなどとはっきり説明してくれました。5歳児は、気持ちを絵で表現し、その際友達と会話して恐怖や驚きを共感してモヤモヤした気持ちを解消していったのかもしれません。こう考えると、3歳児は言語的にも表現的にも未発達ゆえ、身体症状として熱を出したり不機嫌になったりして心の不安を表現していたようです。それにしても、子どもなりに遊戯療法のように遊びや絵を通して自分の心と戦っていたのかと想像すると、大人の必死さを子どもなりに感じて、子どもたちが大人を上回る努力をしていたことに愛おしさを感じます。

　2学期以降は、避難する子どももいなくなり落ち着いていきました。通常の保育はできなくても別の活動で工夫したりできることを探したり、保育者自身が「〜ができない保育」から「〜ならできる保育」へと変貌して、こんなことができたと「よかった探し」をするようになっていきました。

②2012年度の子どもたち

　この年の子どもは入園前の1年、戸外に出られない状態で過ごしました。

●不安が表れる：母親から離れられない

　この年は前年とは逆で、入園当初の母子分離不安が強く、5月下旬ごろまで泣きが続いていました。一人が泣くとつられる現象もあり、安定まで時間がかかりました。推測するに、震災後母親の保護のもとで遊ぶことが多く、離れることへの不安が強かったのではと思います。保護者も子どもを手放すことに不安を感じて、相乗効果になっていたかもしれません。

　震災後、月に一度ずつ避難訓練を行ってきました。この年はじめて避難訓練に参加できない子（A子）がいました。A子は、震災直後弟が生まれました。

母親の実家への避難と里帰り出産が重なりました。震災のショックに加え弟にお母さんをとられた思いが重なり、心理士のアドバイスによると、この子は一度に2つの分離体験をしたことになります。時間をかけてPTSDを克服できるように親子ともカウンセリングしていくことになりました。A子は、家庭でも幼稚園でもサイレンが苦手で、風の音にも恐怖感を覚えるほどでした。また、家では片時も母親から離れようとせず、しがみついていたようです。母親も、育児とA子の不安定さに、心身ともに疲労困憊の状態での入園でした。母親の子どもから離れたい気持ちも手伝って、A子は余計に離れがたくなっていました。とにかく親子とも安定できるよう、担任のみならず園全体でA子親子をフォローして、保育者たちが交替でだっこしてA子を預かり、母親にもリラックスできる時間を確保できるようにアドバイスしていきました。

　夏休みに実家に帰省したことでフラッシュバックしたのか、2学期には退行現象もありましたが、とにかく内面を汲み幼稚園が安心して遊べる場所になるように、担任や主任を頼れるようにしていきました。不安材料が何かを探って、無理強いせず不安を一つずつ大丈夫に変化できるよう、「よかったねストーリー」を増やしていきました。A子は、1年間避難訓練には参加できませんでしたが、結果を出すことを焦らず信頼を深める努力をしたことで、次の年からは通常の生活ができるまでに復活しました。

●精神的幼さが表れる

　クラス移動を嫌がったり、お客さんや合同保育を拒んだり、環境の変化に弱い子どもが40名中5、6名いました。一斉保育になかなか慣れず、個別支援が必要でした。通常でも個別対応が多い3歳児ですが、より専門知識を取り入れて支援することの必要性を感じました。納得するまでに時間がかかったり、受け入れられなかったりし、クラスのまとまりを感じにくかったように思います。他にも、不安の表れとして、けんかにもならないかみつきが多発しました。欲求不満や表現の未熟さ、言語能力の不足などの背景が読み取れました。言葉のインプットやかかわり方の指導に時間をかけていきました。

　生活習慣では、震災後の対応で保護者がおむつを外すタイミングを逃したか、

そこまで意識がなかったか，なかなかおむつが外れない子どもが3割くらいいました。例年1学期を目安に外していましたが，秋の運動会あけまでかかった子もいました。

● 「外」への不安と無関心

　2012年の外遊びを再開するかの是非に対する保護者のアンケートでは，5割の方がまだ不安であると回答しました。ただ幼稚園では子どもの心身の成長には少しでも外遊びが必要と認識し，「砂やその他の自然物には触れないで，30分間のみ保育者の管理のもとクラスごとに外に出る」という制限つきで外遊びを再開しました。

　子どもは，決められたこととして気にせずに外に行っていました。私たち保育者は，1年間外に出られない生活をし，少しでも外に出ると気分転換や感情の発散ができて，その後の活動で集中できることを感じていました。しかし3歳児は，幼稚園の外遊びの始まりがこのような状態だったので，あまり楽しさを感じてはいなかったように思います。日が経つにつれ，幼稚園生活の中での外遊びがリフレッシュになることは感覚的にわかっていったようですが，「○○組さん，お外で遊びます」と伝えても「行かない」「中にいる」という子どもが他学年より多かったように思います。家でも室内にいることが日常になり，外遊びの楽しさがわからなかったのだと思います。また，室内遊びに慣れてしまい，子どもの中に，外に行かなくてもいい状態ができていることにショックを覚えました。福島の子どもにとって，室内遊びが日常となり，当たり前になってしまった現実に，子どもが環境に適応してしまうすごさと恐ろしさを同時に感じることとなりました。

　2学期に入ると，例年行っている運動能力検査の結果は変化がなかったのですが，上靴がうまく履けない，じっと座って姿勢保持ができない，階段の昇り降りができない，平均台が渡れない，片足立ちができないなど，運動経験が少ない子どもの日常生活の動きの未発達が顕著に表れてきました。運動以前の自由に動ける体作りから幼稚園で心掛けていかなくてはいけない現実を目の当たりにしました。前年から運動環境は整えてきたつもりでしたが，より基本的な

動きの獲得に注目せざるを得ない状況でした。職員間で環境を再度考え，よじ登る遊びやバランスをとる遊びを増やしていきました。感覚器官を刺激するために，シーツを揺らして風を感じたり揺れたりする遊びを工夫しました。

③2013年度の子どもたち

　この年の3歳児は，歩きはじめた1歳児のときに震災に遭っています。

◉行動の未熟さ，がむしゃらに遊ぶ

　この年は，3歳児というよりは，全学年の姿から失われた時間と経験を実感する年となりました。保護者の了解がとれ，やっと今まで通りの外遊びが再開となりました。そこで見られた姿が外遊びの仕方がわからないということでした。とにかく自分がしたい気持ちが最優先で，順番が守れない，滑り台の滑り方がわからない，ブランコがこげないなどでした。通常なら見られる5歳児が譲ったり，3歳児が5歳児をモデルにして覚えたりする姿が見られませんでした。全園児が3歳児の遊びをする状態でした。ならば3歳児は通常以上に外遊びの経験を増やそうと，好きな遊びの時間をたっぷりとりました。また，年長児が入室した後の園庭を独占する形で満足できるように配慮しました。

　加えて遊びの中での経験不足から，落下や転倒のけがが多発しました。擦り傷程度は流水でよく洗い，消毒をすることで，子どもの経験を奪わないように保護者にも呼びかけました。けがの種類で気になったことが，転んだときに手をつかないので前歯を打つことや唇を切るけがが例年をはるかに上回っていました。これは各学年共通です。そこで室内のジャンプ台の前の着地地点に大きなロールマットを設置し，着地とともに手が出せる環境を整えてみました。その2，3か月後には口付近のけがが減少しました。

　虫に関しては，はじめてなので，ありやダンゴ虫を集めることを楽しんでいました。動くことや形の変化に興味の中心があり，3歳児は捕まえては殺しを繰り返していました。はじめから「ダメ」と言わず，なぜこうなるのか，動かないことは命が亡くなったことだということを，実体験を通して理解できるようにしました。子どもには難しい課題ですが，残酷な一面をクリアして次のステップに育ってほしいと願って保育しました。花や葉に関しては今までダメと

言われていたことなので，この年はあまり興味を示さず，集めたり遊びに取り入れたりといった姿は見られませんでした。そのため次年度は，自然物へのふれあい方や興味が高まる保育内容が課題となりました。

●砂がわからない

　私たちが運動能力と同様に懸念していたことが，幼児の遊びの醍醐味，砂遊びができなかったことの成長への影響でした。さいわい3歳児は，これから3年間できる希望があったので，十分な時間と場所を提供しました。屋根を設置し，砂は九州から安全な砂を送っていただき，それを使用できました。一つ気になったこととして，「これ，砂じゃない。砂は白だよ」と言った子どもがいました。つまり，室内遊び場に設置した固まる特殊な砂が一般的な砂だと認識していたのでした。外の砂とはやはり感触が違うようで，この子は3歳児だったので認識を訂正して自然の砂を味わってほしいと願うばかりでした。このような姿から実体験の大切さと本物の重要性を再確認した年でもありました。そして，頭ではわかっていたはずの発達は一足飛びをしないことを身を以て知らされることとなりました。とにかく保育元年とも言える年となりました。

●運動能力の低さとその対策

　さらに，本園は震災前から25m走，立ち幅とび，連続ジャンプ，ソフトボール投げ，捕球，体支持の6項目の運動能力検査を行っていました。

　3歳児は11月の測定になりますが，はじめて全国平均を下回る結果が出ました。その原因には歩行確立期の1歳児前後に震災が起き，動きを獲得する時期や多動期とされる時期に室内という制限された空間でしか遊べず，遊びの内容も限定されたことで，子どもたちの経験もどれほど不足していたかがうかがわれます。そこで私たちは再度，子どもの環境を見直しました。外遊びに魅力を感じるように手作りの新しい遊具を設置しました。

　丸太を切り段差をつけて並べたものをわたる，一本橋，築山（駆け上る，下る，ロープを支えに登る，斜面に体を傾けバランスをとるなど），ネットわたりなど多様な動きが経験できるように考慮して，体育教師を中心に子どもの動線を見て設置していきました。また，感覚器官を刺激するために足裏に圧力をかけ

る平均台やハンモック，しがみつきができる棒や綱，ロッククライミングなど感覚を意識した遊具を開発しました。

　今まで家庭の生活でできていた基本運動や筋力を幼稚園で補う時代がきたことを認識しました。これは家庭の生活様式が変化し，子育てグッズも便利になり，子どもの育ちを阻害していることにも起因しているでしょう。また福島の子どもたちは室内での遊びを余儀なくされることで，今まで以上にTVやゲーム，DVDなどのメディアで遊ぶ機会が増えたことも事実です。運動能力だけでなくゲーム脳と呼ばれている状態になっている可能性もぬぐえません。このことを察し，ゲーム脳に関する情報を流したり，講演会を開いて保護者へ周知していきました。その影響か，この年は例年以上に避難訓練時の子どもたちの動作は早くなっていました。ダンゴ虫のポーズや机の下に隠れる動作，音に対する反応は機敏でした。

④2014年度の子どもたち

　この年の子どもたちは赤ちゃん（0歳）のときに震災がありました。

●人との繋がり方が問題

　この年は，だいたい日常に戻ってきているので，保育者も子どもの姿も直接的な震災の影響を感じることはありませんでした。しかし，気になる子どもが増えたと感じました。前年懸念していた，子どもがメディアでの遊びを好むことや，母親が震災後子育てに集中できない状態，避難生活などで愛着不形成のような姿の子どもが増えました。例を挙げると，目線が合いづらい，遊びに意欲を感じない，言われたことだけする，保育者から離れない，などです。また，おむつをしている人数は年々増加の一途ですが，それだけでなく，おむつ交換の際のしぐさとして，腰や足を上げて大人を助ける動きがなく，棒立ちの子どもが多く見られました。されるがままの状態です。これらの姿は，生まれてすぐ始まる授乳やおむつ交換の際，親が目線を合わせていなかった，作業として行っていた結果とも言えるのではないでしょうか。これは現代の母親の課題でもあることに直結していく内容と捉えています。

　信頼関係や愛着関係の未形成から，保育者が声をかけても反対の行動をする，

わかっていても言うことを聞かない，急に暴れる，物や人にあたるなど俗にいうキレル状態の子どもも現れました。とにかく一対一の援助やかかわりを多くすることや，園内研修でも信頼の繋ぎ方や愛着障害について勉強する機会を設けました。また，言葉の発達の未熟さを感じました。「自分のことは話せても質問に対する答えはなかなかできない」「本に集中できない」「おしゃべりはするが，同じような内容になる」「うなずきや首を振る程度の反応」などの状態が多く見られました。言葉を促す保育として，まずは保育者が伝えたい相手になること，伝えたい内容に出会えるような楽しい保育や刺激的な経験を増やすことを心がけました。さらに，信頼と共感を高めること，まずは保育者が子どもの話によく耳を傾けるなど，3歳児保育の基本に戻っていきました。その後，物や状態，気持ちなどと言葉をマッチングさせて，語彙としての言葉をインプットしていきました。

◉自然に素朴にかかわる

次に，前年の課題であった自然物や自然物遊びの面白さを伝える保育を心がけました。葉や実，花やハーブを見つける，果物や野菜を食べるなど，できるだけ素材そのものにかかわれる機会を設けました。園庭探検，落ち葉プール作り，園外保育の充実を図りました。子どもたちは気持ちの発散なのか，本能なのか，例年になく泥遊びや園庭の穴掘りに没頭していました。砂場より，水たまりから泥にしたり固い土を掘ったりということを，毎日同じ場所で繰り返していました。これは他の年度には見られなかった（2015年度も含む）ので，ストレスの具合で遊戯療法を無意識にしていた可能性を感じます。

子どもがしたいことが十分にできることの喜びと乳児期からの支援の重要性を感じた年となりました。また，日常生活の大切さを実感し，保護者の意識改革をかねて，「早寝，早起き，朝ご飯」の講演会をして，参観日に全員に聞いていただくように配慮しました。

まとめ

震災後，様々な子どもの姿から読み取りと対策をしてきました。時の流れとともに，目に見える課題から内面の見えないものへ重点が移ってきました。そ

して震災はきっかけであり，現代の子育て環境や保護者の意識の変化からくる子どもの成長への影響が急速化して現れた事例の一つが福島の現状と言えます。

保育はいつの時代も子どもありき。子どもの姿に即して，子どもの幸せを願って営むものだということを深く心にとめました。

(伊藤ちはる)

(2) 4歳児の姿と子どもの気持ちへの寄り添い
① 2011年度の子どもたち
●環境の変化を感じとっている

3月11日（金），幼稚園では卒園式の予行練習の日。4歳，5歳児は大学のホールへ練習に出かけ，その当時3歳児（年少組）であった子どもたちは，園庭や保育室で何にもとらわれることなく，のびのびと自由に活動を楽しんでいました。「ふたつおやすみをしたら，またようちえんでげんきにあそびましょうね！」そう言って子どもたちを送り出した数十分後に，子どもたちの生活を大きく変える出来事が起こりました。幸い，東日本大震災による園舎の被害はほとんどありませんでしたが，子どもたちの安否の確認や各家庭の状況把握に奔走する間に，刻々と状況が変化していき，とうとう原発事故による放射能災害という最悪の状況となってしまいました。しかし，震災直後にはこれから起こりうる様々な困難をまったく予想だにしていませんでした。

4月8日（金）に幼稚園の新年度が始まりましたが，震災・原発の影響で，4歳児は7名が休園することになり，これから園生活がスタートする中で様々な変化を子どもたちにどのように伝えるのか，子どもたちはどう受け入れてくれるのかなどと，担任の不安も大きいようでした。しかし，その不安をよそに子どもたちは約1か月ぶりの友達や先生との再会に笑顔があふれ，元気いっぱいの様子が見られました。その後，退園する子どもや新たに休園する子ども，または郡山市に戻ってくる子どもの入れ替わりが続き，そのたびに一喜一憂していました。4月は「先生，かっぱ寿司ね，ぺちゃんこなんだよ」「ベニマルとセブンは早くしまっちゃうんだ」と自分の生活に身近な事柄について（こん

なことを知っているんだよ）というような表情で話をしてくる子どももあれば，一方では担任に抱っこをされて，「先生のお家は大丈夫だった？　窓，壊れなかった？」などと自分の体験や情報から得たことなどを担任に尋ね，先生との繋がりに安心しているかのような子どもの姿もありました。

　一見，元気に見える子どもたちも，震災後は家庭で母親の姿が見えないと不安になり探し回ると報告を受けたり，トイレに一人で行けない，風の音や窓ガラスのガタガタする音がすると，外を見て遊びに集中ができないなどの姿も見られ，こうした姿をしっかりと踏まえた上で子どもたちが安心して生活ができるように心掛けていくようにしました。震災前にも子どもの心をしっかりととらえながら保育をすすめてきましたが，「今，地震になったらどうするの？」と毎日尋ねてくる女児もいて，「先生が守るよ。先生の所に来るんだよ」「わかった」というやりとりが続いていました。笑顔で走り回っていてもふと不安になる子どもの気持ちを受け止めて，少しでも心が軽くなるようにしたいと，担任はそれ以上に深いところまで感じ取りながら子どもと向き合う必要性を強く感じていたと同時に，自分のかかわりが，子どもの安心感や遊びへの興味を壊してしまうのではないだろうかという漠然とした不安を感じながら保育をすすめていました。

●わかっていても抑えるのが難しい

　地震発生から数日後の原発事故により幼稚園での外遊びは制限され，保育室やホールなど室内のみでの生活が始まりました。4歳児クラスに進級した子どもたちは，少なくとも1年間は幼稚園での外遊びを経験していたので，外で遊べないことについて話をしても口では「わかった」と言いつつ，「外行きたい」「ここならいい？」と，パッとクラスから出てテラスをうろうろしたり，ホールとクラスの間（一旦外の通路を通る）の行き来を繰り返しては担任に呼び戻される姿が目立ちました。むしろ新入園児の3歳児の方が担任の制止に従順で，4月にはよく見られがちなクラスからの飛び出しがほとんどなかったのが印象深いです。

　このように，4月，5月は，外遊びの楽しさや伸びやかさを知る4歳児の我

慢しきれない気持ちにどのようにして応えることができるか，クラスの遊びの充実や大ホールでの遊び方について，先生方は日々試行錯誤しながら子どもたちと向き合っていたことが，次の事例からもうかがえます。

「桜が満開の園庭を見て『お花摘みに行きたい』と話をしていたが，お花摘みには行けない代わりに不織布でお花を作る。女児2人は床にその花を置いてお花摘みごっこを始める。クラス全員にままごとや描画，ブロック遊び，粘土製作など様々な遊びが見られるが，室内活動だけでは体力がありあまっているように見える。大ホールに行くと年少児も年長児もおり，ここぞとばかりに走り回っているのでけがをしないように見守りながらもドキッとする場面もある。また，戸外で遊ぶことができないことで，保育室の遊びをもっと魅力的なものにしていかなければならないという現状のもと，子どもたちの要求にしっかり応じていきたい。しかし，そのことで子どもの様子が見えなくなってしまわないようにいろいろと考えていきたいと，子どもたちが自然に遊びを創り出していく今までの生活から，保育者が率先して遊びを提示していく保育を考えていかなくてはならない状況になり，どう保育をしていくのかに悩む担任の姿が見られました。

震災前の保育が身にしみている保育者にとって，四季の変化を窓の内側で感じることしかできない子どもたちを目の前にして，何をしてやったらいいのだろう，これに代わるものは，事柄は何だろうと思案に暮れる日々は大変なストレスであったに違いありません。子どもたちも遊具を放ったり，身体をバタバタしたり，大声を出したりしながら訳のわからないイライラやストレスを表現していました。中には気持ちを内に秘めて押し黙る子どももいましたが，声にならない子どもの声を聞き，その思いに触れていくことも慎重に行っていきました。その後，徐々に学年全体が生活の流れを把握して落ち着いていったように思います。しかし，表面的に活動をこなしている状態で，この時期に表れるその子らしい思いつきのある遊びがなく，自分を出し切れない雰囲気がありました。

② 2012年度の子どもたち
●遊びたいが，まとまりにくい

　2012年4月，2011年の震災後に3歳児として入園してきた子どもたちが4歳児に進級しました。この年も何人かの新入園児を迎えましたが，玄関先で泣いてしまったり，登園を嫌がるなど母子分離がスムーズではなく，家族と離れることへの不安を強く感じていることがうかがえました。震災から1年が過ぎて，放射能の不安からマスクをつけたり，肌の露出を極力控えて長袖シャツを着用するなどのことは，ほとんどの家庭でなくなっていきました。しかし，園庭での活動に対しては除染も実施されているとはいえ，再開については見合わせたいという意見が多くありましたので，室内での活動を中心に保育をすすめていきました。

　この年の4歳児には前年の4歳児に見られた「地震ごっこ」「津波ごっこ」は少なくなりました。むしろ，クラスごとにまとまって活動することがほとんどであることも要因なのか，誰かがしていることを真似て，結果的にはみんなが行うような遊び方が多く見られていました。室内での活動では，力がありあまっているようで，かくれんぼしたい，鬼ごっこしたいと身体を動かしたい気持ちを表現してきたので，クラス内に円を作って鬼ごっこをしたり，おすもうごっこができるようにした事例がありました。子どもが身体を動かしたい思いの強さを感じる担任が，子どものやりたい気持ちをうまく取り上げ，本来は外でしたい活動を保育室の中でも行えるような工夫を凝らしていることがうかがえます。

　また，朝から不安定だったR子が徐々に安定し，保育者に「カフェごっこがしたい」と言ってきます。どんなカフェにしたいのかと聞くと，カップケーキ，りんごジュース，アイスがほしいと言ってきたために保育者が素早く用意すると，R子の気持ちのタイミングと他の子どもたちとのタイミングも合い，その日はずっとその遊びを続けていました。お金や財布を渡すタイミングとそれらの用意もその日は子どもの"今"に合わせることができました。やはりスピードとタイミングは本当に大事だと思った一日であったというこの事例からも，

保育者が子どもが幼稚園で充実した時間を過ごすことができるようにするための手立てを必死に模索している様子が伝わります。さらには，狭い保育室の中での活動では，子どもたちの目があらゆる場面に向いてしまい，興味もすぐに移っていくために，保育者はそのたびにものすごいスピードで子どもたちの要求に必死に応えていく必要があったこともわかります。5月の連休後には学内の中庭の散歩にはじめて出かけることになりましたが，外に行けることに子どもたちは大変喜んでいました。ほんの15分程度の出来事でしたが，クラスのみんなで自然を感じることができました。

●環境の変化に心身が追いつかない：経験が足りない

　その後，30分だけ園庭に出られることになりましたが，特定の固定遊具のみの使用，土・砂は触らないようにする，手洗い，消毒，うがい，さらにはスモックなどの上着を脱いで室内に入るという，いくつかの約束事を決めての活動再開となりました。この活動再開が，手洗いやうがいの仕方，衣服の着脱などの生活習慣面について，もう一度見直すきっかけになっていきました。一人ひとりの安全にかかわることでしたので，丁寧に行っていくと大変時間がかかりました。30分の外遊びのための準備や始末はさらに30分を要し，子どもたちも担任もその時間と手間に困惑しました。しかし，回を重ねていくうちに，子どもたちは保育者の援助なしに自分で自主的にやろうとする姿が見られるようになっていき，双方の真剣なかかわりの中に子どもたちの成長が見られ，生活習慣の安定に繋がっていったように思います。

　子どもたちの外遊びは，トンネル山を登っても下りられない子どもがいたり，固定遊具の登り方もバランスが取れず，転ぶときに手がつけないなど，全身のバランスが悪いように感じました。例年，年長児の姿を見ながら遊びを学んでいく年中・年少児の姿がありますが，この学年は，年少のときの経験のなさが多少なりとも子どもの動きに影響を及ぼしているだろうということを考えざるを得ない状況でした。子どもがよじ登る，渡る，ぶら下がる，回るなどの活動を，一人ひとりに経験させることで，徐々にすすんで挑戦するようになるまで担任は根気よくつきあうようにしました。しかし，担任が意図的に積極的に身

体を動かすことを保育に組み入れ，何回か経験していく中で，様々な反応が見られるようになってきたのです。外に喜んで出かけていく子どもが多くなる一方，少数ですが「疲れるから行かない」「行きたくない」とつぶやく子どもが出てきました。このときは子どものその気持ちに寄り添うことよりも，少し乱暴であったかもしれませんが「みんなでお外に行こうね」と，どうにかして気持ちを外に向けさせようとしました。少しでも身体を動かすことをしなければ，子どもが大変なことになってしまうという気持ちが強くあったというのが正直なところです。

2011年にはなかなかできなかった生き物や自然物へのふれあいも，この年は幼稚園の全学年が中庭やクラスの前にトマトやオクラ，カリフラワー，ピーマンなどの苗をプランターに植え育てることで補うことにしました。また，カタツムリやカマキリなど季節ごとに見られる昆虫も子どもの目に届くようにしながら，生き物の動きや食事の様子など様々な姿に注目していきました。まず，担任が意識的に関心を示すことで，子どもたちに興味を持ってもらえるよう心掛けていくことの大切さをあらためて感じることとなりました。

給食については，食材を心配する保護者の声を踏まえ，放射線量の測定や食材の産地を提示していただくことと併せて，幼稚園でも大学内で線量を測定しながら安全な食事を提供することを心掛けていきました。カレー作り，クッキー作りやお餅つきなど食に関する行事の際には，保護者に向けて材料の生産地を知らせるなどして実施しました。また，内部被曝についての不安も大きく，幼稚園で育てた野菜なども，もちろん口にすることはありませんでしたが，子どもたちは食べてはいけないものと認識しているようにも見られ，家庭でも話題となっているのだろうと推察しました。このことに関連して，食事に不安があるためか，運動量が少ないために空腹を感じないのか，子どもたちの食事の量に個人差がありましたので，励ましたり，ときには口元に運んであげたりすることで食事の量を増やすようにしていきました。

③ 2013年度の子どもたち
◉自由に自分が出せない

　2012年に入園したこの年の4歳児は，原発事故による乳幼児の避難のあおりをうけて減少しました。3歳児のときには子どもたち一人ひとりにしっかりと向き合うことを重視して2クラスで保育を実施してきましたが，進級と同時に友達との繋がりを重視した保育を考えて1クラスに集約し保育を行いました。この子どもたちが3歳児のときには，前年の3歳児より自由さを感じていました。時が経つにつれ，絶対に外に出てはいけないという縛りのようなものが緩み，放射能への不安の軽減などが子どもたちの様子に影響しているのではないだろうかと考えました。しかしその一方で，繊細で敏感な子どもが多く，4歳になってからも，大声で泣いたり，言葉で伝えることができにくいためか，友達との接触をめぐるトラブルが多いように思われました。自分の思いを伝えたり，自分の思いをコントロールすることが難しい子どもたちに自由さを感じたのは本当の意味の自由ではなく，震災後に様々な我慢が少なからずあったことの表れであったのかもしれません。担任は個々の状況に合わせながら子どもの言葉に耳を傾け，心に寄り添う保育を継続していくことで，担任と子どもの関係から，子ども同士の気持ちと言葉の通じ合いに繋がる保育を目指していきました。

◉限られた環境の工夫の限界：ぎこちない体と心

　放射能の不安は少しずつ薄らいではいきましたが，自由にのびのびと園舎を往来できるまでには至りませんでした。まだまだ制限がある中での幼稚園生活を過ごしていたわけですが，園庭の除染も回を重ね，幼稚園は安全という認識は広まりつつありました。それは，保育終了後にも幼稚園の園庭でしばらく遊んでから帰る姿が見られるようになっていったことや，保護者からも幼稚園が安心できる遊び場になっているとの話を耳にするようになったことからもうかがい知ることができました。

　制限時間がある中での外遊びでは，どう遊んでいいのかわからない子どもたちの姿からいろいろなことに気づかされました。とくに運動遊びでは，走り方

は手と足と心の動きがばらばらで,気合いが空回りしているようでした。震災前から毎年,運動能力測定を年中・年長児を対象に実施しています。この年からは郡山市内の幼稚園の年中・年長児を対象に新しい測定がすすめられ(新たな種目が追加され,ソフトボール投げがテニスボール投げに変更され)私たちの園も実施しました。25m走,テニスボール投げ,身体支え(体支持),捕球,両足連続跳び越し,両足跳びの6種目の実施において,一つひとつの種目に対し,体の使い方やタイミングが取れない,自分の身体を自分の力で支えられないことなどが明らかになりました。外遊びで経験できないことを室内遊びで代用していくために,室内でできる運動遊びの研修に出かけ保育に生かす取り組みや,固定遊具や巧技台を活用するなどして様々な身体の動きを体験させようとしてきた取り組みの有効性については,さらなる検証が必要であると思います。

④ 2014年度の子どもたち
● 遊びは戻るが内面の脆さがみられる

　震災から4年目を迎え,水や食材,園庭などの放射能に対する不安を多少なりとも抱きながら幼稚園に子どもを預けて下さる新入園児の保護者の方もおられましたが,進級をした4歳児,5歳児の子どもたちや保護者の方々からは震災直後からの強い不安は感じられず,むしろここで生活をしていくことに対する静かな決意を秘めて生活をされていることがうかがえました。何事もなかったような生活に戻りつつあることは,園庭の制限がさらに緩和されたことやプール遊びの再開などから感じられます。

　県や市の補助を受けて,県内の遠方の広場や施設,身体を積極的に動かすためのテーマパークなどに出かけ,自然を満喫したり,この年ははじめて全園児がスキー場へ赴き,雪遊びを十分に楽しむことができました。こうした計画からは子どもたちの楽しみもさることながら,保護者の方々も子どもの喜ぶ様子に安心していく様子が見られました。こうしたことからも,保護者の方々と園,担任とのコミュニケーションがさらに大切になっていることも実感しています。そのために,幼稚園での子どもの姿の写真を新聞にして園内に掲示するなどの工夫を取り入れたり,ブログなどで活動の紹介をしながら,子どもたちのいつ

もの姿や幼稚園の取り組みを知っていただく機会を設けました。

　春に桜が咲いて散っていく様子を窓越しに眺めていた震災直後とは違い，今年は桜の花びらをたくさん集めながら目を細めて喜ぶ子どもたちの姿を見ることができました。小枝を拾い集め，「バーベキューしようよ」と言って頭をつきあわせる姿もあちらこちらで見られるようになってきました。保育者もこれまでは「それは触らないでね」「ここはお休みよ」と制止することが多かった外遊びについて，子どもの成長のためには欠かすことのできない遊びであることを重視し，保護者の理解を得た上で緩和していきました。子どもたちが今まで経験できなかったことを積み重ねることによって，少しずつ今までのような（震災前のような）子ども本来の遊びが見られるようになってきたと思います。しかし，全体的に気弱さがあり，年中児特有の気まぐれや突然の変化を示して保育者を惑わしたりすることも少なく，本心は影をひそめている状態は続きました。

まとめ

　元気に遊ぶ子どもたちの多くは繊細で壊れやすい心を持っているようでした。担任が細やかに心配りをしながら子どもたちと接し，ときには優しく励まし，ときには厳しく背中を押し出す様子を目にしています。私は，この震災や原発事故が引き起こした子育てに対する不安は，確実に子どもの側へと伝わっているに違いないだろうと考えます。子どもの気持ちをおもんばかるあまり，ときとして子どもの育ちを妨げることになってはいないか，私たち保育者は振り返る必要があるように思います。この震災がもたらした影はとても重いものではありますが，子どもたちの成長のために何が必要であるのか，今の子どもの姿を凝視しつつ，何年か後の子どもの育ちに繋がる保育を行う責任を持つことが求められることを幼稚園全体で考える機会を与えられた思いがします。また，どの部分に焦点を当てながら保育をすすめていくかについては，クラスの子どもの状況を把握しながら保育者の裁量で行われる部分も大きいため，今，目の前にいる子どもの実情を知ることの重要性が実感されました。

　　　　　　　　　　　　　　　　　　　　　　　　　　　（奥美代）

第Ⅰ部　保育現場の実態

（3）5歳児の姿と生活の仕方

生活の変化，制限とストレスからの不満や幼さが見られました。

①2011年度の子どもたち

まず，園の対応を述べます。園児を迎えるにあたって，私たちの園では次のことを決めました。

- 園児が登園する前に除染をする（保育者による毎日の水まき，窓ふき等）。
- 除染作業をする（地域消防署，父母協力による環境整備）。
- 戸外活動なし。
- 水（飲み水）を持参してもらう。
- 放射線の線量を毎日計測する。
- 4，5，6月の行事は中止ないし延期。室内で行うことに関しては実施する（ジャガイモの種植え，田植え，遠足など）。
- 公共の体育館を借りて活動をする。
- 長袖，マスク着用（保護者が心配な場合）。

震災により，戸外での活動が一切できなくなり，各クラスでの遊びが中心となりました。1学期中はそれほど大きな変化が見られないように思えましたが，何らかの形でサインを出していたことがわかります。子どもの不安定さや，震災を受けての保護者の子どもへ向ける目，教師への要求の変化も見られ，丁寧な対応，根気強い対応が必要なのだと感じることが多くありました。また，遊びをよく見ていると，震災に関するテレビの影響なのか，「津波ごっこ」がままごとの中で見られるようになり，大きく影響を受けているのだと感じました。

> **事例1　誕生会でのM男と母の姿**
> 　4月の年長児の誕生会。年長組全体での会の後，会食の時間になり，食事の準備をしていた。M男は誕生者だったためこの日は母親も誕生会に参加し，一緒に食事をすることになっていた。机に座る場所を決める際，母親と隣の席になるようにしていたが，配置の都合で，隣は隣だが角に母親が座ることになった。この椅子の配置が気に入らず，M男が大泣きする。保育者も対応し，隣同士にするが気持ちの回復には時間がかかった。

次の日の連絡帳で，母親からの言葉がありました。「昨日の誕生会ではお世話になりました。楽しい誕生会でした。食事の時間にM男が私と一緒に座りたかったのに座れなかったと泣いてしまいました。せっかくの誕生会なので泣くことなく笑顔で過ごさせてやりたかったのですが大変残念でした」。

保育者の配慮不足だったことはとても反省しましたが，M男の思う通りにいかなかったことに対しての不満，それを受けての母親の不満には，この震災からのストレスも少なからず影響しているのではないかと感じました。年長組でこのようなことはこれまでありませんでした。放射能の影響で外に出してあげられない，子どもの思い通りにしてあげられない等，親子ともにストレスを感じており，その表れではないかと思った事例です。

事例2　ままごと

　6月「ザザザザー，ザザザザザザザー。つなみだー，つなみだー，にげろにげろぉ」。ままごとコーナーの仕切りを境にしてR男自身が波になり，手で波を表現する。「わぁ！　つなみだぁ!!」と周りの子も逃げていく。それを聞いたほかの子が，携帯電話の地震警報の音を真似ながら「地震です。地震です。避難してください」。

実際に，子どもの遊びの中に「津波ごっこ」や「地震ごっこ」が出てくるとは思わず，こうした遊びによって不安を解消していると聞いていたものの，実際に目の前で見ると驚きました。この場面では遊びを無理に止めることはしませんでしたが，その対応でよかったのか迷いが残りました。

●生活の緊張感

以上の2つの事例だけでは見えないものもありますが，子どもの気持ちの表現の不安定さや，保護者の子どもに向ける目の変化が感じられました。全体的に神経質になり，子どもを監視下に置いて過ごしているように感じられました。一日中室内での活動をするために，のびのびとした気持ちで過ごすことができない環境にありました。幼稚園でもいつ地震が起こるのか，そうなったときの対応はどうするか，という保育者の今までと違う緊張感が子どもに伝わっていたのではないでしょうか。それを踏まえ，保育の中に体を動かしてストレスを発散できるような環境を作り，活動がマンネリ化しないよう工夫していくこと，

子ども自身が自分で考え遊びが実現できるような援助が必要ではないかと職員会議で話し合い実施していきました。具体的には以下のような取り組みを行いました。

・体操（はとぽっぽ体操，組体操，ラジオ体操等）
・公共の体育館等を使って体を動かして遊ぶ（かけっこ，鬼ごっこ，ボール遊び，ダンス，縄跳びなど）。
・遊びの中で子どもとの距離を少しとってみる。
・子ども，保護者の話を十分に聞く（受け入れてもらう安心感を）。
・換気をよくして，病気，熱中症，感染症予防をする。
・線量の低い場所での活動（会津方面への園外保育，稲刈り等）。
・研修に参加し，放射線についての知識を得ていく。

② 2012年度の子どもたち

●外遊びの新鮮さ

　全体的には次のような状況でした。この年の年長児の家庭は，震災の影響で避難する方が多く，1クラス18～21名くらいで例年より少人数のクラスです。1学期前半は外での活動はできず，室内での活動のみ。保育者自身も外に出られないことを考慮し，保育の中に運動的な活動を取り入れていました。運動的な面の心配の他に，自然体験，感覚的な経験の不足を震災2年目になり考え始めるようになりました。2年目の4月より30分という時間制限で外遊びを開始しました。外に出るのも学年に分けての活動となりました。前年度の1年間，外での活動をしていないため，外に出てからの遊びが見つからず戸惑う子の姿もありましたが，外に出た子どもたちからは，「外に出るとまぶしい～！」「風がふいて気持ちいいねぇ！」「空の雲がうごいてるよ！」等，子どもたちなりに感じた自然についての言葉での表現がありました。

　外での子どもたちの動きを見ていると，足腰がしっかりせず，リレーではコーナーを回りきれなかったり，転ぶ子が多かったように思えますが，2年前（2010年）の1年間を外で遊んでいた子どもたちの回復は，年少のときに外遊びの経験のない学年よりは早かったようです。一方で，すぐに「つかれた」

「部屋に戻っていいですか？」等の言葉も聞かれました。
●保育者主導の遊び
　活動の面では、遊びが見つからない子もいましたので、年少のときのように保育者が一緒に集団遊びを行ってきました。鬼ごっこ、はないちもんめ、かくれんぼ等、自分たちで行えるようになるまでには時間もかかりましたが、根気強くかかわって、一緒に遊ぶ遊びを楽しむようにしました。砂、石、葉っぱには触れず、秋の色づいた葉っぱを拾っても、それを遊びには活かせず「これは触れないよね。放射線だもんね」等といった声が子どもたちから聞こえてきていました。そのころの保育日誌の例です。

> 事例3　2012年6月のクラスの様子（保育日誌より）
> 　例年より遅いが、制服の着替えや、ロッカーの使い方がわかり、身の回りの始末のことにも自分で取り組めるようになった。天気や気温に応じての衣服の調整にも気づく姿が見られてきた。遊びの中では、仲のよい友達とグループを作って過ごすことが多く見られた。相談して遊びを進めたり、アイディアを出し合って遊びを進めるようになってきた。相手に自分の思いをはっきり伝えられるようになってきた分、口調が強くなったり、力関係も見られ、コミュニケーションの取り方はぎこちない。些細なトラブルに関しては自分で話し合い解決できることもあるが、任せっきりにできず、保育者も間に入ることが多い。

●集中できない、融通が利かない
　例年の5歳児との違いが顕著に見られました。子どもたちは一斉の指示ではわかりません。また、一度に2つのことを言われると一つを忘れたり、どちらを先に行ったらよいかわからなくなりました。それだけ集中していないようでした。絵本を見せているときも集中して見られません。はさみがうまく使えません。自分のルールを変えられないことなどの課題は、震災で十分遊べなかったせいかどうか、これからも見ていかなければなりません。
　こうした状況をふまえて、以下のような活動の工夫をしました。
・絵本を読むときには季節の花や、虫、自然に関するものを取り入れ、実際に見たり触れたりする機会が減っている分、興味、関心を持たせていく。
・色水遊びを室内で行ってみる。約束事を決めたり、濡れたときの対応がすぐ

にできるようにしておく。進め方や，色水を作る材料については日々検討中。
・ホールを開放することで運動遊び等，体を動かす機会を増やしていく。一斉活動でリレーやボール遊び等の時間を取り入れ意図的に体を動かす。

③2013年度の子どもたち
●子どもたちで活動を進める力の回復

　外での活動の制限を1時間とし，子どもたちの運動量も前年度よりは増えて，集団遊びを通じて，友達とのかかわりも活発になってきました。友達への関心や一緒に取り組むことに関して振り返ってみました。

　活動を進めていく中で，子どもたちが共通のイメージを持って，必要だと思われるものを自分たちで製作する姿も見られるようになり，互いに刺激し合いながら，相手を認める関係性も見られるようになりました。一方で，同じ活動をすることで，それぞれの育ちにこれまで以上に差が見られました。前年は30分でも外遊びをして，年長組との接触もできました。また，家庭生活も平常に近づき，現在の環境への慣れも加わって，大人の不安感が表面に現れなくなってきたことなどから，子どもたちの気持ちに余裕が出てきたことが感じられました。個人差が大きいことから，3歳，4歳の時期の過ごし方が家庭によって異なり，震災以前よりも経験の違いが大きかったことの影響がうかがえました。

　作品展をすることで，一緒に考えたり作業をしたりして培った経験を活かして，さらにそれぞれが自由に自分を発揮できるかを課題にして2学期を終えました。

事例4　2013年11月　作品展を通して

　年長組の作品展では，個人の作品の他に作品展のテーマを決めて，年長児全員が同じテーマのもと協同して作品を作っている。この年の年長組のテーマは「宇宙」に決まった。学年のテーマをもとにクラスでの作品作りを行った。宇宙について興味を持った子は自分から進んでアイディアを出すようになった。
・R子は家で宇宙について調べ，メモに書いて幼稚園に持ってくる。みんながわかるようにしてほしいと提案し，そのメモを大きな紙に書き写す。
・K男は，積み木を使って惑星を作り，それを銀色にしたいと要求してきたので，アルミ箔をまいて完成させることにした。

・作品を作りながら，子どもたちの間で会話が広がり，イメージの共有が見られはじめると，自分たちでどんどんイメージに合わせて作品を作るようになっていった。
・イメージがわかず，進められなかったり，友達がしていることを邪魔してしまう子もいた。
・イメージはあるものの，はさみがうまく使えないなど，作って表現することが難しい子もいた。

まとめ

　この3年間の5歳児を振り返ると，経験の連続性と保育者の意図の大切さを感じます。外遊びが1時間できるようになった2013年の子どもたちは震災後の3年間を幼稚園で過ごした子どもたちです。徐々に外遊びの時間が長くなって，環境が回復して，状況に余裕が出てきたこととあいまって，個人差はありますが，5歳児らしい自発的なやり取りや目的を持った行動が出てきました。その環境でどのように自分を発揮するか，子どもなりの道筋が作られていたことを感じます。保育者が「させなければならない」と焦らないで，子どもの動きも生かすことが，後になって役立つのではないでしょうか。それとともに，技能的なことは体で覚えなければならないので，経験がないと，思いはあってもうまくできなくて挫折することもあります。経験の大切さも痛感しました。

（伊藤博美）

2　保育者の取り組みと意識の変化——聞き取り調査から

（1）子どもの姿と保育者の意識の変化——子どもの年齢，保育方法との関連[1]

　ここでは幼稚園の保育者への聞き取り調査の資料から，年度ごとに共通して，あるいは特徴的に見られる子どもや保育の様子を探っていきます。聞き取りは，1，2年目は多数の保育者の会合で，3，4年目は一斉保育中心園と自由保育

（1）　ここでは，保育者が子どもたちを集めて一斉的に活動を行い指導する保育のやり方（一斉保育）と，子どもたちが自分で遊びを見つけ遂行する過程で保育者が必要な指導を行う保育のやり方（自由保育）の両者を保育方法として表現する。また，一斉保育を主とする園を一斉保育園，自由保育を主とする園を自由保育園としている。

中心園別に3名ずつの保育者によって，いずれも保育について自由に語る形式で行われました。以下では，その内容を子どもの姿と保育者の思いとに分けて述べていきます。

①災害後1年目（2011年）の子どもの姿と保育

> 　**子どもの様子**　放射能災害後，幼稚園は各園ごとに除染を進め4月には保育を再開しましたが，外には出られず，来る日も来る日も室内遊びだけになりました。窓を閉め切り，暑くても長袖長ズボン，マスク着用の生活が続き，不要になってもマスクが離せない子ども，気温に合わせて衣類の調節のできない子どもが出てきました。
> 　3歳児では外に出たがる子もいましたが，保護者に言い聞かされているらしく，ほとんどの子が落ち着いているように見えました。名前のついた席に最初からきちんと座り，保育者の言葉には聞き分けよく従い，幼稚園はこういうものと戸惑いもなく過ごしているようでした。前年までは，好きなところに行って遊んではもめ事を起こしたり，降園になっても戻れず，戻ると誰かが出ていったりなど，保育者はてんてこ舞いでしたが，この年はそうした奔放な姿は見られませんでした。3歳男児が短時間だけ外に出て顔から転んだとき，保育者は活発で元気な子がなぜ？　と思いました。土や砂は線量が高く，保護者も保育者も，子どもが土に触らないように転んでも土に触れないように神経をとがらせてきました。「土に触っちゃいけないよ」と言い聞かされてきた言葉が子どもに刷り込まれ，とっさに手が出せなかったのではないかと感じたそうです。3歳児はわがままも言わず，大人の言葉をそれほどしっかり取り込んで過ごしているようでした。
> 　4歳児は3歳児期に外遊びを経験しています。外に出られないことはわかっていてもふっと出てしまったり，部屋にとどまりきれずに落ち着かない様子が見られました。
> 　5歳児は外に行けないこととその理由は理解しているのですが，それまでたっぷり外遊びをしてきているので，窓にへばりついて桜の散る様子や園庭の遊具を眺めていたり，室内遊びにも以前のようには集中できないようでした。室内だけの生活は，はじめのうち，かかわりのなかった友達と遊ぶきっかけを生み，仲間意識を強くしましたが，狭い空間でつねに顔を合わせる生活はときに遊びへの集中力を削ぎ，遊び込めない状況も作り出しました。

　保育者の思い　放射能に関する情報は錯綜し，何が正しくどう対処すればよいのかもわからない中，それでも保育者は目の前の子どもたちを受けとめ向き合い，保育をしていかなければなりませんでした。他園がどのように対処しているのかもわからず，保護者の温度差のある不安も受けとめながら，保育者同

士頻繁に話し合い，カリキュラムを見直し，外遊びに代わる室内遊びの工夫を重ねていくことになります。暑い時期にも外での水遊びができないので，溜めた水に足をつけて足湯ならぬ「足水ごっこ」をしたり，ままごとの食器を洗う「皿洗いごっこ」，ぞうきんを洗って干す「洗濯ごっこ」などをやったりしました。この環境下でこの子たちと少しでも楽しい時間を過ごそうと，毎日必死だったと言います。

　「この状況の中で，今この子たちが生活していくにはどうするのが一番いいのだろうと，すごく考えた一年だった。去年はこうだったから今年はこうと，それまでの流れに乗って保育してきたのが一切通用しなくなってしまった。保育の土台そのものがなくなって，新たに作っていく感じだった」とは3年目の保育者の振り返りの言葉です。また別の保育者は「子どもたちに震災前と変わらない思いや経験をさせてあげたいという気持ちだった。ホールにポールを立てたジグザグコースでリレーをしてみたり，小さい工夫を考え，子どもたちがこうなったからこういうかかわりをしてと，本当に一生懸命考えて，先生たちとも話をしてやってきたのだけれど，今になってみると具体的には思い出せない。その日その日が必死で，そのときのことしか考えられなかった」と言います。けれども，以前と同じような充実感をという保育者の思いが強くなると，「あれもさせてあげたい」「これもさせなきゃ」との意識が先に立ち，子どもの実情を見極める目が曇って，子どもの思いとの間にずれが生まれます。かえって子どもはそこに没頭できなくなったりしました。また，子どもたちが遊び込めず，わらわら，がやがやしたりする様子に，こんなときだからこそ好きなことを見つけて取り組める環境を工夫した方がいいのか，まとまって遊べる遊びを提供するべきなのか判別がつかず，はじめての経験に保育者として戸惑い悩む姿も見られました。

② 2年目（2012年）の子どもの姿と保育

> **子どもの様子**　除染が進み，4月からはほとんどの園で15分から30分程度，園庭に出られるようになりました（その前から短時間出られるようになった園もあります）。しかし，子どもたちが戸外活動をするには保護者の同意が必要です。何か新しいこと

をするたびに，保護者にアンケートをとって一人ひとりの意思を確認し，保護者が子どもを外に出すことに迷いがある場合には，その子が室内で楽しく遊べる工夫をしました。また，放射線被害を防ぐために，外への出入りには様々な手続きを要しました。出るときは長袖長ズボン（スモック），マスク（帽子）を着用し，入るときには埃を払い衣類を脱ぎ，靴底を拭き，きちんと手（顔）を洗います。子どもたちが慣れるまでは，外遊びのための前後の手続きにかなりの時間を費やすことになり，外遊びそのものが短縮されることもありました。時間制限のため，今まで自由に外に出られた園でも，外遊びはクラスでまとまって行うことになりました。子どもは室内で面白く遊んでいても遊びを中断していくことになります。外での時間も十分とは言えないので，内でも外でもせっかくの遊びが中途半端になりがちです。戸外に出ても砂場（線量が高い）は使えず，自然物には触れないのですが，それでも子どもたちは，少しだけでも準備が大変でも，喜んで外に出かけ，生き生きとした姿を見せるようになりました。また，普段閉め切った室内にいるので，子どもたちは外に出ると自然に"風"の存在に気づくようでした。外で遊んだ楽しさを語る子どもたちの様子に，保育者はやはり外遊びは室内遊びだけでは補いきれないと実感します。

　外に出た後には，子どもたちが室内での生活にも前向きに積極的に取り組む姿も見られるようになりました。異年齢で外に出られることがあると，そこで自然に交流が生まれることもあります。保育者は，子どもたちにとって外遊びがいかに大事か，失われたものがいかに大きかったかに，あらためて気づかされることになります。体力や運動能力の低下がはっきりして，室内遊びや短時間の外遊びで補う工夫もいろいろなされたようです。

　3歳児は，外に出た当初は，あちこち散らばる子，どうしていいかわからず保育者から離れられない子がいました。また，今までの経験のなさからいろいろなものが一気に目に飛び込んできて，ふわふわと浮遊したり，何かに興味を持っても短い時間ではそれがどういうものかつかめず，自分に取り込めないままになってしまうようでした。除染した砂で砂遊びを再開しても，はじめのうちは裸足になるのを嫌がったり，砂遊びのための手順を面倒がったりする子が多かったようです。

　4歳児には，ぶらんこやすべり台などあらゆる固定遊具をやってみようという意欲が感じられました。梅の枝についているものを何だろうというので，テントウムシの卵だと伝えると，今度はつぼみを見て卵と言ったりします。霜柱を踏んでシャリシャリすることから，「土の下にも水があって柱になるんだね」と気づきます。保育者は，外での体験が少ない子どもたちには，自分自身が自然に興味を持ち，折に触れて子どもと自然環境との橋渡しをしていく必要性を痛感したそうです。外遊びは短いのに，やりたいことをやっている最中でも，部屋に入る声かけには抵抗なく戻ってきます。

> 受け身のことは得意で生活はこなしているように見えるのですが、何かを感じて疑問を持ったり、「どうして？」と聞いてきたりすることが減った感じがあります。室内遊びの時間が長くなったせいか、周りの遊びに前より目が行くようになりました。折り紙など外遊びがあればしなかったような遊びに手を出す子どもも出てきました。
>
> 　5歳児は室内遊びに取り組む時間が長くなり、たとえば、子どもからバイク作りのアイデアが出ると、まず設計図を作って、そのパーツを型紙から作ってと、2、3週間かけて、同じ活動を続けられることもありました。子どもたちは外に出られないならと、室内でみんな一緒にそれぞれが頑張ったようでした。一方で、遊びの分断によって、内も外も遊びが中途半端になり、今までの5歳児のように、そこに没頭して心ゆくまで遊び込む体験はできにくくなっている様子も見られます。

保育者の思い　災害直後は、何ができて何ができないかもわからない中、毎日を何とか子どもたちと楽しく過ごせるよう、手探りで保育を積み重ねてきました。そうした1年を体験し、この状況下での保育のありようがうっすらと見えてきて、外にも多少は出られるようになって、保育者にも今までの保育を振り返り、これからの保育を考えるゆとりが出てきたように見えます。

　一方で、1日の大半を室内で過ごさなければならない状況は続き、これがいつまで続くのか、この先どうなるのかも見えず、子どもたちが閉じ込められている辛さを解消することができない以上、有効な手立てがあるわけでもなく、2年目はかえって辛かったという声も聞かれました。

③ 3年目（2013年）の子どもの姿と保育

　この年は45分から1時間ほど戸外に出られるようになりました。進級した4歳児や5歳児は外に出る手順にも慣れて、1時間あればそれなりに外で遊ぶことができます。時間制限がなくならないので、まとまって外に出たり、外遊びで遊びが分断する状況は続きます。ここからは年齢別に述べていきます。

> **3歳児（前年は家庭）の様子**　外遊びの経験がなかったので、外に出てはじけるように思いのままばらばら動く子と、どうしていいかわからない子が見られます。聞き分けはよく、「お帰り」というと自然に集まってきたり、片付けを促すと聞き入れてくれたりします。いつも身近に子どもたちがいるので、友達の名前を覚えるのも早く、仲間意識が強くなりました。友達がこうしたい、こういう気持ちなんだと理解できるようです。一方で、周囲の子どもや遊んでいる様子が目に入りやすく、あちこち目移

りして，自分の遊びに集中できない面も見られます。人とかかわる経験が希薄だったせいか，「貸して」「混ぜて」と言えず，「貸してくれない」と保育者に訴えたり，あっさりと諦めることも目立ちます。また「貸して」と言われると，使っていても「いいよ」とすぐに渡してしまいます。以前のような，何が何でも貸さない，奪い取るといった激しさは見られなくなりました。保育者は，使いたいときは「貸して」と言って聞いてみること，貸したくないときは「いや」「今使っている」と断る選択肢もあることを，事あるごとに教えなければなりませんでした。

　外から帰っての手洗いでは，石けんを泡立ててまるで手術前のようにきちんと手洗いをしなければなりませんが，保育者が一人ひとり片手ずつ丁寧に洗ってやる間，並んだままずっと待っていられます。いつになく縄跳びが上手です。例年なら縄を電車に使ったり，大波小波を跳ぶのがせいぜいなのに，一人縄跳びまでやってのけます。限られた環境の中で，やれることを見つけて挑戦し続けたからでしょう。

　戸外環境に触れられずにきたので，子どもが自分で感じたり驚いたり，保育者に「どうして？」と聞いてくることが減っている様子もあります。声のトーンが変わってきて，「わぁー」といった高い歓声が聞かれなくなっています。でも，室内に虫が入ってきたりすると大喜びで，ハエであっても大騒ぎして，「また遊びに来てね」と逃がしたりしました。

保育者の思い　子どもたちは丁寧な手洗いにも慣れ，指示や援助がなくても適量の石けんできちんと洗い，順番を待つのも上手です。「まとまりがよく，保育者としてはやりやすい」のですが，「以前のように自由奔放にあちこち動く子どもがいなくなって，お行儀がよく，伝えたことがすぐわかって動ける」状態は，前の子どもを知っていると，「疑問符がいっぱいつく」「いつか爆発するのではないか」と怖い感じがあります。ただ，家庭ではわがままだと聞くと，園では頑張っていい子にしているのだとわかり，少し安心するそうです。

　子どもたちの感性が育ちにくく，育てにくいとも感じています。以前は，子どもから出る発見の喜びに保育者が応じ，それに子どもが応え，遊びが繋がっていったものでしたが，いまは保育者の方から投げかけるだけになりがちです。「さつまいもの絵を描くにしても，お芋を育てたり掘る体験もないままに，実物や本の絵を見ただけでその感じを表現するのは難しい。子どもの心に響いていかないことがわかって，これが何に繋がるのかと迷いながらやっている」と

は，ある保育者の述懐です。

　自然物は放射線量が高いので，子どもたちは植物や落ち葉，土には触らないように言われています。保育者は土を手でいじっている子どもを制止しました。すると今度は木の枝で地面に絵を描いているのを見て，言葉に詰まります。「それほどまでにやりたいのね」といじらしく思うのですが，先行きの心配も拭えず，葛藤しながらも「それはだめ」と言わざるを得ません。本当は存分にやらせて自然を感じる力を引き出したいのに止めなければならないもどかしさ，辛さを感じます。「子どもたちが感性を磨くのを抑えているのがまさに保育者自身であり，私は一体何をしているのだろうか」と思い迷う辛さがありました。

　「以前とは悩みが変わってきて，今まで経験できなかったことをどう補うか，体力低下の指摘には遊びの中でどう取り組んでいったらいいかと考えるようになった。でも，無理に体操を教えてもやっぱり違う。トンネル山をよじ登って，遊んで駆け下りてという，本当に普通に遊ぶ中で体力は身につくのだということを，3歳児を見ていてあらためて感じる」ことも語られました。

　4歳児の様子　外遊びの時間が長くなって，転ぶ子が目立つようになりました。走り方がわからないようで，手足がバランスよく動かせず，つま先で走ったり上手く曲がれなかったりつんのめったりします。前年度の4歳児（災害時3歳）よりぎこちなさが目立ちます。2，3歳時に戸外のでこぼこした場所で思い切り走ることができなかった影響と思われます。砂遊びが解禁された園では，道具の使い方がわからず，スコップを持っても掘ることができず，ふるいを楽器とみなして，「どうやるの？」と聞く子もいました。それほど，外遊びに無縁の生活を強いられたということでしょう。それでも，外で5歳児が遊ぶ様子が刺激になって，鉄棒や登り棒などに挑戦する姿が出てきています。縄跳びは，4歳児でも一人縄跳びの上手な子が目立ちます。室内に鉄棒を置いた園では，鉄棒も上手です。3歳児と同様に，限られた環境の中でも，できそうなことを見つけて頑張った成果でしょう。一方で着替えは苦手です。外に出る機会も着替えの必要性もきわめて少なかったせいでしょう。外に出るための支度に30分もかかった子もいて，子どもたち自身もそれが苦痛なようでした。できることは自分でやっておこうとする様子もなく，やってもらえるのを待っていたりします。早く着替えないと遊ぶ時間がそれだけ短くなるとわかって，ようやく早くできるようになりました。

第Ⅰ部　保育現場の実態

> 遊びでは前年の4歳児よりも活発で積極性があり，新しいことにも挑戦しようとする様子は見られるのですが，3歳入園児と4歳入園児の違いもあるようです。3歳入園児は伸びやかな面があり，ああだこうだと自分の意見を言ってくれます。一方，4歳入園児は約束事が身についていてよく守るのですが，なかなか自分を出しきれないところがあって，話し合いでもどこか他人事のような感じです。3歳児期を家庭で過ごした子と，園で過ごした子の違いでしょうか。幼稚園ではいろいろな人にかかわりながら自己表現の仕方を身につけていくことができますが，家庭では専ら保護者の言うことを聞き従う生活だったからかもしれません。
>
> 一人っ子にうまく人とかかわれない様子が見受けられます。男の子は「○○くんが入れてくれない」「ごめんねと言ったのに許してくれない」などと言いに来たり，女の子では特定の子だけを「こっち来て」と仲間に入れようとしたりします。他者とかかわる経験の少なさから，相手とのかかわり方がわからなかったり，自己中心的なかかわり方になってしまうのでしょう。

保育者の思い　この年齢の子どもたちは，2歳時に災害に遭い，まったく外に出られない時期を経て，今は1時間だけ外に出る生活を送っています。それでもそんなに窮屈そうには見えません。室内で楽しそうに遊んでいる様子に，子どもはこんな状況にもそれなりに対応できる柔軟性があるのだろうか，それともこういうものと我慢して受け入れているのだろうかと，保育者としては戸惑うようです。

子どもたちと室内で一日の大半を過ごすようになって，保育者には以前より一人ひとりがよく見えるようになりました。一斉保育では，これまで子どもたちに遊びを提供ししっかりやってもらうことが主でしたが，子どものその時々の気持ちも見えてきます。「在園の子どもたちと今いる環境の中でやっていかなければならず，そのことを思い巡らした一年だった。子どもが大事という根本は変わらないけれど，以前より子どもの気持ちを受け入れようと考えてきて，反省点も出てきた。今度はこうしようと思ったり，今までそうだと思ってきたことが違っていたとわかったりした。その子どもに合った問題があって，それに合ったかかわり方があるのだから，そこをきちんと考えていかないといけないとあらためて思った」と，保育者は子どもの見方の変化について語っています。

一方で自由保育の保育者は，同じ部屋で同じ子どもたちと顔をつきあわせる

生活では「子どもも私もどうしていいかわからず煮詰まってしまうこともあった。煮詰まり方は半端なものではなかった」と語ります。よく見知った人や環境は居心地がいいものですが，変化には乏しく，子どもの好奇心は刺激されにくくなります。遊びがマンネリ化しやすく，そこから新たな遊びを生み出すには相当の苦労があったようです。「災害がなければ今までの経験からある程度先の予測がついて，それに乗って保育をしていったと思うが，災害があったことで，子どもの弱いところを伸ばすにはどうしていこうか，足りないところはこういうもので補っていこうかなどと考え，自分なりに勉強をするようになった」という，保育に対する姿勢の変化も語られました。

5歳児の様子　ちょっとした起伏や段差につまずいたり，転ぶ子どもが多いようです。周りをよく見ていないからなのか，廊下でも転ぶ子がいます。そこに他の子がいるとわかっているのにぶつかっていって転ばし，謝りもしない様子も見られます。転ぶときに手が出ないので，鼻を擦ったり口を切る子が多いようです。外に出られるようになっても外に出ていいか聞いてきたり，何をしていいのかわからない様子が見られました。3，4歳時には外に出ることにも保育者の判断を仰ぐ必要があり，戸外経験がきわめて少なかったせいでしょう。また自然物で遊ぶ経験がなかったので，3歳児が落ち葉で焼き鳥を焼くまねをして遊んでいるのに興味を持って加わり，3歳児は抜けて5歳児だけになってしまうこともありました。

　運動面では，未経験なことには年少児のようにがむしゃらに挑戦できず，二の足を踏んでしまうようです。5歳ともなると外見から出来不出来がわかるので，自分ができないと思うと手が出せなくなってしまうのでしょう。ぶらんこもこぎ方がわからず，「伸ばして，曲げて」ができずに，自分でこごうとしない子がいます。一方で，こげるようになると面白いのかそればかりして，小さい子になかなか譲れなかったりもします。後半になって縄跳びや鉄棒は上達したのに，ぶらんこだけはやりたがらない子がいます。経験不足から揺れに馴染めないのかもしれません。また，広いところを思いきり走る経験があまりにも少なくて，よく走れません。手の振り方や足の運び方がわからなくて，手足のバランスが悪く，手がぶらぶらしたり歩くように走る子がいます。長く走るのも難しいようです。

　砂遊びや泥だんご作りができるようになったのですが，腰を据えて心ゆくまで取り組めるほどの時間はありません。「時間よ」と言われると気持ちがそこで止まってしまうようで，「やりたかったのに」と言いながらもすっと戻ってきます。遊びきって満足したようには見えないのですが，時間でやめる習慣が根づいているようです。自

第Ⅰ部　保育現場の実態

> 己主張が弱い様子は他でも目につきます。決められたことはよく守り，自分の考えをぽんと言うようなことがなくなりました。言葉のやりとりはできても相手の気持ちまで汲みとれず，この年齢でも保育者に言いつけに来ます。友達同士が毎日室内で顔をつきあわせて過ごし，何かあっても外に出て行くこともできず，気持ちを調整してやり過ごすことができにくくなったせいもあるでしょう。
>
> 　室内遊びの機会が増えて，手先を使うことが多く器用になって，切り絵や折り紙，リボン結びなどが上達しました。前年に比べて外も中もあれこれ遊べるようになったかわりに，気持ちが移ろいやすく，一つの遊びに集中しにくくなった様子もあります。遊びが室内に限定されていたときはそこに注力するので，ああしたい，こうしたいといろいろなアイデアが出ましたが，ちょっと難しくなると，外にも出られるので出ていって，とことん追求することが減りました。

保育者の思い　本来なら内外ともに活発に遊ぶ時期の子どもたちですから，保育者は子どもが充実できる多様な遊びをといろいろ工夫したようです。たとえば，かるたやすごろくなどの伝承遊びを復活させ，冬前から導入しました。従前のように既製品をそのまま使うのではなく，どちらも手作りにしました。すごろくでは，保育者が思いついて，同じところに止まった子どもと「仲間だね。いぇーい」と握手したのがその後ルールになったり，「好きな色は何？」など，各々興味のあるものを問う紙を自作し途中に貼って，そこに止まったらそれを言うルールを入れたり，保育者の考えと子どもの発想を織り混ぜながら遊びを作っていきました。また，室内でも多様な動きができるようにと，ホールにバスケットゴールを設置したり，這えるように段ボールトンネルを作ったりしました。

　5歳になってようやく1時間外に出られるようになったのですが，子どもたちがどうしていいかわからない様子に保育者は驚かされました。保育者自身あまりのブランクに外での遊び方を忘れていて困惑したそうですから，過去2年間，子どもたちが園で十分に外遊びの経験を積めなかったことの影響の大きさに，あらためて思い至ったようでした。体力低下の指摘が気になっていたこともあり，保育者はこれからでも外遊びをたくさん経験させてあげなければと強く思いました。そして「去年は戸外で遊べない分，室内遊びをたくさん組んで，

凝った遊びも出していたけど，今は出られるなら外で遊ばせてあげたいと思った」り，「外で身体を動かすのは今の時間だけしかないが，室内の遊びの進み具合との兼ね合いが難しく，どうしようかとその間で葛藤した」りします。さらに，「この唯一の1時間で外遊びをしなくてはと思うと，それぞれの遊びの様子に合わせて外遊びを促すことができず，声かけをして一斉に外に出て，どの遊びも中途半端になってしまう。遊びの邪魔をしているのは保育者自身ではないか」と悩みます。遊びの中断が続いたために，子どもの集中力が削がれ，遊びに没頭できなくなっているのではないかと思うのです。「以前は次の日やその次の日のことも考えて保育をしていた。今は，とりあえずはこれをこの時間を区切ってやってと，それが精一杯で，それ以上は考えられない。保育者が遊びを区切ってしまって，子どもは一日かけて一つのことをやることができなくなり，突きつめる遊びのできる子が出なくなっている」のではないかとも悩みます。外遊び制限で生じた子どもの育ち切れない部分を，少しでも補いたい思いが，5歳児の保育者にはとくに強くなっているのかもしれません。

　室内でも満足できるようにと，保育者が遊びを子どもたちに提案することが増えましたが，「遊びの種類は増えたが，子どもの自発性を狭めた気がする」し，「子どもはやれば楽しんでくれるが，どうしてもやらせていたような気がする」そうです。「保育者が子どもの力を高めたいと思って子どもにさせて，それが継続していくことの楽しさと，子どもから始めたことの楽しさとは質が違うことに気づいたので，子どもがやろうとしていることを察知し，そこに即座に対応するよう心がけた。それは子どもが伸びるチャンスだ」と気づいた保育者もいます。

　室内でできる運動遊びを工夫してきましたが，何かに登る遊びはできなかったことが，ある保育者には気がかりでした。いざ外に出たときに，子どもたちが積極的に遊び出せない様子を見て，「ここまでやるべきかとは思ったが，自分が裸足になって登り棒にがーっと登って見せて，子どもたちを引き寄せた。そのぐらいやらないとずっとやれないだろう」と思ったそうです。それを契機に登ろうとする子どもが出てきました。戸外環境と親しく触れ合えずにきた子

どもたちは，外に出さえすれば，外遊びを教えてもらえさえすれば，すぐに夢中になって遊べるわけではないようです。外遊びが魅力あるものと感じられるためには，子どもと環境を繋ぐ保育者の工夫が必要なのでしょう。

　子どもたちを何とか遊びに引きつけたいと子どもたちの様子を見ながら努力を重ねてきましたが，「子どもの気持ちにぐっと入り込むようなかかわり方をしてきてよかったのか，深く入り込まず，子どもの自発的な部分を見守っていた方がよかったのか，今になってもよくわからない」と卒園間近に振り返る自由保育の保育者もいました。災害でできなくなったことを補うための努力を続けてきましたが，それは「やらせること」にも繋がりました。制限がある状況だからこそ，むしろ子ども自身がこの状況をどう受けとめどうしようとしていくのかを見守り，じっくりかかわっていく方法もあったのではないかと，今感じているようです。

　保育者の話をきちんと聞かないまま生活している子どもへの気づきもあります。製作などでは，保育者の話をよく聞かずに友達と話をしているので，やろうとしてもやり方がよくわかりません。それでも，周りを見て合わせれば何とかなってしまいます。一見そつなくこなしてしまうのですが，自分のこととして考えてする積み重ねがないままここまできているので，「自分で考える力が育っていないのではないか。これから先が心配」との声も聞かれました。

④ 4年目（2014年）の子どもの姿と保育

　この年には，1時間の制限がある一部の園を除いて，ほとんどの園で外遊び制限が解除され，外への出入りの手続きも不要になりました。外見上は，災害前の状態に戻ったことになります。

> **3歳児の様子**　おむつを着けて入園してくる子どもが増えました。保護者が下着を汚されるのを嫌ってはずさない場合も多いようです。おむつ替えのときにも棒立ちで，取り替えに応じて自ら身体を動かそうともしないので，一人のおむつ替えに時間がかかってしまいます。1学期いっぱいはおむつの世話に追われ，夏休み明けでもまだおむつが取れない子のいる園もあるようです。うがいは上手で，入園時からガラガラうがいができる子がいます。うがいをする機会の多さから習熟したのでしょう。生活習

慣はその反対のようです。できない子が多く，ボタンや上着の着脱など難しそうです。自分でやらないままに，保育者が気づくとそこで待っていたりします。今まで保護者にやってもらってきたこと，外出の手控えで着脱の機会そのものが減少したことなどで，習熟できないまま，やってもらうのが当然になってしまったようです。靴の脱ぎ履きにも時間がかかり，以前のような早く外に行きたいからとにかく急いで履いてという様子はあまり見られません。いろいろ自分でやりたがり，できると「見て」と自慢げに見せに来る子どもも減っています。自分のクレヨンなどの始末もなかなかやろうとせず，「できない」と言うだけだったり，保育者に「やって」と言いにくることもあまりないのです。それでも，何度も言われ続けてようやく自分でするようにはなってきたのですが，「3歳ってこんなんだっけ？」と保育者が首をかしげるような状況があるようです。

　この子どもたちは，歩き始め動き回れるようになっても自由に外に出ることもできず，汚染も目で見てわかるわけではないので，していいことといけないことの判断は大人に委ねるしかない生活でした。自分で考え判断することのない生活が普通になってしまった結果と考えられます。自分で判断できなかった分，保育者の顔色を見たり思いを察知する力はあるようで，聞き分けがよいのはそのせいかもしれません。遊びの面では，積極的に外に出かけダイナミックな遊びをする子どもが減っているようです。外で何かを発見して，生き物に触れて，「ええっ？」と感動するような光景は見られなくなり，当たり前のようにある室内のブロックで当たり前のように遊び，かなり複雑なものも作れます。静かに一人で，黙々とブロックをやるような子どもも出てきて，カプラ（小さな板状の積み木）で屋根付きの家や，囲いのついた温泉まで作ってしまうそうです。ままごとではこの年齢で早くも，母親の口調そのままになりきってリアルに遊ぶ子がいます。やりたいことのある子どもは集中して遊ぶのですが，そうでない子は自分が興味を持ったものでなければ興味が移ろいやすく，言われてやるだけになります。戸外のあれこれに面白そうとかかわる生活とは無縁に，室内のものだけで遊ぶ生活が続き，そこにあるものに自分からかかわろうとする子どもは技能に習熟するようですが，遊びの世界に入り込むのが難しい子どももいるようです。

　友達が使っているものを勝手に取るといったもめ事もあるにはあるのですが，友達とかかわること自体が少なく，争いにまではならないことも多いようです。使っているものを「貸して」と言われると，「いいよ」と貸します。前年の3歳児とは違って，園ではいろいろ遊べるので嬉しく興味も広がってきて，特定の遊びにこだわる必要がないからのようなのです。以前のようにぶらんこの取り合いをすることもなく，「すべり台があるからいいや」という風にあっさり譲ります。どの遊びもまだ遊び込むまでには至っていないのでしょう。言葉の面では，言葉でやりとりできる子と，言葉を

> しゃべらない子の差が大きく，言わない子が増えているようです。そういう子は嬉しいのか嫌なのか，保育者にも思いが伝わりにくいようです。聞く力はあるようで，絵本には積極的に反応するのですが，聞いたことを行動に繋げるのは苦手のようです。保育者の意図が伝わらず，何か噛み合わない感じがするそうです。目と目の合わない子，ぽーっとしていて意欲的になれない子，ぶちっと切れやすい子が以前より増えている様子も見られます。

保育者の思い 災害前の3歳児には，やりたければ入り込みほしければ奪い取るような執着心や激しさが見られましたが，そういった気ままで奔放だった以前の姿と，目の前の子どものおとなしさとのあまりの隔たりに，保育者はとても戸惑っているようです。

　この子どもたちは，災害が発生したとき，まだ1歳にも満たない年齢でした。保護者たちは，今までの生活基盤が崩れ，適切な対処法もわからない不安な生活を送る中で，手のかかる赤子の子育てをしてきたことになります。また，3歳で入園するまで，外に満足に出られないだけでなく，汚染環境と触れ合わないよう行動が制限される生活を続けてきています。

　子どもたちの「毎日手を洗うだけで大変で，あれもこれもしなくてはならない上に，放射能は怖いから自発的に動いてはだめというのが入ってしまったのかもしれない」「自分が思ったらやっていいという体験がないので，許可が出るまで，やってくれるまで待っている」「友達のやるのを見て自分もやってみようという能動性が抑えられてしまった気がする」「自分の判断でこれはいい，これはやらないという意思表示ができなくなっている」様子は，災害前には見られませんでした。その状況を，保育者は「できなくはないような気がする。その力はあるけれど経験がないから，やろうという気持ちと身体がついていかないのではないか」「やってみれば面白かったという体験が少なすぎて，一歩が踏み出せないような気がする」などと捉え，子どもが自発性や能動性を発揮できなくなっているのは，発揮する機会や経験があまりにも乏しかったためと受けとめています。そして，「保育者に見ててほしい気持ちがある」ようなので，「保育の中で，自分が思ったようにしていいと背中を押してあげたり，や

第4章　子どもの姿と保育者の意識

った結果に共感して肯定してあげたりということを，一人ひとりに丁寧にやっていかないといけないのかもしれない」と，子どもとの向き合い方を見直しているようです。

　また，「目と目が合わない子やすぐカーッとなって切れる子どもがいるのは，母親がうまく子どもと受け応えできずにきたからのような気がする。母親の話を聞いていくとそういうことがわかってくる」「家庭環境の影響らしく，自分のことを噛んだり友達を噛む，噛み癖のある子がいる」などの子どもと保護者の様子も語られました。先の見えない不安と不安定な生活のために，保護者は我が子にゆったりと向き合い，気持ちを交わし合う余裕が持てなかったものと思われます。子どもは自分をしっかりと受けとめてもらえる体験が少ないままに育ってきているのかもしれません。

　ブロックやカプラを使って，一人で黙々と，複雑なものを上手に作り上げる子どもがいましたが，あらためて振り返ると，「一人遊びも，本当は友達とかかわりたいのにできないからそうしているのかもしれない」ようにも見えてきます。保育者は今までのように，「集中力があるのだからそれでよしとするのではなく」，繋がれないのなら「子ども同士が繋がれるような仕掛けを考え」たり，言いたいことも言えずにいるのなら，「わがままが言えるように『言いたいことを言えてよかったね』と応じる」など，子どもたちを「もう少し細かく見ていく必要がある」など，これまでの対応を見直し，この先を考えていきたいと考えました。また，切れる子どもには，普段から「我慢するのが当たり前になっているのかもしれない。切れるのは自分を出しているとも言えるのだから，怒りたくなるけれど，その子の自己表現と受けとめていく必要がある」と感じ，「おむつ替えも母と子の気持ちのやりとりがないままに行われてきて，子どもが大人の気持ちや動きに応じられないのかもしれない」と気づきます。さらに，「この子たちが何を考えてこうしているのかを見ていかないと，うまく子どもとやりとりできないので，一つひとつ丁寧に見ていこうと思う」との決意も語られました。

4歳児の様子（園の保育方法による違いが見えてきました）

●一斉保育園

　この年齢の子どもたちは災害時に1歳で，歩き始めたときに行動が制限されました。入園後も生活はまだ室内中心でしたから，狭い中を走り回ったり，興味が一つの遊具に一度に集中したりして，もめ事が起こりやすく手も出やすくなりました。普段はそんなことで怒らない子が怒りやすくなったりもしました。外に出たいのに出られないストレスは相当なもののようでしたが，外遊びが十分できるようになってからはそれも減ったようです。はじめての砂遊びでは砂に触れなかったり，砂がつくとすぐ払ったりして抵抗感があったようです。はじめは砂の使い方もわからず，泥だんごも作れませんでしたが，後半には大分慣れてきました。今の5歳児よりは外での遊び方を知っているように見えます。

　生活面では，いちいち良いか悪いか聞いてきたり，さぁ遊ぼうとの指示を待ち，指示がなければ座って待っていたりするようです。折り紙やお絵かきは好きにしていいのに，「間違えちゃった。もう一枚紙がある？」と聞きに来たりします。一斉活動で失敗すると，みんなと違ったからと，普段は気にしないところまで気にします。見本があるものや結論がわかっているもの，終わりの時間が決まっていることには，細かいことまで気になるようです。一方，ガムテープなど好きなだけ使っていいものには抵抗がなく，どんどん使う様子も見られます。

　もめ事は多く，男の子はばちばちとやりあい，女の子は手は出さないけれど無言の空気を醸すようです。保育者に言われる前に先手を打って「ごめんね」と言ったり，「謝っているのに許してくれない」と言いに来たりします。やっと手を出さなくなってきていますが，ものの貸し借りでは，一方が「貸してくれない」，他方が「今使ったばっかりなのに」ともめることがあります。話をよく聞かずに，聞いている子を頼りに真似をして活動をこなす子も見られます。

　外に自由に出られるようになって，クラスを超えた繋がりや異年齢での交流が自然に生まれ広がってきています。子どもたちもそこから満足感を得られるようで，その後の取り組みへのエネルギーが出てくる様子も見られます。

●自由保育園

　昨年までの生活の影響でしょうか，聞き分けがよく，中に入ろうと言うと並んで入ってきます。たまに嫌だという子がいると頼もしいと思うほどだそうです。手洗いとうがいはしっかり習慣化され，うがいのための水筒を持って整然と並ぶ光景が普通のようです。保育者も汚染を恐れてしつこいほど言い続けてきたせいもあるでしょう。自然物にはよくないものがあるので防御しなければという意識が染みこんでいて，手を出すこともなく，先生にと花を摘んで来る子もいなくなりました。あまりに経験不

足で，今まで家で普通にしていたことも，園で教えないと経験しないままになることもあるようです。3歳入園児は自分で遊びを見つけて友達とも繋がって遊べるのですが，4歳入園児には，何をして遊べばいいかわからない様子や，いちいち確認を取ったり，自分がどうかより保育者がどうやらせたいかに気持ちが向く様子が見られます。

運動面では，競争意識は乏しく，友達に合わせて頑張ろうとする意欲はあまり見られません。友達を押しのけてでもやりたいとは思わないようで，すーっと引くのが上手です。クラスの中の強い子弱い子がわかっていて，顔色を見て譲ることもあるようです。一斉に同じことをする機会が増える中，型にはまる子どもと，自分の考えを加える子どもとの差が出てきています。年度の後半になって，自分たちで遊びを考えてする姿も見られるようになっています。

保育者の思い

●一斉保育園

「いちいち聞きにきたり指示待ちをするのは，あっちは危ないからここでとか，自分で判断できずに大人の言うことをそのまますることしかない環境の中で，何でも確認しながら育ってきたからではないか」と，保育者は子どもが育った環境を思いやりますが，「お弁当食べていいですか，牛乳いいですか，歯磨きしていいですかって32人に言われると，さすがにもういいよみたいになっちゃう」ほどの状況があるようです。子どもたちが必要以上に周りや見本を気にする様子に，保育者は，たとえば製作は何人かずつに分けてやり，結果がわかるのはそこでだけ，間違えても大丈夫と思ってもらえるように配慮しました。多少の間違いには「これでいいよ。間違えてない」と応じると，「先生が間違えたけどいいよってほめてくれた」と喜んで他の子に報告に行く子もいたそうです。

保育者は，子どもたちが以前よりもずっと自分で考えられなくなっている様子に，とりわけ心を痛めているように見えます。災害直後は「子どもたちが満足できるように，今日はこれをやらせよう，今日はこれをと，毎日活動を入れた」のですが，それをほとんどなくし，自由遊び中心に変えた園があるようです。保育者は，「ずっと一斉活動ばかりさせていたので，好きな遊びの時間を長くしたら，私がどうやって遊んでいいかわからなくなるときがあった」そう

ですが、「子どもに『先生は寝てて』と言われて病人になり、粘土の冷えピタをつけられたり、保育者も本当に楽で楽しく」なりました。保育者が「高い椅子に乗って紙切れをぺらぺら飛ばして、片手で取る遊びを始めたら、取ろうとすると風で飛んでいくので面白く、私も悔しくて本気になって遊んで」、その遊びが流行ったそうです。「子どもが本当にのびのびして、遊びを区切らないので昼食前後の遊びが繋がるようになり、早く遊びたくて食事も早くなる」といった変化も感じているようです。

入園した子どもの中に経験の不足でうまく適応できない子どももいて、「一斉活動の中でも一対一で応答しながら、経験を積めるように見守っていこう」と考えていることも語られました。

●自由保育園

外遊びの時間制限で、遊びにも一斉的な要素が多くなりました。製作では、以前は一人ひとりに合わせ言葉をかけ一緒に考えてきたのですが、クラスの子どもたちに一斉に指示を出す機会が多くなって、「みんながわかるようにと、説明の仕方を考えたり準備をすることが増え」ました。一斉にみんなにやってもらうのは「私もやりやすいし、子どもたちもわかりやすく作りやすいようだけれど、私が教えたように作り上げてできあがっていくのはどうなのか」と思ったり、「前は表現的にがちゃがちゃでもすごく楽しいものができたし、私も楽しかった」などと思うそうです。また、「与えられた遊びと、自分たちで工夫して作ってそれを使ってお店屋さんを開いてというような、友達と繋がりながら遊ぶのとはちょっと違うような気がする」し、「足りないところを補うことは必要だけれど、たとえば今はボールを投げたくないという子にも無理矢理やらせるようなことはしたくない。今でなくてもいいかな」と思うようです。一方、クラス単位で動くと、保育者も計画的に動けて保育がやりやすくなり、災害前のように、子どもはどこに行くのも何をするのも自由という状態には戻りきれない様子も見られます。

3学期にはようやく、子どもたちに自分たちで遊ぼうとする気運が見えてきました。今までは遊びを膨らませようと保育者の方からカップを届けていたの

に，先日，「カップちょうだい」と子どもの方から言いに来ました。そして，そのカップを使って落ち葉などでご馳走作りをしたそうです。保育者は，遅まきながらも自分で考えた4歳児らしい遊びの姿が見えてきたように感じました。「抑えられてきたけれど，やりたいという思いは底にあるのだから，縛りを解き放って今からでもよい経験を積ませてあげたい」と思うのです。

保育者がいまだに自然物に十分な安心感を持てず，子どもが落ち葉で冠を作ろうとすると，その落ち葉を拭いたりしてしまいます。そのような行為が子どもの好奇心のブレーキになっているのではないかと危惧する声も聞かれました。

5歳児の様子
● 一斉保育園

転んだときに手が出せなくて，口の周りのけがや歯の骨折が多いようです。周りが見えずに友達にぶつかったり，周りに人がいても平気で袋を振り回したりで，危なかったりします。気温に合わせた衣服の調節ができず，寒い中半袖だったり，暖かいのに上着を着たままで汗をかいていたりすることもあるようです。

砂に触れる子と触れない子との差が大きいようですが，砂に触れた経験の有無や，保護者の考え方の違いも影響しているようです。自然物に触らないように，戸外では走ったり固定遊具で遊ぶようにさせてきたので，以前遊んでいたドッジボールなどのボール遊びや相撲などは，子どもからは出てこなくなりました。様子を見てやってみても興味が持てないらしく，「その遊びなぁに？」と言われてしまいます。3年間ほとんど外遊びの経験を積めず，戸外で異年齢の遊びを見る機会も乏しかったからでしょうか，知っている遊びは少なく，「どうやるの？」と遊び方を聞かれることが多くなっています。

自分で考えて行動するのが難しいようです。何でも保育者に「どうしたらいい？」と聞いたり，じっと座っていられなかったりして，一つのことに集中して取り組めない様子が見られます。友達同士のもめ事でも，自分の思いを一方的に話すだけだったり，自分で解決しようとせずすぐに保育者を呼びにきます。ものの貸し借りでも，相手が使い終わるのを待っていられず，保育者に訴えたりすぐに諦めたりします。保育者が語りかけても反応せず，誰かに仲介や代弁をしてもらわないと自分の気持ちが伝えられない子もいます。様子をうかがいながら，誰かがやってくれるのを待っている様子もあります。保育者の言うことを聞いて機敏に行動できる子もいますが，何回か言った挙げ句に「何でやらなきゃいけないの？」と聞き直してくるような，聞くことが行動に繋がらない子が増えているようです。保育者の話を理解するのに時間のかか

る子どももいますが，わかっても，自分のことなのに「やっておいて」と言う子もいます。指示通りに動くのは得意な子どもたちなのですが，自分で物事を進められず，探究心も弱いように見えます。誰かの真似はするのですが，そこから互いに協力しようという気持ちにはなりにくく，考えもばらばらで，共同作業にはなかなか繋がっていきません。

●自由保育園

とにかく外で遊ぶのが楽しいという表情が見られますが，飛行機やトラックのブレーキ音，強い風などに出会うと慌てて戻ってきたりします。集まるように言うと，「もっとやりたい」と言いながらもすっと戻る様子もありますが，すぐには戻れない姿も見られるようになりました。スキップやジャンプが難しかったり，階段の下りでは一歩ずつの子どももまだいるようです。縄跳びなどできそうもないと恥ずかしいらしく，やる前から諦め，できなくてもやってみようという意欲には乏しいように見えます。できるできないにこだわる子どもが以前より増えているようです。

発表会の出し物を考える際など，意見を言える子もいますが言わない子はまったく話さず，「何でもいいよ」になって，同じ空間にいても他の子どもたちとは無関係な存在になってしまうようです。保育者も中に入り，個々の意見が引き出せるように問いかけ，ともに考えていかないと，団結して作り上げるのはなかなか難しいようです。イメージが出にくいこともあり，子どもたちだけで話を作るのが大変になりました。外遊びの時間制限が残る園では子どもも外に行かなくちゃと思うようで，運動面では以前ほど得手不得手の差がなく，平均的に力があがりました。一方，室内で満足するまでのめり込んで遊ぶ子どもは少なくなり，ごっこ遊びでも子どもからアイデアが出ることが減りました。遊びに必要な小道具を作ることもあまりなく，以前のように遊びが盛り上がって続くことが減少したようです。

保育者の思い

●一斉保育園

「室内で動いて遊ぶことに力を入れてきたので運動は得意になったけれど，製作など自分で考えて遊びを作り出すようなことはあまりできなかった」結果，子どもに落ち着きがなくなった様子も見えて，「運動や発散する部分と，集中して取り組める部分とを考えながら保育をするようになり」ました。また，「外で落ち葉遊びやドングリ拾いなどさせてあげたいが，保護者の不安があるとやらせてあげられない」ことや「落ち葉も以前は触ったり形にして遊んだりしたのに，今は見せるだけ。『触っちゃだめ』と言うのも，子どもに『何で？』

と問われるのも辛い」ようです。他の子どもから何かを「借りたいときに，どうしてもほしいと頑張るわけでも他のことをしながら待つでもなく，『先生に言っちゃったからね』と勝ち誇ったりする。それが解決方法のように見えるのは，ルールのある集団遊びの経験が少なかったからかもしれない」と考えたり，「室内にいると子どもによく目が届くので，困っている様子を見ると，子どもが話す前に声をかけちゃう」せいもあるのかもしれないと思います。

「転ぶときに手が出ないのは，保護者が転ぶ前に止めたりしてきたので，転ぶ経験もないのかもしれない」と感じたり，側にいる子にぶつかってしまう様子には，「狭い中で上手に遊ぶ経験は以前の子よりもしているはずなのに，空間を察知する力が乏しいようなのは不思議」と感じたりしているようです。

◉自由保育園

外で異年齢の遊びを目にすることもなく過ごした子どもたちには，「外遊びがわからないので，こういう風にできると遊びを教えることから始めた」そうですが，「以前の子のように，できなくても頑張ろうとする意欲は少ない。できるできないがはっきりしないうちからやれなかったので，やる楽しさがわからないのではないか」と保育者は考えています。縄跳びができないある子は，できないことで自分がだめと思ってしまっているようでした。「こっそりと練習につきあううちにだんだん跳べるようになり，自責の念がなくなって，『跳ぶって楽しいね』と言うようになって」，保育者は「できなくても許してくれる存在にはじめて出会えたのかもしれない」と思ったようです。子どもたちが出来不出来にこだわり，やればできるのに尻込みする様子に，保育者は戸惑いながらも声をかけたり見守ったり対応を探っています。

声かけだけで戻ってこられる様子がまだ見られることにも戸惑いがあるようです。「以前はあちこち見に行って声をかけ，何回言っても応じられない子は強引に入れなければならないこともあった。担任としては入ってくれた方がいい」けれど，子どもたちが「自分たちで時計を見ながら遊んでいたり，『まだ大丈夫？』と聞きに来る」様子は気になります。「時間を区切って，子どもに時間を気にさせて，どこの遊びも中途半端になっている」状況を作り出してい

るのは保育者であり,「運動の苦手な子が出ないのも大事だけれど,外で夢中になって遊ぶ体験も大事だ」と悩みます。ごっこ遊びが充実しにくい状況に,「この小道具があればもっと楽しいのにと思っても,あえて提案しないで子どもから出てくるのを待ってみるけれど,出てこないまま終わってしまう。与えすぎるのもこちらの思いの押しつけになるし,子どもたちが作る世界ではないので長続きはしないかなと思ったり」で,援助の加減に悩む様子も見られます。

(2) 災害下の保育から見えること
①保育方法の違いと保育者の意識
●一斉保育園

　一斉保育園では,災害によって今まで通りの活動が継続できなくなりました。外遊びに制限がついた上に,ホールなど共用場所を交代で使う必要から,室内でも以前と同じことができなくなったのです。それまでの流れに乗った保育が通用しなくなり,災害後のこの状況下でこの子たちが生活していくにはどうしていけばよいのかと,直後の1年間,保育者たちは考え続けました。外遊びの不足を補い室内だけでも行えて子どもたちが満足できる遊びをと,毎日考えていかなければならず,園全体や保育者同士で,今までになかったほど話し合いを重ねました。保育の土台そのものがなくなって,新たにまた作り直していく感じだったそうです。新しい遊びを考えても,子どもが楽しめるかどうかはわかりません。まず少人数の預かり保育の子どもとやってみて,さらに工夫を加え,その後クラスの子どもたちとやったりしました。

　そんな中で,保育者の意識や保育方法に変化が見えてきています。災害後3年目,3歳児の保育者は,さつまいもを見せて絵を描かせることに疑問を感じます。今までそうしてきたからさせているだけ,子どもには響いていかないと感じられ,子どもの持つ力がうまく引き出せない空しさを覚えます。「子どもが五感を通していろいろ学び言葉にしていくこの時期に,それを止めているのが自分たちであり,何の仕事なんだろうと思ってしまう」のです。子どもが興味を持たなかったり,興味の持ち方もそれぞれである活動を,一斉的にやらせ

ることがはたして子どもの感性や言葉を育てることに繋がっていくのだろうかと，子どもの興味に必ずしも合致しない一斉活動の意味を問い，保育者の役割とは何かと思い悩む様子がうかがえます。

　4歳児の保育者は，室内で子どもと間近に過ごす時間が増え，一人ひとりの思いが伝わってくるようになって，「子どもが大事との保育の基本そのものは変わらないが，以前より子どもの気持ちを受け入れる必要性がわかり，これからはその子どもに合った課題やかかわり方をきちんと考えていかなければいけない」と，一人ひとりに応じる重要性を再認識しています。災害を機に以前より密接に子どもとかかわるうちに，保育者は，提供した遊びの理解度やできばえなどの外面的な理解だけでなく，さらに内面的なより深い理解も加えて保育を展開することの大切さを感じたようです。

　5歳児の保育者は「大事な遊びの元となるものは保育者が考えて発信し，それを子どもが発展させていく」ので，外遊びが減った分，室内遊びの選択肢を増やして，さらに発展させられるような「凝った遊び」も提供してきました。手作りすごろくの事例では，保育者は子どもの中に入って一緒に遊びました。自分も楽しんでいたので「いぇーい」の握手を思いついたのでしょう。それを見た子どもが真似してやりたくなって，全体のルールになっていったと思われます。遊びを与えるだけでなく，子どもの興味や気持ちを受けとめながら遊びを進めたり，保育者自身が楽しそうに遊ぶモデルになれると，子どもの自我関与の度合いが増え，充実感が違ってくるのではないでしょうか。

　また，4年目の4歳児の保育者は，子どもたちが活動の目標や見本にこだわるあまり，他の子とのささいな違いも受け入れられず，失敗したと気にする様子に心を痛めていました。できあがりや周りの目を気にし過ぎて，製作の楽しさを味わえないまま，こなすだけになっているようでした。そこで，製作活動を一斉形態から少人数で順次するやり方に変更し，違いが目立たずに済むよう配慮しました。それでも間違えたと気にする子には，「大丈夫，間違えてない」と子どもを励ますようにしました。子どもはよほど嬉しかったのでしょう，保育者にほめられたと他の子に報告したようです。さらに，保育の進め方を一斉

活動主体から自由遊びを主とする方法に変えた園も出てきています。その事例では、保育者が、子どもの興味を引き出せれば紙切れだけでも本気で遊べることがわかり、子どもものびのびしてきました。さらに、昼食後も遊びの続きをしたいと思うと食べるのも早くなり、遊びに継続性が出て、保育者自身も楽になり楽しめるようになったと言います。

　一斉的な方法では、提供する遊びが子どものそのときの興味や関心に合致するとは限りません。誰もが意欲を持って取り組む活動にはなりにくく、子どもによっては、見本通りにやらなければならないものに映ってしまいます。一方、やりたいと思うことができると、子どもは自らやり続けようとしますから、やらせようとしなくても遊びが続いていきます。そのことに保育者たちは気づき、保育方法も子どもの主体を活かすように変わってきたのでしょう。

●自由保育園

　自由保育の園では外遊び制限からクラス単位の遊びが増えました。子どもたちを集めて指示を出す機会が多くなり、声をかければ子どもたちはまとまって集まり、自然に保育者を中心に動くようになりました。遊ぶ様子を見計らいタイミングよく声をかける動きや気配りが保育者には不要になり、災害前の保育を知らない保育者にはこれが保育というものと映ったようでした。

　何かを伝えるにも、その子や状況を考えるよりも、一斉の一回の説明でみんながわかるようにと考えてすることが増えました。4年目の4歳児の保育者は、理解が難しい子どもには通じやすくなってよかったと思う反面、できばえには個性がなくなり、楽しい作品にはならなくなったと違和感も感じるようです。全員でする遊びには、子どもが一斉に取り組めるような準備や説明は不可欠でしょうが、その分、子ども自身が考えて進められる余地は少なくなります。整ったものができる代わりに独創性は薄くなり、個々の子どもの発想を活かそうとしてきた保育者には物足りなく映るのかもしれません。

　また、災害後は遊びを時間で区切ることがどうしても多くなりました。割り当てられた大事な外遊びの時間は限られているので、ここしかないとなれば、ためらいながらも一斉的に声をかけることになります。室内でじっくり過ごす

子どもの遊びまで中断させて、その外遊びも心ゆくまではさせてあげられず、内外とも遊びが中途半端になりがちです。とことん突きつめる遊びのできる子どもが減っているのは、保育者自身が遊びの邪魔をして、子どもの没頭体験をはばみ集中力を削ぐからではないかと、3年目の5歳児の保育者は悩みます。外で熱中しきれないならば、せめて室内でそれに代わるものをと保育者は考え、身体を動かせる遊びや、お店屋さんごっこに必要なものの製作などの提案もしてきました。室内遊びが盛んになりましたが、子どもから始めたものとは違って、遊びを与えた感じは拭いきれないようです。以前の子のようには遊びのイメージが広がらない様子もあって、保育者が子どもの自発性を狭めてしまったような気がしてしまいます。そのため、保育者は子どもから出てきた発想にはできるだけ即応するよう心がけたり、とっさに自分が登り棒に登ってモデルを示し、子どもの動機づけを促そうとしたこともありました。

　子どもが自分で興味の対象を見つけのめり込んで遊ぶためには、子どもに多様な刺激を与えてくれる環境が必要です。自由保育園では、子どもたちが興味をそそられる対象も、突きつめる時間も限られたものとなり、子どもたちは自分で遊びを作ることがきわめて難しくなりました。そこで、保育者は一斉的な遊びも取り入れ、できるだけみんなが充実できるようにと努力をしてきました。けれども、提示したものは元々が子ども自身が欲したものではなく、遊びが盛んになっても、子どもが作り出す遊びとの質的違いを感じてしまうようです。

　両者の違い

　以上のことから、一斉保育園でも自由保育園でも災害後にそれぞれ保育方法が変化し、保育者の意識も変わってきている様子がうかがえます。前者では、以前より個々の子どもに寄り添う必要性を感じ、子どもの思いや考えを活かすと子どもが生き生きすることなどが見えてきています。後者では、一斉的な遊びを取り入れると子どもが遊びに取りつきやすくはなりますが、提供した遊びと子どもが始めた遊びとでは楽しさの質が違うこと、一斉的な遊びでは子どもの個性や自発性を活かし切れないこともわかり、保育者としての物足りなさを感じることも見えました。

②子どもの主体性の育ちと環境

　前項まで災害後の保育者の意識と子どもたちの姿を辿ってきました。そこからは、3歳児が保育者の言葉に素直に従い、4歳児が生活のいちいちを保育者に確認し、5歳児はもめ事を解決できずにいいつけにくるなど、災害前とは大きく違って、子どもたちが受動的に、消極的に生活する様子が見えてきています。

(1)子どもが受動的になった2つの要因

　能動的に過ごしてきた子どもたちが突然受動的になったのには、2つの要因が考えられます。第一の要因は、戸外の活動制限です。これまで、子どもたちは自然に恵まれた園庭で存分に遊んできました。園庭は、そこに出るだけで自然の息吹や変化が感じられ、身体も気持ちも解放されて、思い切り身体を動かし、のびのびと遊べる空間でした。そこでは、好奇心が刺激され、花を摘み虫を追いかけ、落ち葉や砂や土を素材に遊びを作ることができました。友達同士が繋がり、夢中になって集団遊びができました。異年齢の子ども同士が出会い、憧れや労りの気持ちが育まれ、一緒に遊ぶ楽しさも味わえました。そこは、ときにはささくれだったり落ち込んだ気持ちを立て直す場所ともなりました。子どもにとって、遊びながら主体性を身につけられる貴重な保育空間だったのです。保育者たちは失われた戸外環境機能を補う努力をしてきましたが、失ったものは大きく、補いきれなかったようです。

　第二の要因は、子どもが受けた早い時期からの行動制限です。目に見えず臭いもない放射能汚染によって、大人ですら何がどこまでできるのか見極められない状況が生まれました。幼児期は、好奇心を原動力に試行錯誤を重ねて、人や物や世界をわかっていく大事なときですが、災害によって子どもの主体的な行動は早期から制限されてしまいました。自分なりの行動基準の基礎を築く過程を経ることができなかったのです。自分で決められない以上、大人の意向をたずね、顔色から読み取らざるを得ません。自分で考えて判断し行動しようとする意欲は薄らいでしまったのでしょう。自分で考えないのは楽かもしれませんが、「待つだけ」の過ごし方が楽しいはずはありません。

保育者は，子どもの今に向き合い，よりよい育ちを援助していく者です。子どもたちの受け身が目立つ様子には心を痛めていました。そして，これまで見てきたように，一斉保育でも自由保育でも，保育者たちは，災害前のように子どもが生き生きと遊びきびきび動く生活を取り戻したいと願って，心を砕いてきました。その中で，かつての子どもを知る保育者たちは，子どもにいろいろ与えるよりも子どもが持つ力を引き出すことの方が，子どもが主体的に遊び生活できることに繋がると直感しているのではないでしょうか。

(2) 子どもの主体性を育むために

　同じ学年の隣り合ったクラスは，その様子がはじめから非常に対照的でした。その事例をここに挙げます。

　自由保育の園で，震災後の2年目から3年間，どちらも同じ担任（A先生とB先生とします）が持ち上がっています。B先生のクラスの子どもたちは，3歳の最初からぴしっと並ぶことができました。一方，A先生のクラスは活発で動き回る子が多く，並んでもまた出ていってしまいます。複数の先生の手を借りても子どもたちを並ばせることができず，A先生は「並ばせようと思う私が間違っているのかもしれない。なるべく子どもの声に耳を傾けていこう」と考えたそうです。4歳になっても「喧嘩は多いし，自分は正しいと思って主張はするし，のびのびしているけどはみだすことが多い」クラスでしたが，子どもたちがずっと気持ちを抑えられてきていること，馴染んできても，災害以前の子のようにはツーカーと通じにくいことを考えると，言葉を飲み込んでしまい，厳しくは言えなかったと言います。遊びでは，B先生のクラスは先生を中心にすることが多いのですが，A先生のクラスでは，自分たちでやるから先生は入らなくていいよという感じでした。

　5歳になっても相変わらずB先生のクラスの子のようには並べず，運動会ではその差が目立つほどで，A先生は，並べるようにもっと強く働きかけるべきだったかとも思いました。発表会の前，子どもが「練習は1回にしてほしい」と言い出しました。「こんないいお天気の日に，他の学年は遊んでいるのにやらなきゃいけないのなら，1回で頑張るから，遊ぶ時間をください」という交

渉です。「そう言うのならちゃんと頑張らなきゃいけないよ」と応じると，さすがに1回では無理でしたが，集中して練習したそうです。これまでは，給水器が壊れると，A先生のクラスの子はいたずらばかりするからその仕業に違いないと誤解されるようなことが多々あって，A先生は自分のやり方が悪かったのかとたびたび悩んできたのですが，子どもの声に耳を傾け，その気持ちを受け入れてきてよかったと思ったそうです。

この年齢の子どもたちは入園前の2歳児の時期，閉じ込められた中で大人に従う生活をしてきています。でも，A先生のクラスの子どもたちははじめから少しもおとなしくなく，今まで見てきた子どもたちとも，B先生のクラスの子どもとも様子が違っています。それはなぜでしょうか。大人に従う生活では，大人の意向に敏感にならざるを得ません。A先生のクラスの子どもたちも敏感だからこそ，この先生のもとでなら聞き分けよくしなくても大丈夫と察知し，それぞれに自己発揮ができた結果とは言えないでしょうか。その後も気持ちを汲んでもらいながら遊ぶ経験が重ねられて，限られた環境の中でも，試行錯誤しながら，考えて行動する力や主体性が少しずつ育まれていったのでしょう。

外遊びが十分でなくても，行動が制限されていても，保育者の向き合い方で子どもの主体性は育つと言えるのかもしれません。

③福島の保育が教えてくれること

待機児童の増加を解消するために，園庭を持たない保育施設が増加し，近くの公園が園庭代わりに利用されています。公園は共用なので，先着の子どもたちが大勢いると，砂場や遊具の使用禁止が保育者から言い渡されたりします。せっかくぶらんこに乗ったのに，小さい子どもが歩いてきたらすぐ止めなければならなかったり，公園では制約が多く，園庭のようにのびのびとは遊べません。公園によっては5園が重なることもあり，せっかく来たのに遊べないまま散歩だけになったり，短時間だけの遊びになることもあります。また，子どもの声が騒音と受け取られ，窓やカーテンを閉め切った室内で，大声を上げないで遊ぶよう指示されているところもあるようです。子どもが面白そうと探求探索し，考えながら工夫して遊びを続けていける環境が保障されなくなったのは，

被災地に限ったことではありません。被災地は一足跳びにそこに跳んでしまったのですが、子どもの「外遊びが十分にできず、主体的な行動に制限をかけられる」状況は、じつは目立たず静かに進行しています。子どもは主体的に行動できないわけではありません。できない環境に置かれ続けることにより受け身にならざるを得ないのです。自分がやりたいことを自分でやることがどういうことかもわからなくなってしまうのです。

　子どもが遊びを作っていくのは、端から見るほど楽なことではありません。子どもなりに苦労があるのですが、だからこそ、心からの充実感を味わい、自分に自信を持てるのです。子どもは本来やりたがりやで待つことは苦手です。やりたいからやり、やるからこそわかり、育っていきます。与えられたことをそつなくこなす子どもではなく、課題そのものを自分で見つけ、自分で解決できる子どもを育てるためには何ができるかを、私たち大人は、福島の4年間からきちんと学ぶべきなのではないでしょうか。

（3）自然環境に関する意識の変化
①保育者が行ってきた園環境への対応——5年間の取り組み

　福島の保育現場は、大震災に追い打ちをかけるように放射能飛散という人災に襲われました。それは5年という時間が過ぎた今も、保育環境に大きな影響を与え続けています。ある保育者は「2013年度ごろから以前の活動形態を少しずつ取り戻してきているように感じられる。しかし今後も、静かな不安は解消されることなく続いていくのではないか」と述べています。

　このように保育者は終わりが見えない不安な状況にありながら、子どもたちに以前のような保育環境を極力取り戻し提供できるように、園の環境整備や保育内容に配慮を重ね保育を継続しています。

　一般的に、幼稚園や保育所の園庭というものは、保育環境として重要な要素に位置づけられていますが、放射能災害によって一番大きく活動制限を受けた福島の保育環境は、園庭であり自然環境であると言えます。本来、子どもにとって園庭にある木々や土などの自然物は身近にあって当たり前の存在です。園

庭は子どもが安心して興味や関心を満足させながら遊びに没頭できる場であり，子どもの活動をおおらかに受け入れてくれるものが自然環境です。子どもは自然物に触れることに不安や躊躇がないのが本来であり，自然物は，子どもにとって何物にも代えがたい遊びの環境と考えることもできます。

　園庭で遊ぶ子どもには，身体を思いきり使いながらダイナミックに活動している姿とともに，その場にしゃがんで虫を探しながら土をいじったり草木の匂いを嗅いだりする姿もよく見られます。そのように子どもは知らず知らずのうちに園庭にある土や木々，花の色形や香りという自然物を，遊びを通して自分の世界に取り入れながら自らの世界観をかたち創っていくのです。それが子どもの育つ姿であり，また園庭の保育環境としての大きな役割の一つでもあるのでしょう。

　福島の保育環境は2011年3月に突然，"当たり前"に存在した自然環境が覆ることとなりました。子どもにとって身近にあった草花や土が"触ってはいけないもの""危ないもの・怖いもの"となったのです。多くの園では安全対策を優先するため，屋外で走り回ることや自然に触れることを制限せざるを得ない状況となり，保育現場では保育の内容そのものの見直しを迫られました。そのような活動制限が幼児期の子どもの生活体験を揺るがすことになりはしないかという懸念が浮上しますが，保育環境における自然環境の変化が子どもの育ちに及ぼす影響については現在のところ未知数とされています。

　当然ながら，日本においてこのような自然環境を使えなくなった状況を抱える保育現場の前例はありません。放射能制限下の保育がどれほど未曾有なことであるのか，とりわけそのようにたいへんな状況の中で福島の保育者が保育環境にどのように対応してきたのかについては，地域から離れて生活する人々には伝わりにくいということもあります。

　ここでは福島県内の私立幼稚園4園の協力により得たアンケート結果をもとにして，それぞれの幼稚園が放射能汚染対策にどのように取り組み，保育環境に対応することに努めてきたのか，その5年間の動向を紹介します。また保育者の語りに見られる自然環境に対する意識変化については，2013年および2015

年に実施した福島県内私立幼稚園の幼稚園教諭へのグループインタビュー調査の記録から得たことを紹介します。

②園内設備環境の除染への取り組み（表4-1参照）

　表4-1は，4つの幼稚園が園内の洗浄や自然物の処理についてそれぞれ行ってきたおおよその項目とその時々で取り組んできた内容を示しています。

　(1)園内の洗浄

　表4-1の「1　園内の洗浄」では，いずれの園でも大震災から数か月が経過した5～8月にかけて園舎全体の外装を主とする初回の洗浄と除染を行っており，その洗浄方法は高圧洗浄，クエン酸洗浄とされています。またそれ以降も洗浄・除染は現在に至るまで定期的に実施されていることがわかり，園によっては毎学期ごとに行っています。

　園舎の洗浄とは屋根，壁面，路面，園庭の固定遊具などその範囲が広大であり，幼稚園独自で行うには様々な面で負担が大きく，また，安全な幼稚園環境を確保するためには線量計測や水質検査そして除染作業と，各分野の専門業者などへの依頼，委託も必要となり，その手配や連携は非常に煩雑で幼稚園の仕事量が膨らむ傾向は避けられないことも予測できます。また保育者自身は，子どもの登園前や降園後には毎日園内の水拭きなど洗浄を丁寧に行っていることも示されています。ある保育者は「震災直後から，それまで以上に園内の洗浄を徹底的に行うことになり，はじめは負担感も大きかったが今ではもう習慣化され慣れている」と述べています。園児の登園前・降園後の保育者の職務は想像以上に多いことが認識されていますが，徹底した洗浄作業をすることで，保育者一人ひとりの仕事量も従来以上に増したことが推測され，その負担や体力が懸念されます。

　毎日登園する園児が安心して活動するため，幼稚園がより安全な保育環境であるために，多くの労力をもってその場を守る保育者の姿が浮かびあがります。

　(2)自然物の処理

　表4-1「2　自然物の処理」からは，園庭の土や植物に対する対応が多いことが示されています。4園に共通する対応として「園庭の表土の除去」と

第Ⅰ部　保育現場の実態

表4－1　幼稚園がやってきたこと／園環境への対応①［園内の洗浄・自然物の処理］

時期		2011年3月 →	2012年 →	2013年 →	2014年 →	2015年 → 2016年1月
A園	1 園内の洗浄	○5月 園舎の窓、壁、固定遊具を水洗浄〜12月まで ○園舎の園児用出入り口に泥除けマットを敷く←降園後に水洗い（毎日）	○4月 週2回窓、固定遊具を洗浄	○4月 週1回窓、固定遊具を洗浄	○窓、固定遊具にときどき水をかけて洗浄（男性保育者）	
	2 自然物の処理	○6月 花壇に花を植える ○6月 園庭表土の除去・砂場に穴を掘り埋設、シートを被せる	○園庭の表土除去	○市の除染作業開始		
B園	1 園内の洗浄	○園舎の屋根、壁面、路面の高圧洗浄 ○人工芝の撤去		○園舎の屋根、クエン酸洗浄		○園庭遊具の全交換
	2 自然物の処理	○8月 樹木の葉を一部落とす（イチョウ、メタセコイヤ、ケヤキなど） ○表土の入れ替え（市で1回、園で1回）	○表土入れ替え（1回）			○固定遊具交換に伴い、土を入れ替える
C園	1 園内の洗浄	○5月 園舎の除染、消防団による洗浄 ○窓拭き・床拭き・遊具除染 ○6月 園庭表土の除去・盛り土	○1月 園庭の表土除去 ○4月 園庭の除染（砂場入れ替え）	○6月〜半月かけて、園舎屋根、屋上、駐車場を除染 ○駐車場の表土入れ替え		○10、11月　駐車場表土除去・盛り土
	2 自然物の処理					
D園	1 園内の洗浄	○園舎、高圧洗浄（学期毎） ○園舎、朝は水拭き・水モップで洗浄（毎日）				
	2 自然物の処理	○8月 樹木伐採 ○5月 園内の表土除去 ○8月 園内の表土除去、土を入れる	○4月 土を入れる、整地する	○6月 表土除去・埋設		

「盛り土」があります。表土の除去と土の入れ替えは、4園ともに少なくとも2回以上行われており、多い園ではほぼ毎年実施されています。これは、一度、表土を削って新しい土に入れ替えても、しばらくすると再び線量が高くなることがあるため、そのたびに土の入れ替えをしなくてはならないことが背景にあります。また表土の処理については、現在のところ汚染された土の捨て場が社会問題にもなっており、受け入れ先がないというのが現状です。そのため実際には削った表土を園内の敷地に地面深く穴を掘って仮埋設する場合も多く、汚染土の埋設方法の社会問題は、幼稚園も例外ではないことがわかります。

また、草木への対応について、ある園では2011年夏に園内の樹木の葉を落としたとされています。その理由として、秋になり線量の高い枯れ葉が落ちることを予想しての対応であることが推察されます。

園庭に当たり前のようにあった土や樹木などの自然環境が一気に放射線量の高い危険物と化してしまった厳しい現実と、保育環境として重要な要素となる園庭での保育活動を制限せざるを得ない保育者の苦渋の決断の背景を、これらから知ることができます。

③保育における園庭・砂場の使用への取り組み（表4-2参照）

表4-2では、4つの幼稚園が園庭や砂場の保育環境についてどのように対応し、それらの使用再開を判断してきたのかについて示しています。

(1)園庭の使用

表4-2「3　園庭の使用」については、4園ともに放射能災害発生直後は使用しないという判断をしています。そのうち1園は2か月後の5月から子どもの衣服を防備して1日30分制限で使用していますが、他2園は約半年間の不使用期間を経て、8月、10月から時間制限を付けての使用を再開することと判断しています。そして残る1園は、1年5か月の間、園庭不使用とした後に2012年7月に時間制限付きで使用を再開しています。この再開時期の判断がまちまちである理由は不明ですが、各幼稚園は現在まで毎日線量計による計測を実施して保護者への状況報告を密接に行っており、園庭遊びの再開についても保護者の意見や承諾を得た上で一つひとつ決断してきたという経緯があり、そ

第Ⅰ部　保育現場の実態

表4-2　幼稚園がやってきたこと／園環境への対応②〔園庭・砂場の使用〕

	時期	2011年3月	2012年	2013年	2014年	2015年→2016年1月
A園 3	園庭の使用	○5月　防備をして30分制限で使用	○5月　30分制限から徐々に時間を60～90分に延長	○10月～時間制限解除し担任の判断とする	○4月　年長組のみ、時間制限解除／学年により、時間を徐々に延長	○7月～登園後の外遊び再開／○時間制限解除、自由に園庭へ出るようになる
A園 4	砂場の使用	○4月　使用しない／砂場をシートで覆い、板で囲う		○毎金曜に砂場を消毒シートで拭う／○9月　砂場の砂を入れ替える／砂遊び再開／1日30分制限	○5月　時間制限再開（担任判断）／使用後道具は水洗い	
B園 3	園庭の使用	○使用しない～8月まで／○8月～1日40分制限で使用開始	○4月　1日60分制限で使用	○3月、1日120分で使用／○1月　砂場制限解除	○1月　使用時間制限解除	
B園 4	砂場の使用	○使用しない		○砂場遊びの時間制限無し		
C園 3	園庭の使用	○使用しない	○7月　1日30分制限で使用開始		○4月　1時間制限／○5月　園庭で再開　砂遊びで活動／プールサイドに砂場設置	
C園 4	砂場の使用	○使用しない				
D園 3	園庭の使用	○3月～使用しない／○10月　1日1時間以内				
D園 4	砂場の使用	○使用しない			○6月　砂場に新しい土を入れ遊び始める	

のようなことも再開時期の違いになっていることが考えられます。放射線はホットスポットという特徴が知られるように，地形や天候などによって線量に高低差があること，多数決ではなく保護者全員の承諾がとれるまでは園庭遊びを再開しなかった園もあるなど，その判断基準が幼稚園によって様々であったことが推察されます。しかし背景としてもっとも大きいことは，幼稚園などで幼児・児童が屋外遊びを再開することに関して，行政や国からの基準となるものが円滑に示されなかったことが挙げられます。それが逆に保護者を含む市民の不安を必要以上に高め混乱させ，そのような状況の中で「子どもを屋外で遊ばせてよいかどうか」の判断が，"幼稚園各々に任せられていた"という状況があります。ある幼稚園の保育者からは，園庭活動再開の判断基準の一つとして近隣の小学校が校庭活動を再開するかどうかが挙げられ，「教育委員会の判断を参考にするしかなかった」と述べています。

また園庭遊びを再開する条件として，4園ともに時間制限を設けており，その後1～2年間は制限時間を徐々に延長することで対応していることが示されています。その対応も園によって違いが見られます。2園では2013年，2014年から時間制限を解除しはじめていますが，他の2園については現在でも1日1時間制限を付けながらの園庭遊びが実施されています。これらの方法の違いについても，上述したように各幼稚園がつねに子どもにとっての最善を考えながら保護者とともに協議して判断していく方法がとられていることの結果と考えられます。

また先にも触れたように，園庭遊び再開当初には子どもの衣服については厳重な防備をすることとしており，夏期でも長袖長ズボンの上下，帽子，靴下を着用して，園庭遊びの時間が終わると，保育室に入る前にそれらをすべて脱ぎ，身体を十分に洗浄することを条件にしていたと，多くの園の保育者が語っています。とくに3歳児クラスの園児は衣服の着脱自立が未熟であり，一人ひとりの子どもの衣服の着脱，洗浄を担任が一人で対応することとなると，それも相当な時間と労力のいるものであったと思われます。そしてまた，保育者の負担はもとより，子どもたちにとって園庭遊びがどのように意味づけされるのかを

考えるとき，そのような条件下では，園庭が子どもにとって身近で親しみのある存在として認識されにくいのかもしれないという懸念も残ります。それでも日々，短時間ではあっても園庭で子どもとともに活動する保育者の使命感の高さには心を打たれます。

(2)砂場の使用

表4-2「4　砂場の使用」では，園庭の一角に存在する砂場についての園の対応を見ていきます。2園では2013年に使用が再開され，うち1園では1日30分の時間制限を付けての再開とし，2014年に時間制限解除とされています。他の2園は2014年に使用再開となっています。使用再開の時期を比較すると，4園ともに，園庭の再開時期よりも砂場再開時期のほうが明らかに遅いことがわかります。現在では4園とも砂場を保育環境に取り入れている状況にありますが，震災時から数えると，砂場を使用しない期間が約2年前後の園が2園，他2園は3年以上使用されていなかったことになります。この背景には，もっとも遅くまで汚染されていくものが土であるという認識や，砂場の底は深く設計されており，その砂をすべて除去し交換することは，表土を削る園庭の除染のような方法では済まないことなどが砂場の処理を難しくさせたことが推察されます。

園庭遊びを再開した際に，ある幼稚園では砂場に子どもが触れないように，砂場をシートや板などで覆うことで対処したと述べています。安全の配慮からは当然の対応だったと考えられます。またいっぽうで，砂場が長期間にわたり子どもたちの目に触れず，生活の中に存在しなかったことについて，2013年のインタビュー時にある保育者は「子どもは園庭で遊んでいても，シートに覆われているものが何かは知らないし，保育者に尋ねることもない。幼稚園にお砂場があることはおそらく知らないはず」と述べ，また他の保育者は「あるとき年長組にスコップを持たせたら，スコップの使い方をまったく知らなかった。それを見た園長先生が『これではいけない』と砂場を整備して再開した」ことなどが述べられています。砂場が長期間使えなかったその時期に幼稚園生活を過ごした子どもたちには，土いじりや自然物とかかわる遊びに未体験のものが

多くあることも，環境が復元の方向に向かっている現在においては，今後，保育者によって取り組まれていく課題の一つと思われます。

④**保育者の語りから見えてくる意識**（表4-3参照）

　先に，幼稚園や保育者がこれまで保育環境に対応してきたことを述べましたが，今度は保育者自身が保育環境としての「自然」をどのようにとらえているのか，また子どもや保護者が「自然」に対して認識していると保育者が感じ，考えているエピソードについて紹介します。

　2015年1月に，福島県内私立幼稚園に勤務する4歳児クラス担任の幼稚園教諭複数名を対象にして，のべ4時間のインタビュー調査を実施して，保育者の自由な語りから「自然」に関連すると思われるエピソードは41例抽出されました。それらを「①子どもの自然へのかかわり方・とらえ方」，「②保育者自身の自然に対するとらえ方」，「③保護者の自然に対するとらえ方」の3項目に整理しました。

　(1)保育者は「子どもが自然をどのようにとらえ，かかわっている」と感じているのか

　自然物（砂，土など）に触る体験のない子どもたちが，保育者の配慮を受けながら，自然に対する漠然とした恐怖心を減らし，身近に楽しむ対象としてとらえはじめる姿が語られ，そのエピソードからは子どもが自然に対する認識を徐々に変化させていることが推察されます。また，「子どもの本心はわからない」という保育者の語りからは，以前の子どもと比べて自己表現が弱く，何に対しても「うん，いいよ」と肯定する姿に対する保育者の懸念や心配がその背景にあるものと推察されます。一見，問題がないように見えてはいても，子どもの心の育ちが順調だと言えるのかどうか，判断しづらく見えにくいと感じる保育者の心情がうかがわれます。

　(2)保育者自身は保育環境としての自然をどのようにとらえているのか

　日々の保育に多忙な保育者は，保育の中で自然物について気にしていては保育ができないことを理由とする語りが見られます。また，「基準がない」ことから判断に戸惑う様子が語られ，「小学校の判断に準じている」という他の語

第Ⅰ部　保育現場の実態

表4-3 保育者の「自然に対する三者のとらえ方」に関する語りから（抜粋）

①保育者は「子どもが自然をどのようにとらえ、かかわっている」と感じているのか	E1：砂場を再開した直後には、砂に触ることに抵抗感があるような子どもも見られたが、じきにそのような子どもも見られなくなった。 E2：外遊びが大好きで、保育者が部屋に入ろうと促しても、なかなか部屋に入ろうとしない。 E3：最初のうちは砂に触れることがぎこちなかったが、繰り返し遊ぶうちに保育者の行動を見ながら同じようにできるようになった。 E4：自然環境に対して明確な恐怖感を示す様子はあまり見られないが、子どもの本心はわからない。 E5：震災直後は子ども同士で「触っちゃいけないんだよ」と言い合っていたが、最近はあまり聞かない。
②保育者自身は保育環境としての自然をどのようにとらえているのか	E6：あまり気にしていない（気にしても仕方ない）。 E7：保育環境として、最後まで砂遊びは制限していた。 E8：砂場の砂を入れ替えてようやく砂場を開放するに至った。 E9：砂遊びでは、保育者も意図的に砂や土と戯れることを心がけた。 E10：自然物に関しては基準がない（国や自治体からの指示がない）ため、まだ保育環境に取り入れていない。教材として保育に取り入れる際には、今後、保護者や教育機関との確認が必要になると思う。 E11：子どもが落ち葉や木の枝などを拾って遊びに使用しても、現在はあえて制限をしなくなった。 E12：自然物を保育に使用することには保育者も恐る恐る「ほんとうに大丈夫かな」と思いながら使用している。
③保育者は「保護者が自然をどのようにとらえている」と感じているのか	E13：震災直後に比べて、保護者の中でも対応にばらつきが見られ、本心が見えなくなってきている。 E14：線量計を子どもに持参させていない保護者が増加しており、保護者が線量計を必要と感じなくなってきている傾向が見られる。 E15：遠足などの園行事を再開させたい園側の意向に対して、保護者の意見は賛否両論の状況にある。

りもあり、自然物の導入時期の判断が保育者自身に委ねられている厳しい状況とその苦悩がうかがわれます。そしてまた、保育者自身は内心戸惑いながらも、子どもの前では自然物と積極的にかかわる姿を見せるように意識している様子も理解されます。

　(3)保育者は「保護者が自然をどのようにとらえている」と感じているのか

　放射能災害発生直後よりも、4年近くが経過した時点のほうが、保育者は保

第4章 子どもの姿と保育者の意識

護者の本心が理解しづらいことを語っており，また保護者の自然へのとらえ方が多様化し，保育環境への自然物導入の詳細な判断については難しさが増していることが推察されます。

以上の語りから次のような姿が見られると思われます。
- 「子どもの姿」には，時間的経過とともに保育環境の回復，保育者の配慮などによって，子どもの中に自然物に対する意識変化が見られはじめていること。
- 「保育者自身の姿」と「保護者の姿」には，"保育環境には自然物は大切"だとしながらも，自然物を保育環境に取り入れる際の見極めが定まらない大人側の，本音と建て前とが交差するなどの心情の揺れが存在すること。

放射能災害発生直後，幼稚園では日々の保育の中で子どもの安全を守ることが最優先とされ，その対応で精一杯であったことは災害下においては当然のことであると思います。しかし，震災以前の遊びや保育活動が少しずつ戻る中で，保育者が子どもの育ちと保育環境との相互作用に目を向けたとき，今の状況を単純には喜べない現実に直面している姿がそこにあります。一見すると以前のような保育環境や活動が戻ってきているように見えますが，保育者はようやく次のステップに取り組むところにいると考えているととらえるほうが適切なのだと思われます。

3　保育現場の変化のまとめ

これまで述べてきました，保育現場と子どもの姿，保護者の状態などについて，全体としてまとめると以下（表4-4，図4-1）のように表すことができます。前章で指摘されている主な点に＊印をつけてみました。

第2章では，震災後1～2年の保育の中心は放射能被害からの健康問題への対策（＊1）であり，そのための保育者の仕事量増，不安感（＊2）が述べられています。次に第3章では活動制限下における子どもの生活（＊3），その結果として，第4章で子どもの発達（＊5）と保育者側の問題（＊4）と課題

表4-4 変容経過の整理

区分	内容		
保育にかかわる基盤問題	健康的安全確保 *1 (1)物的環境の改造—汚染物の除去のための廃棄，交換，刷新，除染活動の繰り返し→経過の確認→刷新（変化の受け入れと改変への意欲） (2)空間の質評価基準の変化—放射線量による活動規定。従来の活動停止状態→復活可能性の模索→場の選択による復活 (3)放射線量測定の日常業務化—放射線関連業務の優先。測定作業の繰り返し→情報発信→保護者との関係緊密化		
生活の状況	保育者 *2 A：保育者の新規業務増—支援獲得のための業務 B：保育者の活動の変化—保育直接活動から間接活動へ C：慢性的な未解決感—将来の不透明性 ●保育者主体活動，保育の効率化→保育者充実感の確認→現状維持志向	保育（子どもの生活）*3 A：活動時間の細分化—他動的規制性の強化 B：保育の場の分散化—活動の非連続性 C：活動の拠点化・焦点化—活動の遊具依存性 D：囲われた空間—流動性，開放性の欠如 E：戸外空間の意味・役割の変化—子どもの居場所の変化 F：日常生活・習慣の変化—現在の状況への適応 ●屋内遊具中心活動，戸外への計画的誘導→遊びの発想停滞→保育者主導活動，結果の可視化	保護者 A：避難の選択—家族の変化，暮らすことの変化 B：定着の選択—放射能（危険）との共存 C：定着から価値観の変化—保育者・保護者の立場の共有 *養育環境への疑問，不安定感→情報収集，価値の選択→現状への適応
問題と見られる点	保育者の問題 *4 A：室内中心充実 B：保育者中心自己充実感 C：子どもの抱え込み（外に対する不安感） D：成果の追求，効率化傾向 E：保育経験による保育の力量差	子どもの発達 *5 A：姿勢がとれない—体で覚える時期の体験不足 B：持久力，脚力不足—自分の力で動く，挑む体験不足 C：自然物が異物になる—自然物の緊密なかかわり体験不足 D：知識と体験のずれ—作られた環境の限界	保護者の育て方 A：大人中心の判断—大人の側からの問題解決 B：決断の回避—子どもへの依存
転換時課題	物的環境にかかわる課題（復元か刷新か） A：ものの復元のむずかしさ B：状況の変化に伴うものの役割・機能の変化 C：新しいものの限界と整備方法 ●室内活動充実への努力→保育のまとまり→戸外整備への負担感	保育者における課題 *6 A：保育の組み立ての見直し B：現状における充足感の見直し C：戸外活動についての見直し D：子どもの育ちについての見直し ●戸外施設活用停止→一部復帰における子どもの発見→刷新，活用の必要，評価の保育者差	
変化の方向性	保育者の変化 A：戸外活動の役割の再発見 B：保育者の自意識から他者との共存（自分を超えたものへの信頼）への気づき ●屋内活動の充実→保育観の変化→「環境による保育」の意味の再吟味	保護者の変化 A：保育者・保護者間信頼関係の強化 B：保育における重要事項の共有 C：保育における責任の意識 ●園からの繰り返しの発信→保護者との関係緊密化→子育てに対する責任感の共有	
	放射線規定性大（安全確保，守るための保育）→放射能規定性低下（復元への模索）→放射能影響からの回復 （放射能汚染事態媒介による新たな関係形成や意識の広がり）→保育の再構築（保育の基本の再確認）		

（出所）関口（2015）

第 4 章　子どもの姿と保育者の意識

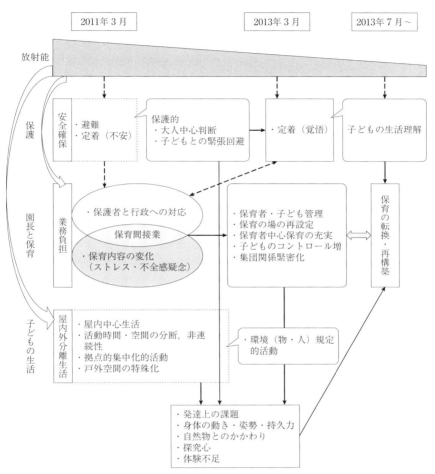

図 4-1　震災・放射能災害後の保育の状況の構図
(出所)　関口 (2015)

(＊6) が表裏一体のものとして述べられています。

　保育状況はいくつもの要因が繋がっているため、どこかが変化すると全体的に動かざるを得なくなります。状況を動かす大きな力が働くと、それをどのようにコントロールしていくかによって、実践の方向が決まってくることがうか

がえます。第2章の園の事例から，園の物理的条件と保育方針，組織力が大きく影響していることが見受けられます。とくに，急激な変化への対応を余儀なくされた場合，従来の方針，方法のどこを継承するか，あるいはそれが望ましいかどうかの見定めが重要であったと言えます。子どもも大人も，起きた状況（問題状況）の解決のための行動と本来あるべき姿とのはざまにあるとき，基本は何かを見極めておくことが重要であることが見えてきます。日ごろの保育行動，園内の人間関係，避難訓練，地域との交流，家族関係等の実質が，危機的状況において突出して現れてきます。第7章の保護者調査においても家族による違いが認められています。変化の激しい現代社会においては，何を中心に据えて生活するか，主体的な覚悟が問われていると言えるのではないでしょうか。

　新しい状態に適合する行動をとっていると，大人も子どももそのやり方に慣れていきます。まして，以前の状態を体験していない場合は，今のやり方が当たり前になります。このようなことは，環境が急変している現代社会ではよく見られる現象でしょう。震災による環境変化は，急激であり環境の悪化ですから，震災以前の状態（方法）が望ましいことはかなり明白であり，「外に出ることを億劫がる」「室内活動の方が成果が出やすいと感じる」ことなどは，負の作用と認められますが，それでも多くの事例でそのような状態が指摘されていました。成果がすぐには評価されにくい保育の分野では，ともすれば「慣れたこと」「やりやすい方法」がそのまま継続することは起こりやすいと言えます。今回保育現場が体験したことは貴重な反省材料となると考えます。

〈文　献〉
2（1）　子どもの姿と保育者の意識の変化
　田中三保子・池田りな・長田瑞恵「環境変化による保育の変化が子どもに与える影響(7)」『日本保育学会第69回大会発表論文集』2016年，76頁。
　田中三保子・池田りな・長田瑞恵・関口はつ江「環境変化による保育の変化が子どもに与える影響(4)」『全国保育士養成協議会第54回研究大会研究発表論文集』2015年，270頁。

田中三保子・奥美代「放射能災害後の保育の検討——保育観や保育方法に焦点を当てて」『日本保育学会第68回大会発表論文集』2015年, ID: 706。

2 (2) 災害下の保育から見えること

池田りな・関口はつ江「保育者の語りにみられる環境変化と3歳児の姿」『大妻女子大学家政系研究紀要』第52号, 2016年, 97-105頁。

池田りな・関口はつ江・田中三保子・長田瑞恵「環境変化による保育の変化が子どもに与える影響(3) 保育者の語りにみられる『自然』のとらえかた」『全国保育士養成協議会第54回研究大会研究発表論文集』2015年, 269頁。

3 保育現場の変化のまとめ

関口はつ江「放射能災害下における保育の時間的経過に伴う本題に関する考察——園長, 主任の立場から」『関係学研究』第40巻第1号, 2015年, 27-42頁。

第 II 部
調査の結果から見えてきたこと

第5章

子どもたちの発達

安斉悦子・長田瑞恵

1　身体発育・運動能力の発達

　これまで，子どもたちの健全な発達保障のために，保護者も保育者もできる限りの努力を重ねてきたことが述べられてきました。実際に子どもたちの発達にどのような影響があったのか，戸外活動制限は直接的に影響を及ぼしているのか，数値に現れたところから見てみます。まず，震災から1年たった2012年に測定された身体発育と運動能力テストの結果です。この測定の前年は1年間どの年齢の子どもたちもほとんど外遊びができない状態でした。震災前の資料と比較しています。

（1）身体発育測定結果（2008～2012年度）[1]
　①調査時期　2008～2012年（各年4～6月）。
　②調査対象　郡山市の私立幼稚園33園に所属する3歳児，4歳児，5歳児（表5-1～表5-6に示している対象人数の変動は，主に資料提供園数の変動による）。
　③調査結果　図5-1～図5-6の横軸は測定年度を示します。右端が震災後（2012年測定値）のデータです。身長，体重ともにそれまでのなだらかな推移に対して一段と下がる傾向が認められます。とくに3歳児においてその傾向

（1）　以下の記述は，郡山市私立幼稚園協会幼児教育センター（2013a）による。

第Ⅱ部　調査の結果から見えてきたこと

表 5-1　測定年度による 3 歳児の身長の差

	2008年度 N=37	2009年度 N=823	2010年度 N=1,003	2011年度 N=956	2012年度 N=216	主効果	多重比較
	M(SD)	M(SD)	M(SD)	M(SD)	M(SD)	F値	
3歳児の身長	99.09 (2.89)	98.32 (4.02)	96.92 (4.07)	97.04 (4.04)	93.57 (3.18)	64.62***	2008年＞2010年,2011年,2012年 2009年＞2010年,2011年,2012年 2010年＞2012年 2011年＞2012年

***p＜.001

表 5-2　測定年度による 4 歳児の身長の差

	2009年度 N=89	2010年度 N=1,353	2011年度 N=1,658	2012年度 N=368	主効果	多重比較
	M(SD)	M(SD)	M(SD)	M(SD)	F値	
4歳児の身長	105.33 (3.58)	104.62 (4.27)	103.48 (4.44)	101.04 (4.02)	72.62***	2009年＞2011年,2012年 2010年＞2011年,2012年 2011年＞2012年

***p＜.001

表 5-3　測定年度による 5 歳児の身長の差

	2010年度 N=95	2011年度 N=1,369	2012年度 N=390	主効果	多重比較
	M(SD)	M(SD)	M(SD)	F値	
5歳児の身長	111.86 (3.66)	110.93 (4.64)	107.15 (4.11)	114.50***	2010年＞2012年 2011年＞2012年

***p＜.001

第5章　子どもたちの発達

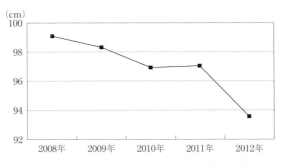

図5-1　測定年度による3歳児の身長の変化

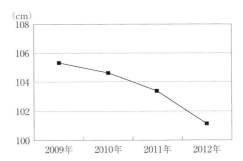

図5-2　測定年度による4歳児の身長の変化

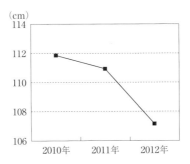

図5-3　測定年度による5歳児の身長の変化

第Ⅱ部　調査の結果から見えてきたこと

表5-4　測定年度による3歳児の体重の差

	2008年度 $N=37$	2009年度 $N=832$	2010年度 $N=1,007$	2011年度 $N=959$	2012年度 $N=216$	主効果	多重比較
	$M(SD)$	$M(SD)$	$M(SD)$	$M(SD)$	$M(SD)$	F 値	
3歳児の体重	15.83 (1.79)	15.28 (1.78)	14.93 (1.91)	14.93 (1.78)	13.93 (1.37)	26.59***	2008年＞2010年, 2011年, 2012年 2009年＞2010年, 2011年, 2012年 2010年＞2012年 2011年＞2012年

***p＜.001

表5-5　測定年度による4歳児の体重の差

	2009年度 $N=89$	2010年度 $N=1,349$	2011年度 $N=1,657$	2012年度 $N=370$	主効果	多重比較
	$M(SD)$	$M(SD)$	$M(SD)$	$M(SD)$	F 値	
4歳児の体重	17.75 (2.22)	17.17 (2.27)	16.73 (2.32)	16.06 (1.88)	30.57***	2009年＞2011年, 2012年 2010年＞2011年, 2012年 2011年＞2012年

***p＜.001

表5-6　測定年度による5歳児の体重の差

	2010年度 $N=96$	2011年度 $N=1,360$	2012年度 $N=385$	主効果	多重比較
	$M(SD)$	$M(SD)$	$M(SD)$	F 値	
5歳児の体重	19.98 (3.02)	19.41 (2.85)	17.98 (2.41)	44.41***	2010年＞2012年 2011年＞2012年

***p＜.001

第5章　子どもたちの発達

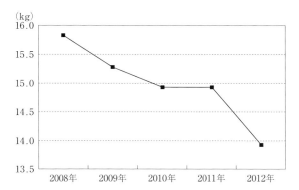
図5-4　測定年度による3歳児の体重の変化

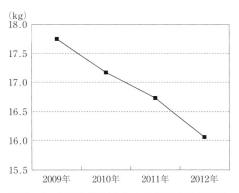
図5-5　測定年度による4歳児の体重の変化

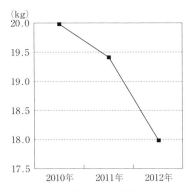
図5-6　測定年度による5歳児の体重の変化

が強いようです。環境問題が起こらなくても，一般的な生活環境の変化によって子どもの発育は影響されますが，こうした急激な変化はそれを加速すると見ることができるでしょう。

(2) 運動能力測定結果（2009～2012年度）[(2)]

①調査時期　2009～2012年（各年6～12月）。
②調査対象　郡山市の私立幼稚園20園に所属する5歳児。
③調査内容　幼児の運動能力に関する5種目：「25m走（秒）」「立ち幅とび（cm）」「ソフトボール投げ（m）」「からだ支え（秒）」「両足連続跳び（秒）」の5種目のうち，各園で測定可能なものを実施。
④調査結果　2009年度から2012年度の各種目平均値の推移を見ています。2009年度から2012年度の各種目平均値の差を算出し，実施年度を要因とする1要因分散分析を行った結果，「立ち幅とび（cm）」「両足連続跳び（秒）」で，

表5-7　2009年度から2012年度の各種目平均値

	2009年度 平均値 標準偏差	2010年度 平均値 標準偏差	2011年度 平均値 標準偏差	2012年度 平均値 標準偏差	主効果 F値	多重比較
①25m走（秒）	6.40 (.71)	6.41 (.70)	6.48 (3.02)	6.40 (.70)	.528	
②立ち幅とび（cm）	98.72 (18.93)	100.09 (19.63)	102.93 (20.73)	97.05 (21.12)	17.821***	2011年＞2009年，2010年，2012年 2010年＞2012年
③ソフトボール投げ（m）	5.57 (2.68)	5.53 (2.44)	5.27 (2.60)	5.32 (2.48)	2.811*	
④からだ支え（秒）	58.55 (45.24)	57.29 (50.84)	56.91 (44.62)	53.72 (43.24)	2.191	
⑤両足連続跳び（秒）	5.18 (1.35)	4.92 (1.11)	4.92 (.98)	5.12 (1.22)	13.597***	2009年＞2010年，2011年 2012年＞2010年，2011年

$*p<.05$，$***p<.001$

（注）度数は年度と種目によって異なる。2009年度810～1,263人，2010年度899～1,258人，2011年度440～996人，2012年度984～1,454人。

（2）以下の記述は，郡山市私立幼稚園協会幼児教育センター（2013b）による。

第5章　子どもたちの発達

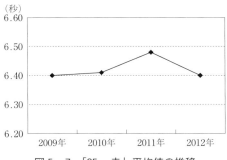

図5-7　「25m走」平均値の推移

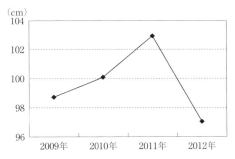

図5-8　「立ち幅とび」平均値の推移

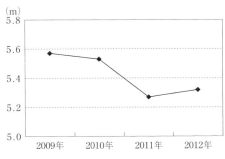

図5-9　「ソフトボール投げ」平均値の推移

第Ⅱ部　調査の結果から見えてきたこと

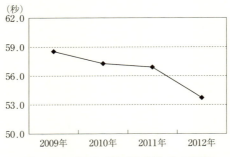

図5-10　「からだ支え」平均値の推移

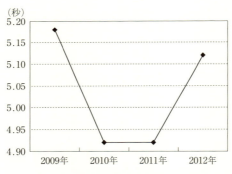

図5-11　「両足連続跳び」平均値の推移

実施年度による平均値の有意差が認められました（表5-7）。立ち幅跳びは距離が長い方が，両足連続跳びは速い方がよいわけですから，瞬発力や筋力，集中力を必要とする立ち幅跳び，コントロール力とスピードを必要とする両足連続跳びという，複雑な動きの能力が低下していることがうかがえます。保育者が動きが変だと感じたことは，震災直後の測定結果に多少表れていました。

（3）運動能力測定結果（2013・2014年度）[3]

　この両年度は4歳児，5歳児の両学年合わせての結果であったので，前年度

（3）　以下の記述は，郡山市私立幼稚園協会幼児教育センターほか（2016）による。

第5章 子どもたちの発達

表5-8 運動能力測定結果（2013年度）

測定項目	対象者数	最小値	最大値	平均値	標準偏差
25m走（秒）	2,648	4.7	13.8	6.75	0.863
立ち幅跳び（cm）	2,825	20	168	94.89	20.463
テニスボール投げ（m）	2,391	1.0	19.0	5.91	2.568
ソフトボール投げ（m）	191	2.0	15.0	6.26	2.457
体支持持続時間（秒）	2,632	0	180	38.80	34.868
両足連続跳び越し（秒）	2,533	2.9	20.0	5.78	1.871
捕球（回）	2,041	0	10	6.21	2.826

表5-9 運動能力測定結果（2014年度）

測定項目	対象者数	最小値	最大値	平均値	標準偏差
25m走（秒）	2,910	3.0	15.6	6.74	0.920
立ち幅跳び（cm）	2,895	6	167	96.33	19.590
テニスボール投げ（m）	2,811	0.5	35.0	5.90	2.590
体支持持続時間（秒）	2,693	0	180	41.53	36.290
両足連続跳び越し（秒）	2,619	1.3	54.0	5.83	2.220
捕球（回）	2,296	0	10	6.31	2.830

との比較ができません。この両年の比較をしてみます。

①調査時期　2013年10～12月，2014年10～12月。

②調査対象　郡山市の私立幼稚園25園に所属する幼児（4歳児，5歳児）。2013年度2,850名，2014年度2,940名。

③調査結果　各年度の平均値，標準偏差値ともにほとんど変わらないことがわかります。震災後2年経過後と3年経過後は戸外遊びの状況はほぼ同じでした。また，2学年の子どものデータということもあり，大きな差はありません。各園の運動能力向上のための積極的な取り組みと環境改善により多少の向上が期待されましたが，全体的な変化には時間がかかることがわかります。

第Ⅱ部　調査の結果から見えてきたこと

2　様々な領域の発達

　本章の第2節では，東日本大震災と放射能災害による保育環境の変化が，子どもたちの発達の様々な側面に及ぼした影響について考えたいと思います。
　そのために，本節は5つの部分で構成しました。(1)と(2)では，東日本大震災と放射能災害（以下「災害」と呼びます）が起こる前の幼稚園児の発達の実態について述べます。(3)では，災害が起きた1年後から3年後までの幼稚園児の発達の実態について述べます。そして，(4)では災害が起きる前後の比較を行いたいと思います。最後に，(5)では，災害による保育環境の変化について，発達評価という観点から考察したいと思います。

(1) 震災・放射能災害前の幼児期の発達
①幼児期の発達：時代による変化
　いくつかの先行研究から，子どもの発達の実態が時代とともに変化していることが報告されてきています（e.g., 秋山，2004；郷間，2003, 2006；関口，2003）。これらの研究は異なる発達検査，発達評価を用いていますが，いずれの研究結果からも過去と比較した場合の現在の幼児期の発達の遅れが指摘されています。言い換えれば，近年，幼児期の発達の変化が顕著な現象として生じていることを示していると言えるでしょう。その一方で，幼児期の発達の遅れだけでなく，発達の回復を示す研究もあります。関口（2003）では，3歳児で見られた発達の遅れが5歳児においてはかなり回復しており，幼稚園教育の影響力が大きいことが示唆されました。
　本節は，このような過去と現代の幼児期の育ちの違いを踏まえた上で，災害による保育環境の変化を検討することを目的としています。そのために，まず，災害前に実施した発達評価の結果を検討し，平常時の現代の幼児の育ちの現状について概要を見てみましょう。

②災害前の幼児期の発達に関する先行研究

　筆者たちの一連の研究から，幼児期の発達の実態は非常に複雑だということが明らかになっています。なお，ここで発表するデータは，複数の学会や紀要などで発表したものを加筆修正し，必要に応じて再分析したものです。

　筆者たち（e.g., 長田・野口・関口，2006；2007；長田・関口・野口，2008；2009；2010；長田・千羽・浅田・関口・野口，2006；長田・浅田・関口・千羽・野口，2007；関口，2003；関口・長田・野口，2005）は，郡山市内の幼稚園児を対象に，10年以上前からの予備的研究に続いて，2004年6月から発達評価を継続的に行ってきました。

　たとえば，関口・芝木・千羽・露木（2004）は幼児の育ちの変化を具体的，かつ客観的にとらえるために，日本保育学会が幼児の成長過程を把握するために約60年前と約50年前の2度にわたって実施した幼児の精神発達調査（日本保育学会，1969）の一部を使用し，現在の幼児の発達傾向を探ることを試みました。

　関口ら（2004）の結果を踏まえ，関口ら（2005）では，各幼稚園における一人ひとりの幼児の育ちの過程をより的確にとらえるために，発達評価項目を作成・修正して発達を便宜的に6つの領域に分けて，子どもたちの発達の現状を明らかにしました。この研究以降，幼児の発達の実態は調査項目として，関口ら（2005）の研究において使用した項目を用いました。具体的には，知的領域25項目，運動的領域20項目，情緒的領域25項目，社会的領域25項目，生活習慣17項目，遊び16項目の合計128項目です（章末資料参照）。そして，マークシートを用い，担任保育者に担当する園児に関してそれぞれの項目について「できる・よくする」から「できない・しない」の5段階尺度で記入するよう依頼しました。そして回収した回答から，現代の幼稚園児の育ちの実態と調査協力幼稚園の保育形態との関連性を明らかにしました。

　そして長田・野口・関口（2006）では，同一調査対象者に対して同一年度内に発達評価調査を2度実施しました。その結果，第1回調査の1学期よりも第2回調査の年度末の方が発達評価得点は高く，この傾向はとくに年少児と第1

回の発達評価得点が低い子どもに顕著であることがわかりました。また，領域によって発達評価得点に違いがあり，2時点間の発達評価得点の伸びにも違いがありました。さらに興味深いことに，各年齢における発達評価得点のばらつきは年度の初めの方は大きいのですが，年度末には差が縮まっていくのです。そして，年齢や年度当初の発達評価得点の違いによって2時点間の発達評価得点の伸びに違いがあることも示されました。

　それでは，もっと長い期間，同じ子どもたちに対して発達評価を行っていったら，どのような発達的変化が示されるでしょうか。長田・野口・関口（2007）では，幼稚園児を対象に2年度にわたって発達評価調査を2度実施し，現在の幼児の発達の縦断的変化を検討しました。その結果，3歳児クラス年度末から4歳児クラス年度末にかけての1年間よりも，4歳児クラス年度末から5歳児クラス年度末にかけての1年間の方が，発達評価得点の伸びが大きかったのです。さらに，長田ら（2008）では，調査期間をさらに1年延ばし，3歳から5歳までの幼児期の3年間にわたる期間における発達を検討しました。その結果，当初，発達評価得点の低かった下位群では，6領域すべてにおいてその後3年間にわたって直線的に発達評価得点が伸びていました。その一方で，当初発達評価得点が中程度だった中位群では，知的領域と運動的領域においては3年間にわたって直線的に発達評価得点が伸びていましたが，それ以外の領域では3歳児クラス年度末と4歳児クラス年度末との間では発達評価得点が伸びず，5歳児クラス年度末になって発達評価得点が伸びていました。さらに，当初発達評価得点が高かった上位群では，3歳児クラス年度末と4歳児クラス年度末との間では発達評価得点が伸びない，もしくは低下してしまい，5歳児クラス年度末になって発達評価得点が伸びていました。

（2）震災・放射能災害前の子どもたちの発達の実態

　次に，災害前の子どもたちの具体的な発達の様子を把握するために，災害前の子どもたちの発達評価のデータを見てみましょう。

①災害前の発達評価

　この調査は郡山市で2000年度に誕生した（2004年度入園児）386名（男児194名，女児192名，2006年年度末の平均年齢6歳4か月，年齢の標準偏差5.4か月）の幼稚園児の協力を得て縦断的に実施しました。

　図5-12は，2000年度に誕生した幼稚園児が入園した2004年度から2006年度までの発達評価の結果を示したものです。評価の実施時期は各年度とも学年末でした。

　発達的変化を詳細に検討するために，領域(6)×調査時期(3)の2要因反復測定分散分析を行いました。

　以下の結果が得られました。まず，領域の主効果（$F(5, 1925) = 86.42$, $p<.01$）が有意であり，6領域間の発達の程度に違いがあることが示されました。具体的には表5-10のような関係で，領域間の発達の差異が示されました。生活習慣が他の領域よりも発達が進んでおり，次いで知的領域，情緒的領域の発達が進んでいることが読み取れます。

　次に調査時期の主効果（$F(2, 770) = 562.28$, $p<.01$）も示され，2004年度よりも2005年度，さらに2006年度と，年度が進むにつれて発達評価の得点が高くなっていくことが示されました（$p<.05$）。

　さて，ここで興味深い結果が得られました。それは領域×時期の交互作用（$F(10, 3850) = 28.41$, $p<.01$）が示されたことです。これは領域によって調査時期の影響が異なる，もしくは，調査時期によって領域の発達の程度が異なることを意味します。そのため，まず領域ごとに調査時期による違いが異なっていたかどうかを検討しました。その結果，6つの領域すべてで2004年度よりも2005年度，さらに2006年度と，年度が進むにつれて発達評価の得点が高くなっていくことが示されました（$p<.05$）。ここで注目したいのはその差の大きさの変化です。知的領域，運動的領域では1年ごとの発達評価得点の開きにそれほど大きな違いがありませんでした。その一方で情緒的領域では，2005年度と2006年度との間の差が他の領域に比べてやや小さいこと，社会的領域と生活習慣では2004年度と2005年度との間の差が他の領域に比べてやや小さいこと，

第Ⅱ部　調査の結果から見えてきたこと

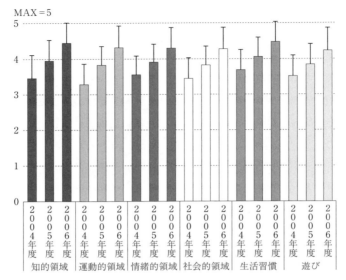

図5‐12　2004年度から2006年度までの領域別発達的変化
（2004年度入園児）

表5‐10　震災・放射能災害前の領域間の発達の違い

知的領域	＞	運動的領域
知的領域	＞	社会的領域
知的領域	＞	遊び
情緒的領域	＞	運動的領域
情緒的領域	＞	社会的領域
情緒的領域	＞	遊び
生活習慣	＞	知的領域
生活習慣	＞	運動的領域
生活習慣	＞	情緒的領域
生活習慣	＞	社会的領域
生活習慣	＞	遊び
遊び	＞	運動的領域

（注）　それぞれ5％水準で有意差あり。

遊びでは2004年度と2005年度，2005年度と2006年度との間の差が他の領域に比べてやや小さいことが明らかとなりました。言い換えれば，情緒的領域，社会的領域，生活習慣，遊びの領域は，他の領域に比べて発達の速度が相対的に緩やかであったと言えます。生活習慣は3年間を通して発達が他の領域よりも進んでいたため，生活習慣の発達の速度が相対的に緩やかであった原因は「天井効果（最初から得点が高いために伸び率が抑えられる）」であったと解釈できます。それに対して，情緒的領域，社会的領域，遊びは幼稚園の時期に時間をかけてじっくり育っていく領域であると考えられます。

　さらに，詳しく検討するために，時期ごとに領域間の発達の程度に違いがあったかどうかを検討しました。表5-11は各年度で領域間に有意差があったものと，3年間の領域間の差の方向性に一貫性があったかどうかをまとめたものを示しています。3年度とも領域間の発達評価得点には差がありましたが，どの領域間に差があったかが年度によって一貫しているものと，年度が進むにつれて領域間の差の方向性が逆転するものとがあることが明らかとなりました。

②発達パターンの多様性

　さて，ここまで紹介した研究は，発達評価の6領域について「3歳児クラス」「4歳児クラス」「5歳児クラス」という集団の平均を検討したものです。しかし，幼児期の発達には非常に大きな個人差があります。そこで，幼児期の子どもたちの間にどのような発達の個人差が存在するのかについて検討を行いました。長田・関口ら（2009）では，幼児期の発達の実態をより詳しくとらえるために幼稚園入園から卒園までの3年度4時点にわたり，発達評価結果の特徴によって示される発達パターンに焦点を当てて分析しました。調査4時点の各時点において，6領域の発達評価得点の高さやバランスによって発達のパターンを分類した結果，いくつかの発達パターンが存在することが示されたのです。まず，3歳1学期には全体的に発達評価得点が低いところに8つのクラスタ（同じような発達の道筋をたどる子どもたちのグループ）が抽出され（図5-13），3歳児クラス年度末には，いったんクラスタ数が減るもののクラスタ間にばらつきが見られました（図5-14）。そして，4歳児クラス年度末（図5-

第Ⅱ部　調査の結果から見えてきたこと

表5-11　2004，2005，2006年度における領域間の有意差（p＜.05）と差の方向性

領域	年度			領域	変化の有無		
	2004年度	2005年度	2006年度		2年以上一貫して＞	2年以上一貫して＜	変化・消失・出現あり
知的領域	＞	＞	＞	運動的領域	◎		
知的領域	＜			情緒的領域			○
知的領域		＞	＞	社会的領域	○		
知的領域	＜	＜		生活習慣		○	
知的領域		＞		遊び	○		
運動的領域	＜	＜		情緒的領域		○	
運動的領域	＜			社会的領域			○
運動的領域	＜	＜	＜	生活習慣		◎	
運動的領域	＜		＞	遊び			○
情緒的領域	＞	＞		社会的領域	○		
情緒的領域	＜	＜	＜	生活習慣		◎	
情緒的領域		＞	＞	遊び	○		
社会的領域	＜	＜	＜	生活習慣		◎	
社会的領域	＜			遊び			○
生活習慣	＞	＞	＞	遊び	◎		

（注）◎3年間一貫，○2年間一貫

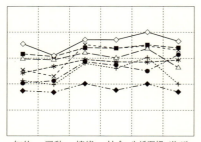

知的　運動　情緒　社会　生活習慣　遊び

── ◇ ── 運動のみ落ちる型・上位24
── ■ ── 平均型・中上位32
── △ ── 遊びのみ落ちる型・中位12
── × ── 情緒・社会・生活習慣・遊び優位型・中上位29
── ＊ ── 知的やや落ちる型・中位33
── ● ── 情緒・社会・生活習慣・遊び優位型・中位21
── ＋ ── 情緒・社会・生活習慣優位型・中位7
── ◆ ── 平均型・下位12

図5-13　発達パターンの分類（2004年6月時点）

（注）　凡例の数字は人数

第5章　子どもたちの発達

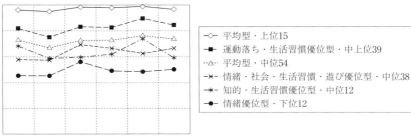

図5-14　発達パターンの分類（2004年度末時点）
（注）　凡例の数字は人数

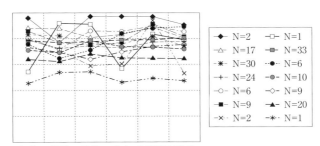

図5-15　発達パターンの分類（2005年度末時点）
（注）　凡例の数字は人数

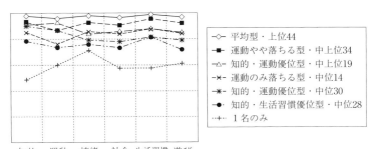

図5-16　発達パターンの分類（2006年度末時点）
（注）　凡例の数字は人数

15) にはクラスタ数が増える, すなわち, 個人差が大きくなった後, 最終的には5歳児クラス年度末に, 再度クラスタ数が減り, 発達評価得点が高い位置に収束していきました (図5-16)。

③震災・放射能災害前の発達

このように, 幼児期の子どもの発達は非常に複雑です。時代や年齢などの影響は当然のこと, 園での保育形態や家庭環境など, 様々な要因が絡んで, 一人ひとりの幼児の発達が進んでいくと言えます。また, 一言で「幼児の発達」と言っても, どの年齢に焦点を当てているのか, 発達のどの側面を問題にしているのかといった様々な要因が影響し合っているため, 一概に画一的な発達の形が存在するとは言えないことがわかります。

しかし, 災害による保育環境の変化は, たしかに子どもたちの発達に何らかの影響を与えたと筆者たちは考えています。

次項では, 災害のために保育環境が変化した後の子どもの発達について見ていきましょう。

(3) 震災・放射能災害による保育環境の変化の影響

①災害後のみの発達評価結果の検討

筆者たちは東日本大震災から約1年が経過した2012年3月に, 2004年度から実施したものと同じ発達評価を郡山市の調査協力園に依頼しました。そして,

表5-12 2012年度からの調査協力者内訳

調査時期	クラス	人数	平均年齢	(年齢の標準偏差)
2012年度	3歳児	163	4歳4か月	(4.3か月)
	4歳児	203	5歳3か月	(5.2か月)
	5歳児	239	6歳4か月	(4.8か月)
2013年度	3歳児	125	4歳5か月	(4.0か月)
	4歳児	244	5歳5か月	(3.4か月)
	5歳児	197	6歳5か月	(3.4か月)
2014年度	3歳児	154	4歳4か月	(4.5か月)
	4歳児	190	5歳5か月	(3.4か月)
	5歳児	249	6歳5か月	(3.5か月)

第5章　子どもたちの発達

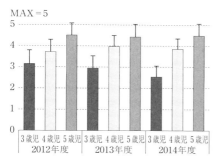

図5-17　知的領域

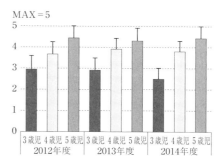

図5-18　運動的領域

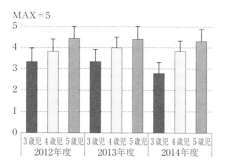

図5-19　情緒的領域

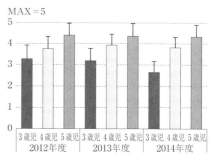

図5-20　社会的領域

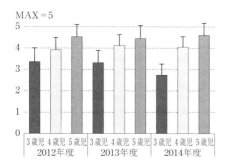

図5-21　生活習慣

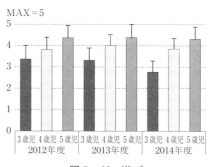

図5-22　遊び

その後も1年に1回ずつ3月ないし4月に，2012年度，2013年度，2014年度の子どもたちの様子（4月に実施した場合には前年度の様子）をもとに発達評価のデータを依頼し続けました。その結果，表5-12に示される幼稚園児に協力いただくことができました。

図5-17～図5-22は，2012年度から2014年度までの調査で得られた発達評価の結果を示しています。全体的なグラフの形や発達傾向は，災害前とよく似ています。しかし，図5-12と詳細に比較していくと明らかな違いがいくつかあることに気づきます。

災害後のみの発達評価の結果に注目して年度(3)×領域(6)×学年(3)の反復測定分散分析を行いました。領域のみ被験者内要因，年度と学年は被験者間要因です。分散分析の結果を表5-13に掲載しました。その結果，すべての要因が関連する主効果，交互作用が有意でした。

表5-13の分散分析表の中で，もっとも高次の交互作用が示された年度×領域×学年について，より詳細に検討してみたいと思います。この交互作用は，年度や学年によって，領域間の発達の程度が異なる可能性を示唆しています。そこで，年度ごとに領域(6)×学年(3)の反復測定分散分析を行いました。するといずれの年度においてもすべての要因が関連した主効果，交互作用が有意でした。

とくに領域間の関係については表5-14のような関係が示されました。災害前と同様に生活習慣の発達が他の領域よりも進んでいる一方で，災害前には他領域よりも発達が進んでいた知的領域は，災害後には他領域よりも発達評価得点が低いことが示されました。また，災害前から運動的領域は他領域よりも発達評価得点が低めではありましたが，災害後はその傾向がさらに顕著になり，運動的領域は他のすべての領域よりも発達が遅れています。このように災害後の保育環境の変化は発達の様々な側面に影響を与えていることが読み取れます。

さらに一歩分析を進めて，年度ごと，学年ごとに領域(6)のみを被験者内要因にした一要因反復測定分散分析を行いました。その結果，すべての年度，学年で領域の主効果が有意でした。しかし，領域間の関係が年度・学年によって

表5-13　災害後　年度×領域×学年の分散分析表

	自由度	F値	誤差
領域	5	147.02**	8755
領域×年度	10	5.90**	8755
領域×子ども学年	10	48.70**	8755
領域×年度×子ども学年	20	3.65**	8755
年度	2	21.93**	1751
(2012年度≒2013年度)＞2014年度			
子ども学年	2	816.72**	1751
5歳児クラス＞4歳児クラス＞3歳児クラス			
年度×子ども学年	4	20.45**	1751

$**\cdots p<.01$

表5-14　災害後　領域間の関係

領　域	関係	領　域
知的領域	＞	運動的領域
知的領域	＜	情緒的領域
知的領域	≒	社会的領域
知的領域	＜	生活習慣
知的領域	＜	遊び
運動的領域	＜	情緒的領域
運動的領域	＜	社会的領域
運動的領域	＜	生活習慣
運動的領域	＜	遊び
情緒的領域	＞	社会的領域
情緒的領域	＜	生活習慣
情緒的領域	≒	遊び
社会的領域	＜	生活習慣
社会的領域	＜	遊び
生活習慣	＞	遊び

（注）＞，＜は5％水準で有意差あり。

異なったのです。表5-15～表5-17に各年度における各学年の各領域の得点の高低の関係と，関係の変化の有無を示しました。

　3年間の各領域の発達の進み具合を領域間で比較すると，災害前よりも災害後の方が，発達評価得点の高低が領域間で一貫しているものが減っている傾向

第Ⅱ部　調査の結果から見えてきたこと

表5‐15　2012年度　領域間の関係

領　域	2012年度 3歳児クラス	4歳児クラス	5歳児クラス	領　域	変化の有無 2年以上一貫して>	2年以上一貫して<	変化・消失・出現あり
知的領域	>		>	運動的領域			○
知的領域	<		>	情緒的領域			○
知的領域	<		>	社会的領域			○
知的領域	<	<		生活習慣		○	
知的領域	<		>	遊び			○
運動的領域	<	<		情緒的領域		○	
運動的領域	<			社会的領域			○
運動的領域	<	<	<	生活習慣		◎	
運動的領域	<	<		遊び		○	
情緒的領域	>			社会的領域			○
情緒的領域		<	<	生活習慣		○	
情緒的領域		>		遊び			○
社会的領域	<	<	<	生活習慣		◎	
社会的領域	<			遊び			○
生活習慣		>	>	遊び	○		

（注）◎3年間一貫, ○2年間一貫

表5‐16　2013年度　領域間の関係

領　域	2013年度 3歳児クラス	4歳児クラス	5歳児クラス	領　域	変化の有無 2年以上一貫して>	2年以上一貫して<	変化・消失・出現あり
知的領域		>	>	運動的領域	○		
知的領域	<			情緒的領域			○
知的領域	<		>	社会的領域			○
知的領域	<	<		生活習慣		○	
知的領域	<			遊び			○
運動的領域	<	<	<	情緒的領域		◎	
運動的領域	<			社会的領域			○
運動的領域	<	<	<	生活習慣		◎	
運動的領域	<	<	<	遊び		◎	
情緒的領域	>		>	社会的領域			○
情緒的領域		<	<	生活習慣		○	
情緒的領域				遊び			
社会的領域	<	<	<	生活習慣		◎	
社会的領域	<	<		遊び		○	
生活習慣		>		遊び			○

（注）◎3年間一貫, ○2年間一貫

第5章 子どもたちの発達

表5-17 2014年度 領域間の関係

領　域	2014年度			領　域	変化の有無		
	3歳児クラス	4歳児クラス	5歳児クラス		2年以上一貫して>	2年以上一貫して<	変化・消失・出現あり
知的領域			＞	運動的領域			○
知的領域	＜		＞	情緒的領域			○
知的領域			＞	社会的領域			○
知的領域	＜	＜	＜	生活習慣		◎	
知的領域	＜		＞	遊び			○
運動的領域	＜		＞	情緒的領域			○
運動的領域	＜		＞	社会的領域			○
運動的領域	＜	＜	＜	生活習慣		◎	
運動的領域	＜		＞	遊び			○
情緒的領域	＞			社会的領域			○
情緒的領域		＜	＜	生活習慣		○	
情緒的領域				遊び			
社会的領域		＜	＜	生活習慣		○	
社会的領域	＜			遊び			○
生活習慣		＞	＞	遊び	○		

(注) ◎3年間一貫，○2年間一貫

がうかがえます。この点は災害前の子どもたちとは明らかな違いと考えられます。

②発達パターンの多様性

次に，災害前と同様に，発達評価結果の特徴によって示される発達パターンに焦点を当てて，発達の個人差について検討します。

2012年度に3歳児クラスだった子どもたちに各学年の年度末に発達評価を行った結果に基づいて，発達評価結果の特徴によって示される発達パターンに焦点を当てて分析しました。具体的には調査3時点の各時点において，6領域の発達評価得点の高さやバランスによって発達のパターンを分類しました。図5-23～図5-25は発達パターンの変化を学年ごとに示しています。

その結果，3歳児クラス年度末（図5-23）の低い位置にクラスタがある状態から，そのまま4歳児クラス年度末（図5-24）までクラスタ数が若干増えた状態となり，4歳児クラス年度末になると全体的には得点が高い位置に移行していくことが示されました。そして，最終的には5歳児クラス年度末に，ク

第Ⅱ部　調査の結果から見えてきたこと

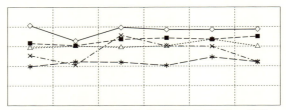

図5‐23　2012年度末　3歳児

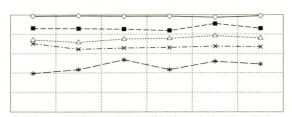

図5‐24　2013年度末　4歳児

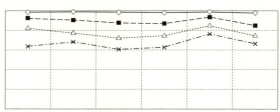

図5‐25　2014年度末　5歳児

ラスタ数が少々減り，得点が高い位置に収束していきました（図5-25）。

災害前と災害後の最大の相違点は，どの年齢でも得られるクラスタの数が少ない，すなわち発達パターンの多様性が減ってしまっていることです。このことは，多様な発達パターンを示す個人差が，何らかの要因で減少してしまったことを意味します。

（4）災害前と災害後の直接比較
①発達評価得点の比較

より直接的に災害前と災害後の比較を行ってみましょう。ただし，図5-12の災害前の調査結果は一人の子どものデータが3年間にわたり繋がっている縦断的データであるのに対し，災害後の図5-17〜図5-22の調査結果は各年度で含まれる子どもたちは同じであっても，データが一人ひとりの子どもで繋がっていない横断的データである点には注意が必要です。そのため，災害前の3年間分のデータを縦断的に扱うのではなく，年度ごとに横断的に扱うことで，それぞれの年齢を災害前と災害後とで比較しました。

具体的には，災害前の子どもについては，3歳児時点，4歳児時点，5歳児時点と3つの異なるグループとして扱って分析を行いました。すなわち，2004年度3歳児クラスの子どもと2012年度3歳児クラスの子どもを比較する，2005年度4歳児クラスの子どもと2013年度4歳児クラスの子どもを比較する，2006年度5歳児クラスの子どもと2014年度5歳児クラスの子どもを比較するというように，横断的な比較のみを試みました。そして，各学年で領域(6)×時期(2)の分散分析を行いました。領域は被験者内要因，時期は被験者間要因です。

表5-18に各2時点間の比較を行った分散分析の結果を表します。5歳児クラスの時期（年度）を除いて，いずれの主効果も交互作用も有意でした。

そこで，各学年で，領域別に年度による違いがあったかどうかをt検定で検討しました。その結果，2004年度と2012年度（災害前も後も3歳児クラス）では，6つの領域すべてで2004年度の方が2012年度よりも発達評価の得点が高いことが示されました（$p<.05$）。2005年度と2013年度（災害前も後も4歳児クラ

表5-18 領域（6）×時期（2）の分散分析の結果

	3歳児クラス			4歳児クラス			5歳児クラス		
	自由度	F値	誤差	自由度	F値	誤差	自由度	F値	誤差
領域	5	92.63**	2735	5	50.50**	3135	5	101.41**	3165
領域×時期	5	7.51**	2735	5	4.03**	3135	5	5.42**	3165
時期	1	31.51**	547	1	4.86*	627	1	2.88.n.s.	633
	2004年度＞2012年度			2013年度＞2005年度					

$**p<.01, *p<.05$

ス）では，社会的領域と遊びで2005年度の方が2013年度よりも得点が高いことが示されました。2006年度と2014年度（災害前も後も5歳児クラス）では，運動的領域と生活習慣で2006年度よりも2014年度の方が得点が高く（$p<.05$），遊びで2006年度よりも2014年度の方が得点が高い傾向が示されました（$p<.10$）。

このように，発達評価の得点を災害前と災害後で直接比較した結果，明らかになったのは，3歳児クラスと4歳児クラスで，災害後の方が発達評価の得点が低いことと，発達が示される領域が年度や学年によって一貫性がなくバラバラだということです。

一方で，領域によっては災害後の方が発達評価得点が高いものもありました。たとえば，運動的領域や生活習慣，遊びの領域では，子どもの年齢によっては災害後の方が得点が高かったのです。この点については様々な解釈が可能だと考えています。たとえば，保育者は外遊びができない環境を補うために室内でできる運動遊びをいろいろ取り入れたことが，運動的領域や遊びにおいて災害後の得点が高くなった要因の一つとも考えられるでしょう。生活習慣については，災害後は室内で過ごす時間が増えた分，災害前よりも生活習慣を守らざるを得ない状況が生じていたのかもしれません。他にも多様な解釈の可能性があると考えられますので，今後，保育者や保護者へのインタビューなどの分析を進めて，さらなる検討が必要です。

分析結果を細かく検討していくと，さらに詳細な調査が必要な点が多々残されていることが明らかになってきます。ここまでの分析結果から言えることは，

東日本大震災や放射能災害のために環境が変化したことが、子どもたちの育ちに何らかの影響を与えていること、そして、子どもたちが本来ならばある年齢で経験していたことが環境の変化によって経験できなかったことがあること、さらには本来経験すべき年齢の違いによって、その影響を受けやすい領域と受けにくい領域があるということではないでしょうか。

②災害前後の発達評価得点の変化

　災害前後の2時点を比較した場合、全体としては、3歳児クラスの子どもたちは災害前の方が発達評価得点が高いことが示されました（p＜.05）。一方で、4歳児クラスの子どもたちは災害後の方が得点が高く（p＜.05）、5歳児クラスでは災害の前後で得点の差は消えました。

　これは非常に興味深いことを示していると考えられます。災害後に入園してきた子どもたちは、最初の年度は災害前の子どもたちよりも全体的に発達が遅れ気味であったということです。これは、災害による生活環境の変化が家庭の中にも影響を与えていること、そのために本来自然にそこにあった「育ち」に必要な重要な要因が損なわれてしまった可能性を示唆していると考えられるでしょう。

　その後、子どもたちが幼稚園に入園し、制限された保育環境下でありながらも幼稚園での経験を重ねていくことで、子どもたちの様子に変化が現れます。家庭の中では損なわれがちであった「育ち」に必要な要因が幼稚園での生活の中で補完もしくは代替されることで、4歳児クラス、5歳児クラスでは、発達評価に示される得点としては災害前を追い越すもしくは並ぶのです。

③災害前後の領域間の関係の変化

　災害による保育環境の変化が、子どもの発達に与えた影響をより詳しく検討するために、発達の6領域間の関係に着目してみましょう。あらためて災害前のデータである表5-11と災害後のデータである表5-15、表5-16、表5-17とを比較してみます。

　表5-11の災害前の結果では少なくとも2年以上、領域の発達評価得点の高低関係が一貫しているものが多数を占め、高低関係に逆転や変化があったもの

は4組にとどまっています。また3年間一貫して領域間の関係が変化しなかった組み合わせも5組ありました。これらのことは，災害前には，幼稚園の時期には各領域の進み具合に一定の順序性があったことを示唆していると考えられます。

それに対して，領域の発達評価得点の高低関係に何らかの逆転・変化があった組み合わせが2012年度で8組，2013年度で6組，2014年度では9組にも達しています。3年間一貫して領域間の関係が変化しなかった組み合わせも，2012年度で2組，2013年度で4組，2014年度で2組と，災害前と比較して少ないことがわかります。

このように，災害前と比べて，災害後は領域間の発達の進み具合の順序性の一貫性が低いことが示されました。このことは，災害後は，学年が進むにつれて領域によって発達の進み具合が変動し，発達評価得点の高低関係が逆転もしくは変化する領域が増えたことを示していると言えます。言い換えれば，災害のために環境が変化した結果，子どもたちの領域ごとの育ちの順序性や速さが何らかの影響を受けたことを示しているとは考えられないでしょうか。

④発達パターンの多様性の変化

災害前では，どの年齢でも比較的多数のクラスタ（同じような発達の道筋をたどる子どもたちのグループ）が抽出され，それが4歳児クラスに混沌とも言える状態にまで数が増え，形態も多様になったものが，5歳児クラス年度末には発達評価得点が高い位置に収束していきました。言い換えれば，どの年齢でも発達パターンは多様であり，個人差が大きく示されていました。

一方で，災害後は，災害前に比べてクラスタ数が少ないという特徴が見られました。どの年齢でも得られるクラスタの数が少ないということは，言い換えれば発達パターンの多様性が減ってしまっていることを示しています。このことは，多様な発達パターンを示す個人差が，災害後には何らかの要因で減少してしまったことを意味します。

（5）震災・放射能災害による影響——発達評価を踏まえて

（1）でふれたように，現代の幼児は約50年前の幼児に比べて発達の遅れが指摘されています。その意味では，本章で論じた災害前と災害後の子どもたちの違い，とくに災害後の子どもたちの発達の遅れは，たんに誕生時期の違いだという主張も可能であると考えられます。

しかし，本節で紹介した調査に協力してくれた子どもたちの年齢差は10年前後です。そして，何よりも，発達を領域別に詳細に分析していくと，単純に誕生時期の違いだけに原因を帰着させるわけにはいかない要因を仮定せざるを得ないような相違点が数多くあることに気づかされます。

たとえば，災害前は，領域間で発達の進み具合を比較した場合，発達の高低の関係は3年間比較的一貫していたのに対し，災害後は入園後に領域間の発達の高低が逆転する領域が多かった点です。たしかに，災害前のデータは同じ子どもたちを3年間追跡した縦断データであり，災害後のデータは異なる子どもたちを対象とした横断データであることには注意が必要です。しかしそのようなデータの種類の違いを差し引いて考えても，災害後の子どもたちが示した領域間の逆転現象は，災害やそれに伴う保育環境の変化の影響を受けている可能性を十分に検討しなければなりません。

また，発達パターンの多様性の違いも注意深く扱わねばならない問題です。災害前の子どもたちは多様な発達パターンを示した上，4歳児クラス年度末にはクラスタ数が非常に多くなるという個人差の増大を示しました。一方で災害後の子どもたちは全体的に発達パターンが少ないことが示されました。しかも4歳児クラス年度末になっても，さして発達パターンが増えないのです。言い換えれば，幼児期を通して発達パターンの個人差が減ってしまっているのです。本来，幼児は個人差が大きく，その発達パターンも様々なものがある状態が自然なのではないでしょうか。それが災害後には，何らかの要因で発達パターンの多様性が失われつつあるのです。

一方で，災害後に入園してきた子どもたちの発達が災害前の入園児よりも遅れ気味であったものが，卒園するころには災害前の子どもたちと同様にまで発

達したという結果は，子どもの発達における幼稚園教育の力を指摘した関口（2003）の結果と合わせて考えることで，大変重要な意味を持つと考えます。災害後の調査協力園の取り組みについてはここでは触れませんが，それぞれの幼稚園では，失われた環境を補い，子どもたちの健全な「育ち」を保障するために，災害直後から多様で多大な工夫をしてきました。幼稚園はたんなる「集団生活の場」「幼児教育の場」ではなく，災害後の子どもたちのある種の「シェルター」であったとは考えられないでしょうか。災害によって消失もしくは減少せざるを得なかった「本来そこにあって当たり前」であったもの，発達に必要な要素を，子どもたちに提供する役割を果たしているのだと言えるでしょう。

　最後に，発達評価は得点という数字で表されるため，ある程度客観的な指標として考えられます。だからこそ，その解釈には最大限の注意を払う必要があると考えています。どうしてそのような結果が得られたのか，解釈が偏ったり主観的になったりしていないか，見落としている要因はないか等々。一見客観的に見えるデータだからこそ，その扱いには細心の注意が必要だと考えます。

　そして，発達評価の検討は，今回の災害前と災害後の比較だけで終わらせてはならないとも考えています。大切なことは，子どもたちの「育ち」のために当たり前にあったものが失われたとき，何が起こるのかを正しく理解すること，そして，失われたものを取り戻す努力だけでなく，異なる形で子どもたちの「育ち」を支える試みを続けていくことだと考えています。そのことが，じつは福島だけの問題だけではなく，現代の子どもたちの「育ち」が抱える様々な問題に目を向けさせてくれるきっかけとなると思います。

〈文　献〉
1　身体発育・運動能力の発達
郡山市私立幼稚園協会幼児教育センター「平成24年度実施身体発育調査の結果報告」2013年3月a。
郡山市私立幼稚園協会幼児教育センター「平成24年度実施幼児運動能力測定結果報告」2013年3月b。

郡山市私立幼稚園協会幼児教育センター・郡山市子どものケアプロジェクト・山梨大学中村和彦研究室「平成26年度郡山市幼児運動能力検査調査報告書」2016年3月．

２　様々な領域の発達

秋山千枝子「津守稲毛式による現代っ子の発達の特徴」『小児保健学会講演集』2004年，202-205頁．

郷間英世「現代の子どもの発達的特徴についての研究――1983年および2001年のＫ式発達検査の標準化データによる研究Ｉ」『子ども学』（甲南女子大学国際子ども学研究センター）第5号，2003年，11-22頁．

郷間英世「現代の子どもの発達の特徴とその加齢に伴う変化――1983年および2001年のＫ式発達検査の標準化データによる研究Ⅱ」『小児保健研究』第62巻第2号，2006年，282-292頁．

長田瑞恵・浅田裕子・奥美代・関口はつ江・千羽喜代子・野口隆子「現在における幼児の育ちの傾向（２）――保育者による発達評価の縦断的調査結果」日本保育学会第59回大会（浅井学園大学），2006年．

長田瑞恵・浅田裕子・関口はつ江・千羽喜代子・野口隆子「現在における幼児の育ちの傾向（３）――保育者による発達評価の複数年度に亘る縦断的検討」日本保育学会第60回大会（十文字学園女子大学），2007年．

長田瑞恵・浅田裕子・関口はつ江・千羽喜代子・野口隆子「現在における幼児の育ちの傾向（６）――発達評価における個人差の3年度に亘る縦断的検討」日本保育学会第62回大会（千葉大学），2009年．

長田瑞恵・野口隆子・関口はつ江「現在における幼児の育ちの傾向（２）――保育者による発達評価の縦断的調査結果」『十文字学園女子大学人間生活学部紀要』第4巻，2006年，55-67頁．

長田瑞恵・野口隆子・関口はつ江「現在における幼児の育ちの傾向（３）――保育者による発達評価の複数年度に亘る縦断的検討」『十文字学園女子大学人間生活学部紀要』第5巻，2007年，13-24頁．

長田瑞恵・関口はつ江・野口隆子「現在における幼児の育ちの傾向（４）――保育者による発達評価の3年度に亘る縦断的検討」『十文字学園女子大学人間生活学部紀要』第6巻，2008年，1-12頁．

長田瑞恵・関口はつ江・野口隆子「現在における幼児の育ちの傾向（６）――発達評価における発達タイプ差の3年度に亘る縦断的検討」『十文字学園女子大学人間生活学部紀要』第7巻，2009年，1-11頁．

長田瑞恵・関口はつ江・野口隆子「現在における幼児の育ちの傾向（８）――発達プロセスの個人差の検討」『十文字学園女子大学人間生活学部紀要』第9巻，

第Ⅱ部　調査の結果から見えてきたこと

　　　2010年，1-12頁。
　長田瑞恵・千羽喜代子・浅田裕子・関口はつ江・野口隆子「現在における幼児の育ちの傾向（2）――保育者による発達評価の縦断的調査結果」日本保育学会第59回大会（浅井学園大学），2006年。
　日本保育学会『保育学講座9　日本の幼児の精神発達』フレーベル館，1969年。
　関口はつ江「幼稚園における保育方法と保育者による発達評価の関連に関する予備的研究」『十文字学園女子大学人間生活学部紀要』第1巻，2003年，27-40頁。
　関口はつ江・長田瑞恵・野口隆子「幼稚園卒園児の小学校適応（1）――幼稚園時の発達との関連」『十文字学園女子大学人間生活学部紀要』第3巻，2005年，15-21頁。
　関口はつ江・芝木捷子・千羽喜代子・露木絹子「現在における幼児の育ちの傾向（予報）――1969年値との比較からみえたもの（口頭発表Ⅰ〔発達論・心身の発達1〕）」『日本保育学会大会発表論文集』第57巻，2004年，322-323頁。

付　記

　本章の「2　様々な領域の発達」で紹介した研究の災害後の部分のデータ収集と分析の一部は一般社団法人日本保育学会「放射能災害下の保育問題研究」の助成を受けて行われた。また，災害前の部分と災害後の部分の一部は十文字学園女子大学人間生活学部共同研究費（平成17年度～平成24年度）と十文字学園女子大学人間生活学部プロジェクト研究費（平成25年度～平成27年度）の助成を受けた。

資料：発達評価　項目一覧（167頁参照）

領域	項目番号	質問
知的	A1	かなで自分の姓名を書く
	A2	"右"と"左"の区別ができる、または、自分の左と右がわかる
	A3	"きのう"と"あした"の区別がわかる
	A4	"たて"と"よこ"の区別ができる
	A5	かなで書かれた自分の姓名を読む
	A6	両方の指が何本あるか、見ないで正しく言う
	A7	両方の指の数を正しく数える
	A8	黄色や緑など主な色の名前と実際の色がほぼ一致する
	A9	100円玉がわかる
	A10	自分の誕生日がわかる
	A11	四角形のお手本をまねしてかく
	A12	人数を数えて物を配ることができる
	A13	サイコロの出た目の数がわかる
	A14	カレンダーで何日というとその数字を指す
	A15	絵本やお話のあらすじを人に話す
	A16	今日は、何曜日か分かる
	A17	粘土で"〜らしく"動物、乗り物、野菜など、かたちのあるものを作ろうとする
	A18	頭、胴体、四肢のそろった人物画を描く
	A19	時計がわかる（12時、3時など）
	A20	相手の（友達）の言葉を理解しながら会話が成立する
	A21	クラス全員への先生の話を自分のこととして受け止め、理解する
	A22	動植物など自分の関心のあるものを本（図鑑）などでみる
	A23	自然現象（例えば雨が降るわけなど）の理由を尋ねたりする
	A24	ひらがなを読む
	A25	ひらがなを書く
運動的	B1	しきいの上（あるいは平均台）をまっすぐに両脚をかわりばんこに踏み出して歩く
	B2	片足とび（ケンケン）をする、20センチぐらい
	B3	片足立ちをする
	B4	ブランコをこいでのる
	B5	でんぐり返しをする
	B6	スキップをする
	B7	相手が投げたボールを両手で受け止める
	B8	バットや棒でボールを打つ
	B9	ボールをつづけて10回くらいつく
	B10	ひとりなわとびをする（数回つづける）
	B11	子ども同士でリレーをして遊ぶ
	B12	鉄棒で前まわりをする
	B13	うんていでぶら下がって渡る
	B14	箸で食べる
	B15	はさみを使って簡単な形（紙）を切る
	B16	服の前のボタンをひとりでかける
	B17	ひもをかた結びに結ぶ（たて結びでもよい）
	B18	片目だけつむる
	B19	200mぐらい続けて走る
	B20	60cmの高さからとび下りる

第Ⅱ部 調査の結果から見えてきたこと

領域	項目番号	質　　　問
情緒的	C1	友達の喜ぶことを自分から喜んでする
	C2	話を聞きながら想像して楽しむ
	C3	自分でよくしたいのに，できないとくやしがる
	C4	積み木を積んで，もう少しでできあがるところでくずれるとくやしがる
	C5	かなしい話を聞いて，かなしがる
	C6	遠足をたのしみに準備していて，中止になるとかなしがる
	C7	友達みんなのなかからはずれると，かなしがる
	C8	草や木をだいじにする
	C9	動物をかわいがる
	C10	小さい子をかわいがる
	C11	絵本や登場人物の，そのときどきの気持ちが言える
	C12	きれいなものを見て"きれい"という
	C13	風の音，雨の音などを感じ，言葉で表現をする
	C14	飼育していた小動物が死ぬとかわいそうがる
	C15	困っている子どもにやさしくする
	C16	自分から気がついて全体の役にたつ
	C17	友達の病気やけがよくなると喜ぶ
	C18	相手の気持ちを理解しようと，聞いたり考えたりする
	C19	必要なときは保育者の助けを（援助）求める
	C20	自分の要求が通らなくても自分なりに気持ちをおさめる
	C21	自分の目標までやりとげようと，がんばる
	C22	ころんですりむいた膝（または手など）が痛くても泣かなくなる
	C23	おとな（先生や親）が喜ぶことをしようとする
	C24	相手や周りの人の気持ちを考えて自分の行動を変える
	C25	自分の大切なものが損なわれると悲しがる
社会的	D1	友達と遊んでいるとき，ほかの子の承諾や同意をもとめる
	D2	助けが必要なとき，ほかの子に助けを求める
	D3	ほかの子どもを援助したり，守ったりする
	D4	ほかの子どもたちに玩具をもってくる
	D5	ほかの子どもにめいわくをかけたら，おわびを言う
	D6	競争心がある（他の子どもとの間で）
	D7	数人がいっしょになって，子どもの発案した遊びをいっしょにする
	D8	自分のしたことを保育者に話して聞かせる
	D9	自分のしたことに責任を負う（自分のあやまちを謝るなど）
	D10	まかされたことを責任をもってする
	D11	保護者がいてもいなくても，きまったことはちゃんとする
	D12	"わたし"とか"ぼく"とかいう言葉で自分を呼ぶ
	D13	自分より小さい子ができるまで待ってあげる
	D14	友達が何かしているとき，じゃまをしない
	D15	お店屋さんごっこで，おつりのやりとりをする
	D16	信号を見て，正しく渡る
	D17	じゃんけんで勝ち負けがわかる
	D18	共同の物を順番に使うことができる
	D19	けんかなどのとき，自分の考えを相手にはっきりいう
	D20	友達同士のトラブルの間に入って収拾しようとする
	D21	保育者が掃除など子どもの生活のための仕事をしているのを見て，手伝おうとする
	D22	いやなときは相手にはっきり"いや"という
	D23	悪いことや困ることをしている子に「いけない」と止める
	D24	クラスみんなで何かするときなど，みんなに合わせて行動する（遅れないなど）
	D25	助けられたり，して貰ったとき「ありがとう」と感謝する

第5章 子どもたちの発達

領域	項目番号	質問
生活習慣	E1	ソックス（短い靴下）をひとりではく
	E2	ひとりで鼻をかむ，または，自分で気がついて鼻をかむ
	E3	大便をひとりでする（全く手がかからない）
	E4	うがいをする
	E5	ひとりで歯ブラシを動かして歯をみがく
	E6	嫌いなものでも，がんばって食べようとする
	E7	汗をかいたら自分で着替える
	E8	水をこぼしたり，こぼれていたら，自分からぞうきんでふく
	E9	自分から，遊んだあとの自分の遊具をかたづける
	E10	自分から，遊んだあとの皆の遊具をかたづける
	E11	手ぬぐいやぞうきんをしぼる
	E12	自分から"いただきます"や"ごちそうさま"をいう
	E13	いわれなくても食事の前に手を洗う
	E14	脱いだものを一応たたんで（きちんとでなくてもよい）決まった場所に置く
	E15	食事の片づけを自分でする
	E16	所持品の始末をきちんとする
	E17	挨拶（おはよう，さようならなど）を自分からする
遊び	F1	自分から遊びを見つけて遊び込む
	F2	遊びのなかで，新しいことを考えだしたり，新しいやりかたを工夫したりする
	F3	周囲の物を積極的に遊びに活用する
	F4	身辺のものや出来事に関心を持って，遊びを取り入れたり，発展させる
	F5	いっしょに遊ぼうと積極的に仲間に誘う
	F6	遊びに欲しいものがあるとき，順番に待ったり貸してといって，何とかして達成しようとする
	F7	遊びがうまくいかないとき，自分達で協力して解決しようとする
	F8	遊びに集中し，周りが騒いでも妨げられない
	F9	積み木やブロックで，遊びの場所をつくる
	F10	ごっこ遊びのとき，そのものになりきって遊ぶ
	F11	友達とおもしろいアイデアを出しあって遊ぶ
	F12	積極的に泥遊びや砂遊びを楽しむ（どちらか片方でよい）
	F13	遊びの中で新しい役割を考え出したり，自由に役割を交換したりして遊ぶ
	F14	友達の遊びに進んで加わったり，友達の提案に乗って協調して遊ぶ
	F15	同じ遊びを数日間継続して発展させながら遊ぶ
	F16	遊びのルール（陣地ではつかまらないなど）を理解して遊ぶ

第6章

震災・放射能災害下の保育と保育者の意識

加藤孝士

　東日本大震災後の福島第一原発事故による放射線量の増加により，保育現場では様々な取り組みが行われました。外部被曝を防ぐために外遊びの制限や，内部被曝を防ぐために水や食べ物の制限により，保育計画の見直しが必要になりました。そのとき，保育者はどのような思いで保育を行っていたのでしょうか。

　それらを明らかにするために，震災後，保育者を対象とした調査も数多く行われました。その中で日本保育学会　災害時における保育問題検討委員会は，震災1年後の2012年1～3月に福島県と関東地区の幼稚園・保育所の園長を対象に質問紙調査を行っています（詳細は，音山（2013））。その後，調査は，日本保育学会　放射能災害にかかる保育問題研究委員会に引き継がれ，2014年2～3月，2015年2～3月に福島県の幼稚園・保育所の園長を対象に継続されています（詳細は，永井（2015））。ここでは，保育者の一般的な活動の推移を明らかにするために，これら2つの調査を中心に，震災・放射能災害下の保育者の思いやその後の変化について解説していきます。

1　活動時間の変化

　音山（2013），永井（2015）は園長を対象とし，震災による保育の変化につ

---

(1) 音山（2013），永井（2015）とも，福島県については，福島市，郡山市，本宮市，伊達市，二本松市という中通り地方を調査対象地域としている。

第Ⅱ部　調査の結果から見えてきたこと

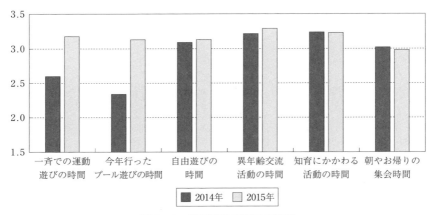

図 6 - 1　保育活動の時間の推移

（注）　図中の数値については脚注（2）（3）を参照
　　　　「運動遊び」：2014年＜2015年（p＜.05）
　　　　「プール遊び」：2014年＜2015年（p＜.01）
（出所）　永井（2015）の数値をもとに作図

いて質問しています⁽²⁾。ここでは，その調査結果の中から，「保育活動の時間」「保育者の活動時間」という2つの視点から，活動の変化を挙げます。

（1）保育活動の時間

　2012年の調査において，福島では『一斉での運動遊びの時間（49.1％）』や『プール遊び（88.2％）』について「減少した」と回答した保育者の割合が高いことが示されています。2014年，2015年の調査結果を見ると，2014年までは「震災前と比べて変化なし」を意味する3を大きく下回っており，活動の「減少」が継続していたことが示されました（図6-1）⁽³⁾。しかし2015年には，平均点が3程度に上昇しており，震災前と比べてほぼ変わらない状態まで活動が回復したことが示されました。このように，保育活動に関しては，2015年を境に

（2）　音山（2013）は，「減った」「変化なし」「増えた」の3件法で分類しており，永井（2015）は「30分以上減った（1点）」～「30分以上増えた（5点）」の5件法で得点換算した数値で報告している。

時間的制約はほぼ回復したことがわかります。また，室内環境を整備することで対応できる，『自由遊び』『異年齢の交流』などは，2014年の段階で，平均点が震災前と比べて「変化なし」を意味する3程度になっており，震災前とほぼ変わらない状態まで回復したこともうかがえます。

（2）保育者の活動時間

続いて，保育者の活動時間を見てみます。2012年の調査では，震災後，保育者の活動時間が「増加した」ことが示されています（音山，2013）[4]。具体的には，『職員の勤務時間（26.4%）』『クラス単位での掃除（除染）の時間（61.1%）』『園単位での掃除（除染）の時間（84.3%）』『会議の時間（58.2%）』『保護者への対応の時間（65.7%）』『保育者の記録や書類作成時間（46.4%）』『保育者の教材研究や保育の準備時間（43.6%）』と非常に多くの活動について「増えた」と回答した保育者が，福島では関東に比べて有意に多い（$p < .01$）ことが報告されています。

その後の推移を見ると，2015年の調査は，2014年調査に比べ幾分得点は低くなっていますが，有意差が確認されるほどではありません（永井，2015；図6-2）。また，平均点を見ても，3（震災前と変わらない）を大きく超えており，震災前と比べて，非常に多くの時間を保育に費やしていることがわかります。このような長時間の活動は，震災後1年の調査結果報告から継続的に報告されており，保育者に多大な負担をかけ続けていることが想像できます。

震災直後，福島の幼稚園を調査で訪れた際に保育者から話を聞くと，「保育

---

(3) 本章の図は，永井（2015）の表2～表5に記載されている数値をもとに，作図している。永井（2015）においては，園種（幼稚園・保育所）ごとに得点を比較することも想定して平均値を記載しているが，本書では年度の変化に注目しているため，平均値と対象者数（n）から幼稚園と保育所を合わせた平均値を算出し記載している。また，永井（2015）においては，調査年度（2014年，2015年）と園種（幼稚園，保育所）を独立変数とした二要因の分散分析を行っている。本章では，調査年度の変化に注目するため，主に，年度において有意な主効果が認められたものを挙げている。

(4) 音山（2013）の分析は χ^2 検定を行っている。

第Ⅱ部　調査の結果から見えてきたこと

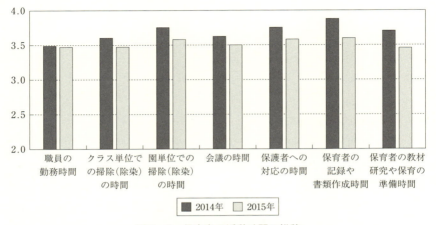

図6-2　保育者の活動時間の推移
（注）　図中の数値については脚注（2）（3）を参照
（出所）　永井（2015）の数値をもとに作図

の前後に除染をし，子どもを迎え入れている」とのことでした。現在は，放射線量の低下も示されているため，除染の時間や回数は減っていますが，調査結果を見ると，いまだに活動時間が長いことがわかります。これは，放射線量が低下してもなお，新たな課題への取り組みを続けている可能性が想定でき，過酷な状況で保育者が活動していることを表しています。

2　保育内容の変化

次に，保育内容の変化についても音山（2013），永井（2015）の調査結果から説明していきます。

（5）　音山（2013）は，「悪くなった」「変化なし」「向上した」という3件法に分類し報告しており，永井（2015）は「悪くなった（1点）」〜「向上した（5点）」の5件法で得点換算した数値を使用して報告している。

（1）保育の回帰

音山（2013）では，震災後1年の福島県の園長は，関東圏の園長に比べ『保育内容（5領域）のバランスよい実践（関東：3.3％＜福島：65.8％, $p<.05$）』『行事の適正な配置（関東：0.0％＜福島：53.7％, $p<.05$）』『日常保育の適切な環境構成（関東：0.0％＜福島：42.6％, $p<.05$）』『教育課程の作成，指導計画の立案・確認（関東：3.3％＜福島：28.3, $p<.05$）』などにおいて，保育内容が「悪くなった」との回答が多くなったことが示されています。この背景としては，震災による様々な制限により，運動会や遠足，プール遊びなどの外で行う行事の日程が大幅に変わったことや，室内での保育環境が大きく変化したことが想像できます。このように，放射能災害により，多くの保育現場は苦境に晒されていました。また，『一斉での運動遊び』について50％近くの園が「減少した」と回答し，『プール遊び』にいたっては90％近くが「減少した」と回答していました（音山, 2013）。このように外での一斉遊びやプール遊びや砂場遊びの減少は，その他の調査でも取り上げられています（藤井・定行, 2014など）。

そして，2014年，2015年調査においては，『教育課程の作成，指導計画の立案・確認』『保育環境の安全・衛生点検』『保育内容（5領域）のバランスよい実践』『行事の適正な配置』の項目で，2015年の調査の方が得点が有意に高く（$p<.05$），震災前と比較してより「向上した」と認識した保育者が多いことが示されています（永井, 2015：図6-3）。

この結果では，外遊びの制限が緩やかになることで，適切な時期への行事の配置やバランスのよい保育実践が進んだことが示唆されています。このような，震災後の放射能災害に代表される劣悪な環境からの回帰の裏では，先に挙げた保育者による園舎やプール等の度重なる除染や，日々の保育計画の見直しなどの日々の努力や気配り，配慮が，震災直後から継続されていることが予測されます。

第Ⅱ部　調査の結果から見えてきたこと

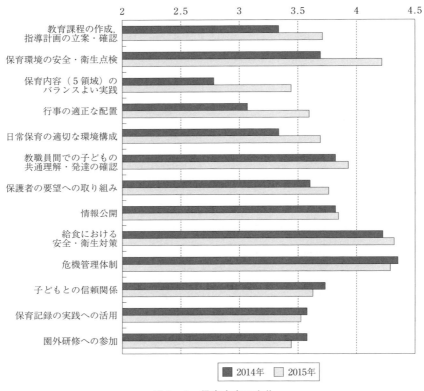

図6-3　保育内容の変化

（注）　図中の数値については脚注（5）を参照
（出所）　永井（2015）の数値をもとに作図

（2）保育の深化

　さらに永井（2015）のデータからは，保育の深まりも感じることができます。2012年調査でも，保育内容について『日常保育の適切な環境構成（45.4％）』『教育課程の作成，指導計画の立案・確認（38.7％）』といった項目で，震災前と比較して「向上した」と認識した園長が多くいたことが示されています（音山，2013）。さらに2015年の調査で，すべての項目で平均点が「変化なし」を意味する3を大きく超えており，震災前と比較して保育が向上したと考えて

198

第 6 章　震災・放射能災害下の保育と保育者の意識

いる園長が多いことが示されています。

　震災後 1 年の取り組みは，園の置かれた環境ごとに手探りの状態で進んでいったことが示されていますが（日本保育学会　災害時における保育問題検討委員会，2011），自然豊かな福島を襲った放射能被害という外部からの刺激により，どの地域においても大きく環境が変化し，震災を分岐点としてこれまでの保育の見直しが必要であったことは間違いありません。

　震災から時間が経過する中で，少しずつ環境が改善し，外遊びの自由化やプールの再開，行事の適切な配置へと繋がっています。しかし一方で，当たり前にあった環境が一度失われてしまったことにより，これまでの保育をゼロから見直す必要があり，大きな変化を導いたと考えられます。そしてそのために必要だった，『会議時間の増加』『保育記録や書類作成時間の増加』『教材研究や準備時間の増加』等がそのままの形で維持され続けていると考えられます。これらが，保育者が今ある環境について振り返り，省察する時間が増加することに繋がり，子どもが安全に過ごせる状況を作り出し，保育が向上しているととらえることができます。

　賀門（2013）は，「震災・事故以前は日常の流れの中でつい埋もれてしまいがちだった保育のねらいや内容への意識や見方が，3.11 を境に一旦崩れ去ったことで，一人ひとりの保育者が『自分の保育をどうするか』を強く意識するようになった」と述べており，震災により，保育を見直した保育者も多くいる可能性を示唆しています。当たり前にあった環境が失われたことで，何気なく過ごしていた保育環境の素晴らしさや保育のねらいをとらえなおし，それらが子どもの発達にとってどのようなものだったのかを再考する機会が増えたと考えられます。

　具体的な保育内容の変化については，第 I 部で取り上げられていますが，質問紙調査の結果からも，福島の多くの幼稚園，保育所で保育のとらえなおしが行われていることが示されました。

第Ⅱ部　調査の結果から見えてきたこと

3　保護者との信頼関係

　調査から浮かびあがった特徴として，震災による保護者対応の増加が挙げられます。

（1）保護者とのかかわりの増加
　2012年の調査において，『保護者の要望への取り組み』に関しては，70％以上の園長が「向上した」と回答しており，『情報公開』についても75％以上が「向上した」と回答していました（音山，2013）。また，2014年，2015年調査においても，「保護者の要望への取り組み」「保護者への対応の時間」「在園児の保護者への情報提供や相談活動」といった保護者に関する質問項目の平均が3.5を超えるなど継続した支援が行われていることがわかります（図6-4）。
　福島の保育者から話をうかがうと，「外遊びの再開に際しては，何度もアンケートをとり，保護者から意見を求めたり，保護者会で意見交換を行ったりと保護者理解に努めた」との声を多く聞きました。放射能については，未知の部分が非常に多いため，専門家を呼んだ保護者を対象とした勉強会を設定した園も多く，保護者の不安低減のために大きな力となっていました。さらに，個別対応もきめ細やかに行っており，外遊びを再開した際には，「マスクを着用する園児」「外遊びをさせない園児」「外遊びを自由にさせる園児」等，個々の保護者の要望に応えた保育をしていました。

（2）迅速な対応
　情報公開の方法についても大きな進歩が見られました。福島県内の幼稚園のホームページを見ると，情報更新が早く，放射線量が下がりはじめた現在においても，園の放射線量を毎日掲載しているところもあります。これらの動きは，全国的に問題となった，PM2.5による子どもの外遊びの制限の際にも効果を発揮し，瞬時にインターネットでの情報公開に踏み切った園も多くありました。

第6章 震災・放射能災害下の保育と保育者の意識

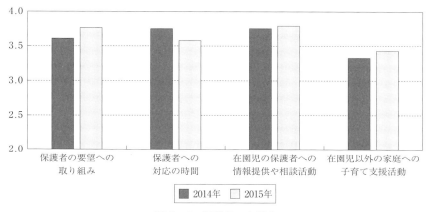

図6-4 保護者への対応
（注）　図中の数値については脚注（5）を参照
（出所）　永井（2015）の数値をもとに作図

このように多くの情報を瞬時に保護者に伝える方法について，先進的な取り組みをしています。

こうした園の姿勢や保護者対応が，保育者と保護者との信頼感を強固なものにしていきました。加藤（2013a）によって報告された福島市，郡山市の協力園を対象とした保護者調査の自由記述では，「幼稚園の対応はとても速く，親として大変心強いです」「園には，本当によくやっていただき感謝しております。大きな不安を抱えながらの新学期でしたが，一つひとつ不安なことを解消してくださり，今は安心して幼稚園に通わせることができています。今のところ，避難せずやっていこうと家族ではなしています」といった感謝の気持ちが多く述べられています。

（3）子どもへの真摯な取り組み

また，保護者への対応だけでなく，子どもの命や発達への真摯な取り組みが信頼感の構築に力を発揮しています。加藤（2013a）によって報告された2011年の保護者調査の自由記述でも，「4〜5月の2か月の間，昼間自宅にいて○

○と 2 人で悶々と過ごしていましたが，6 月に入園してから，○○はとても生き生きとした表情で生活できるようになっています」「子どもにとって，今一番の楽しみは幼稚園です。園で遊んでいる子どもたちを見ると本当にうれしそうで，やっぱりここにいたいと思います。家庭では食事等，気をつけて生活するようにしていますので，園ではのびのびと遊ばせていただくこと，うれしく思っています」等の意見がありました。このように，園に通うことで，子どもの成長の姿が認識できたことも示されています。保育者が保護者から信頼を得るためには，保護者の相談にのるだけではなく，子どもの発達を保護者に実感してもらうことの必要性も述べられています（加藤, 2016）。今回の保護者からのコメントは，まさに保育者としての専門性を発揮し，子どもの発達を導くことにより，親からの信頼をより強いものにしたと考えられます。

　そして，多くの園で毎日，除染のために保育後の室内の丁寧な拭き掃除と，朝の園庭の掃除を行い，放射線量の低下を図っていることはすでに述べました。このような毎日の地道な取り組みを通園時，降園時に目の当たりにしていくことで，保育者の真剣さが保護者に伝わり，信頼感の構築へと繋がったとも考えることができます。

4　保育者のストレス

　ここまで取り上げた，保育の回帰と深化，保護者の信頼感の強まりは，保育者の努力の上に成り立っています。

（1）保育者の頑張り

　震災直後，自らの家族と連絡が取れない中，在園児の命を最優先し，保育所で一夜を過ごした保育者は，まさに命を守るべき存在としての社会的役割を果たしました。放射線量の高い地域では，国や自治体の行った除染では十分な線量低下にいたらなかったため，保護者とともに園庭の大規模な除染を行った園も多くありました。それに加え，毎日，保育が終わってから 1 時間以上かけ室

第6章　震災・放射能災害下の保育と保育者の意識

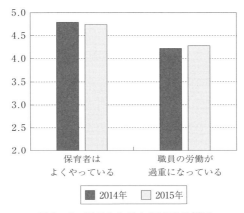

図6-5　園長から見た保育者の様子
（注）　保育に対する考え方について5件法（1：そう思わない〜5：そう思う）で回答を求めている
（出所）　永井（2015）の数値をもとに作図

内を除染し，翌日の朝には1時間前から出勤し，園庭の除染に努め，子どもが少しでも安全に過ごせるように環境を整えていました。園によっては，家庭生活支援の一環として，家庭の除染にも協力していました。さらに，内部被曝の危険から子どもを守るべく，食べ物の放射線量を測定したり，食材の産地を特定・選定したりするなど多くの労力を割き子どもの健康を第一に努めていました。このように，子どもの不安や健康を守るため，日常の業務に加え多くの労を尽くし子どもの命を守り続けました。

　2012年調査でも，園長からは「保育者はよくやっている」との回答が多くありました（音山，2013）。また，先に述べたように保育者の活動は非常に多いのが現状で，2014年，2015年調査においても，園長は保育者の頑張りを非常に強く感じ，それと同時に，保育者の心労を気にかけていました（図6-5）。このように保育者は震災後の5年もの間，過酷な状況の中で頑張り続けていることがわかります。

　以上のように，福島の保育者は震災直後の大きな環境の変化とその後の回復

に向かうまでの慢性的な不安状況の中で保育をしていることが示されています。

（2）頑張りを受け入れにくい保育者

　ここまで挙げたデータや，福島を訪れるたびに目にする保育者の姿を見ると，福島の保育者の頑張りは疑いようがありません。しかしながら，福島での意見交換会やインタビュー調査，OMEP（世界幼児教育・保育機構）フォーラムに参加し現場の保育者と話をしていると，福島の保育者の話からは，幾分異なった印象を受けます。

　震災後1年半ころから，「今ある環境の中でどう保育していくかを考えていくことができるはずだ」「原発事故を言い訳にしない」といった声を複数の保育者から耳にしました。これらの言葉は困難な状況に立ち向かい，子どもの発達を支えるという高い専門意識の表れとしてとらえることもできます。しかしながら，先に挙げたような保育に多くの時間を割き，保育について取り組んでいる（取り組まなければいけない）ことは事実であり，その頑張りを自ら評価してもいいのではないかと感じます。

　野村・杉山（2013）は，今回のような大規模な災害は，「みなが経験していること」「みんな大変なのだから，『不満をいってはいけない』という空気になりやすい」と述べています。また，近年では，教師・保育者は感情労働（自分の感情を制御して，相手の感情に合わせたり，職務上必要な感情を相手に喚起させたりすることで対価を得る労働）を必要とする職業とも言われており（中坪ほか，2011），自らの感情を抑制することが求められる職種と考えられています。このように，ただでさえ自分の感情を押し殺しやすい状況において，教師・保育者特有の感情制御により，ストレスを想像以上にため込んでいることが予測できます。また，「忍耐強く，我慢強い」という言葉に代表されるような福島の県民性もこの傾向を高めている可能性も否定できません。

（3）保育者の葛藤

　さらに，保育者としての葛藤も多いと推測されます。保育者としての倫理綱

領として，全国保育士会（2003）は，「子どもの最善の利益の尊重」「子どもの発達保障」等を採択しています。このように保育者として，子どものことを第一に考え，子どもの発達を導くことが求められています。ただし，福島においてはそのような視点を強く持つからこそ，葛藤を抱えている保育者もいると考えられます。放射能は，体への悪影響があるかないかもわからず，あるとすれば，その症状はいつ出てくるのかもわかりません。このような曖昧な不安を抱えながら保育をしている状態は，子どものことをどれだけ考えても，答えにたどり着くことができません。そのため，慢性的な不安に苛まれることになります。

　実際に，震災直後に保育者から話を聞くと，「自分の保育園では外遊びをさせているが，自分の子どもは保育園で外遊びをさせないようにお願いしている」との言葉もありました。また，永井（2015）の調査では，保育者の「ここまで来るのに大変な悩みと取り組みの連続でした。以前と変わらないように示されていますが，今なお不安とストレスは続いています」「低線量被ばくによる健康被害が今後出るのかどうか心配」といった記述が挙げられています。このように，子どものことを第一に考えるからこそ曖昧な不安をつねに抱えていることが予測できます。

　また，田中（2013）は保育者について，「福島の保育者たちの大変さは，状況が好転する見通しが立たないことと，子どもの現状の捕捉の難しさにあるのではないだろうか。いつまでと期限が見えず，子どもが適応しているのか我慢しているのかもつかみにくい状況の中で，どうすればよりよい保育になるのかを模索し続けなければならない。目標が明確であれば，覚悟と気力で進むことができる。目標が定まらないままでは走り続けることは難しい」と述べています。筆者も，保育者を志す学生を対象に授業をする中で「子どもの発達を見通して保育するように」といった話をする機会が多くあります。しかし，先を見通すことが難しい環境では，その意識の高さがかえってストレスを生む可能性があります。

　震災直後は，空間放射線量の低下や食物の線量低下など目の前の課題がはっ

きりとしていました。情緒不安定な子どもの様子や体力低下，睡眠不足等が問題視される中，それらの解消に向けての対策をつねに練っていました。それらの課題は，いまだ解消されたとは言えませんが，それでも，徐々に課題は緩やかになっています。そうなると，何を目指して保育をすればいいのか，子どもの発達を積み上げていくためには，どのような環境が必要なのかといったことに目を向けていくことの難しさが出てくると考えられます。

5　園種による違い

　保育所と幼稚園といった施設差を想定することも必要です。
　永井（2015）において，保育所では，幼稚園に比べて，震災後に保育内容や活動が向上したと答える傾向が高いことが示されています。また，『給食における安全・衛生対策』『危機管理体制』といった生活に密着した項目についても，保育所の得点の方が有意に高く（$p<.05$），配慮が大きいことが示されました。加えて，『遠方への園外保育の実施』『記録や書類の作成』についても得点が高いことが示されています（$p<.05$）。保育者は，給食や午睡などの長時間保育により，多くの連絡事項について，保護者と連絡が必要となったと考えることができます。このように，保育所では，多くの項目についての作業量が増えてきていることが問題と言えます。
　また意見交換会では，保育所か幼稚園かにかかわらず，放射能災害にかかわる助成金等の請求に関する書類作成が増えているとの話も聞かれました。このように，実際の保育にかかわる書類作成のみならず，震災に関する書類の増加も想定されています。
　一方，幼稚園では，園児の減少が大きな問題となっています。これは，放射能災害により，多くの子どもが避難をしていることが関係していると考えられます。幼稚園の保護者は，専業主婦（夫），もしくは家庭で子どもを養育する環境が整っていると考えることができますが，保育所の保護者は，両親ともに仕事等に従事している可能性が高いため，避難が難しく，園児数への影響は少

ないと考えられます。幼稚園の子どもの家庭では，母親が子どもを連れて避難し，父親が単身赴任することも可能であるため，幼稚園での園児の減少が顕著になっていると考えられます。

以上のことから園種ごとに不安が異なるように，各園の置かれている状況によっても，その不安や子どもの発達に関するデータは異なります。その個別性を理解し，悩みの多様性について考えることが必要です。

6 福島の保育者調査から見えてきたこと

本章では，音山（2013），永井（2015）で報告された2012年調査，2014年調査，2015年調査のデータを紹介しながら，加藤（2015c）でまとめられている視点をもとに，震災後5年間の保育者の意識の変化について解説しました。

（1）福島の保育者が直面している問題

震災後の困難な状況下において，子どものことを第一に考え，取り組んだ保育者の頑張りや努力が背景にあることが浮かび上がってきました。また，保育者が凄まじい努力と時間をかけて子どもにかかわっているにもかかわらず，いまだに多くの不安を抱え続けていることや，「曖昧さ」からくる慢性的な不安があることも見えてきました。それは，永井（2015）の「子どもの発達への影響」に関する自由記述の分析にも述べられていた「運動不足による，体力低下や発達の偏りに対する不安」などを意味しています。

このような環境の中での保育は，保育者に多大な負担を強いています。その頑張りをどのように理解し支えていくのかが今後の課題と言えます。放射線量が低下し，福島の保育を取り巻く環境は，徐々に改善されてはいます。しかし，たんに線量が下がり，外遊びが戻ったとしても新たな問題が噴出しており，いまだ「震災中・災害中」ということを再認識する必要があります。

(2) 福島の保育から学ぶこと

　福島では放射能の影響により,「外遊びができない」「虫に触ることができない」「保護者からの要求が非常に多くなった」「保護者の食材に関する注意が増した」といった変化が瞬く間に発生しました。それにより,日常にあった保育環境が突然失われ,保育に対する見直しが行われていることも示唆されました。

　しかし,福島以外の地でも都市化の進行とともに「外遊びができない地域」は増加し,自然環境の劣悪化による経験不足から「虫に触ることができない」子どもも増加しています。また,モンスターペアレントに代表される「親の要求の増加」なども全国各地で報告されています。このことから考えると,福島で起こっている環境の変化は,日本の多くの地域で緩やかに起こっている社会現象に通ずるものがあるのではないでしょうか。ただし,福島の場合,通常緩やかなのでなかなか気づかない変化が一瞬のうちに起こってしまったため,その変化が大きく様々な問題が浮き彫りになっています。そのため,現在福島の保育者が行っている「その環境に応じた保育の見直し」や「子どもの発達や命を守る取り組み」を知ることは,子どもの育ちや親の子育てに,より普遍的な示唆を与えてくれる可能性もあるのではないでしょうか。

〈文　献〉

藤井里咲・定行まり子「保育所における子どもの外遊び環境の実態と放射能の現状――福島県における子どもの日常生活回復に向けた取り組み1」『学術講演梗概集 2014（建築計画）』2014年,383-384頁。

賀門康博「Ⅰ．協力園対象継続研究　1．調査協力園における保育の実態」日本保育学会 災害時における保育問題検討委員会報告書『震災を生きる子どもと保育』2013年,79-92頁。

加藤孝士「Ⅰ．協力園対象継続調査　2．福島市・郡山市の幼稚園保護者の意識に関する調査報告」日本保育学会 災害時における保育問題検討委員会報告書『震災を生きる子どもと保育』2013a年,93-125頁。

加藤孝士「Ⅱ．放射能災害地域と関東圏の比較　2．保護者対象調査」日本保育学会 災害時における保育問題検討委員会報告書『震災を生きる子どもと保育』2013b年,197-206頁。

加藤孝士「協力園保護者調査 Ⅰ．協力園継続調査について」日本保育学会 放射能災害にかかる保育問題研究委員会『放射能災害下の保育問題研究——平成25年・26年調査報告書』2015a年，203-209頁．

加藤孝士「協力園保護者調査 Ⅱ．2013年，2014年，新入園児保護者調査について」日本保育学会 放射能災害にかかる保育問題研究委員会『放射能災害下の保育問題研究——平成25年・26年調査報告書』2015b年，210-221頁．

加藤孝士「広域調査結果 Ⅱ．4年間の園長調査を振り返って」日本保育学会 放射能災害にかかる保育問題研究委員会『放射能災害下の保育問題研究——平成25年・26年調査報告書』2015年，234-245頁．

加藤孝士「保育における相談支援」『保育・教育相談支援——子育ち，子育てを支える』建帛社，2016年，52-66頁．

永井知子「広域調査結果 Ⅰ．2014年，2015年調査 園長調査」日本保育学会 放射能災害にかかる保育問題研究委員会『放射能災害下の保育問題研究——平成25年・26年調査報告書』2015年，223-233頁．

中坪史典・金子嘉秀・中西さやか・富田雅子「保育者のストラテジーとしての感情労働——幼稚園の3歳児クラスの分析から」『幼年教育研究年報』第33巻，2011年，5-13頁．

日本保育学会 災害時における保育問題検討委員会報告書「災害時における子どもと保育」2011年．

野村和代・杉山登志郎「子どもの心身を守るために必要なこと」『発達』第133号，2013年，18-25頁．

音山若穂「Ⅱ．放射能災害地域と関東圏の比較 1．園長（所長），教諭・保育士対象調査 震災に生きる子どもと保育」日本保育学会 災害時における保育問題検討委員会報告書『震災を生きる子どもと保育』2013年，168-196頁．

田中三保子「Ⅰ．協力園対象継続調査 4．保育者の振り返りと非日常の保育からの学び」日本保育学会 災害時における保育問題検討委員会報告書『震災を生きる子どもと保育』2013年，162-167頁．

全国保育士会「全国保育士会倫理綱領」2003年．http://www.z-hoikushikai.com/about/kouryou/index.html

第7章

震災・放射能災害下の家庭生活と保護者の意識

加藤孝士

　福島第一原発事故による放射能汚染から5年以上が過ぎ，主要部の除染が進み環境放射線量は徐々に低下しています。そのような過程で，家庭生活はどのように変化し，保護者はどのような不安を抱え生活していたのでしょうか。本章では，保護者を対象に行われた種々のアンケート調査の結果をもとに，「震災直後（1年間）」と「その後の意識の変化（1年目以降）」という2つの視点から，放射能災害下における家庭生活や保護者の意識について述べます。

1　震災直後（1年間）の家庭生活と保護者の意識

　第1節では，震災後の状況を把握するため，震災後1年未満に行われた調査を中心に，「家庭生活」「子ども」「保護者」という3つの観点から解説します。[1]

（1）家庭生活の様子

　家庭生活の変化について取り扱った調査として，震災4か月後の2011年7月に福島市，郡山市の幼稚園の保護者を対象に，日本保育学会 災害時における保育問題検討委員会が行った調査があります（加藤，2013a）。この調査では，

---

(1) 太田ら（2015）や渡辺・山根（2012）のように原発事故によって避難した者を対象に調査を行い，避難先での生活の変化等についても報告している調査も存在するが，ここでは，福島県に残り生活している保護者について取り上げる。なお，本章では福島県とは，福島市，郡山市を中心とした中通り地方を指す。

第Ⅱ部　調査の結果から見えてきたこと

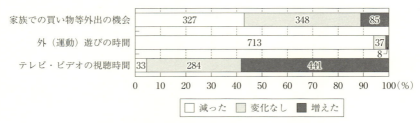

図7-1　震災後の子どもの生活の変化

(出所)　加藤（2013a）を修正

　震災前と比較して，『家族での買い物等の外出の機会』や『家族での会話や触れ合い』『外（運動）遊びの時間』『テレビ・ビデオの視聴時間』『友達と遊ぶ機会』がどのように変化したのかを質問しています。

①外遊びの減少とそれによる変化

　外遊びなどに関連する結果を図7-1に示しました。その結果，327名（43％）の保護者は，『家族での買い物等の外出の機会』が「減少した」と回答していました。また，「増加した」と回答した85名（11％）の保護者に具体的な場所を尋ねたところ「県外や会津」「放射線量の少ない場所」「大型ショッピングセンター」との回答が大半を占め，放射線量の低い地域や，外気に触れないことを意識しながら外出していることがわかりました。さらに，震災前と比べて，『外遊びの時間』が「減少した」と回答した母親が713名（94％）と多く，放射能の影響により極端に外遊びが減少していました。2012年1月に行われた，福島子ども健康プロジェクト（2013）の調査でも『子どもといっしょに散歩に行く機会』という設問に「めったにない」と回答した保護者が45％と高い比率を示したことからも，近所への外出が減少していたことが推測できます。

　放射能災害は，ほとんどの人にとって未知の体験です。そのような状況下において，外部被曝を防ぐために，一時避難や他の地域への移住を決意した方も多くいます（太田ほか，2015；永井ほか，2016；阿部，2015など）。そして，様々な理由により福島に残って子育てをする保護者は，子どもの外部被曝を防ぐための取り組みを数多くしていました。筆者が，震災半年後に福島県を訪ね

第7章　震災・放射能災害下の家庭生活と保護者の意識

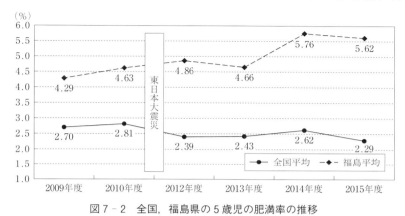

図7－2　全国，福島県の5歳児の肥満率の推移
（出所）　文部科学省（2010，2011，2013，2014，2015，2016）の数値をもとに作図

ると，夏の暑い日にもかかわらず，長袖とマスクを着用し，スーパーに買い物に来ている子どもの姿を見ました。また，外出後は，手洗い・うがいを徹底し，飲み水はミネラルウォーターを使うなど，外部被曝や内部被曝を防ぐための取り組みをつねに行っていることも調査により明らかにされています（加藤，2013a）。

また，『テレビ・ビデオ視聴』が「増加した」子どもが441名（58％）と多くいたことも示されています（加藤，2013a）。これは，先にも挙げた外部被曝を防ぐための外出が減少したことによって起こった変化だと考えられます。保護者の自由記述を見ると，「外で遊べないのでDVDを見ることが多くなった」「外へ出たくないのでどうしても…」といったものもあり（加藤，2013a），致し方なくテレビ視聴が増加したと考えられます。

これらの生活の変化が子どもに与えた影響として，肥満率の増加が挙げられます。文部科学省「学校保健統計調査」（2010，2011，2013，2014，2015，2016）の各都道府県の肥満率の推移を見ると（図7－2），全国平均に比べ福島県における震災後の肥満率が上昇していることがわかります。震災直後の外遊びの減

(2)　2011年度調査は，東日本大震災の影響で，岩手県，宮城県，福島県での調査が行われていないため，2011年度の数値を除いて作図している。

第Ⅱ部　調査の結果から見えてきたこと

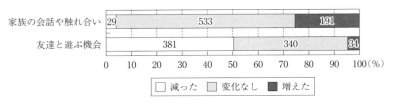

図7-3　震災後の家族・地域との交流の変化
（出所）　加藤（2013a）を修正

少やテレビ・DVDの視聴の増加が肥満率の上昇に影響を与えたという科学的根拠を確認できていませんが，外遊びの減少やテレビ・ビデオ視聴の増加は，運動活動の低下を招きやすく，それにより肥満傾向が増したことも考えられます。

また，睡眠時間の減少や眠りの浅さなども指摘されています（高原，2012）。この理由としては，震災直後の度重なる余震により眠りが浅くなったことや津波の映像等による影響も予測できますが，運動不足のため体が疲れ難く，睡眠を妨げているとも考えられます。

②家族の結びつきと地域との交流

さらに，加藤（2013a）においては，『家族の会話や触れ合い』について，191名（25％）の家族が「増加した」と回答しており，「減少した」とする家族29名（4％）よりも多いことが示されています（図7-3）。この理由についても自由記述でたずねたところ「家族の時間が増え子どもの話をよく聞けるようになった」「地震によってスキンシップが増えた」「そばから離れなくなったので過ごす時間や会話が増えた」「（震災前は）小3の長男を1人で留守番させた事がありましたが，今は不安でさせていません。外出も家族単位が多くなりました」という記述がありました。このように，家族で過ごす時間の増加と子どもの不安定な精神状態，親の不安などにより，家族のかかわりが増えた可能性も考えることができます。

福島子ども健康プロジェクト（2013）の調査でも，『一緒の食事』『一緒に遊ぶ』『父親の育児参加』といった設問について，「ほぼ毎日」と回答した保護者

第7章　震災・放射能災害下の家庭生活と保護者の意識

図7－4　誰もいない公園

がそれぞれ，82％，66％，48％と高い比率であることが示されるなど，家族関係が密接化したことは他の調査でも示されています。

　さらに，加藤（2013a）では，『友達の遊ぶ機会』が「減少した」と答えた保護者が半数を超えていました（381名；50％）。この理由としては，先に挙げた，外気に触れることによる外部被曝をおさえるための配慮と考えられます。筆者も，震災半年後の9月に福島市に行った際，とても天気がよかったにもかかわらず，公園には誰一人いませんでした（図7－4）。また，道端を歩く親子の姿を目にすることもありませんでした。このように子どもの外部被曝を恐れ，外部の人との接触を避けた保護者は多くいたと考えられます。

　それに加え自由記述では，「放射能に関しては人によって個人差があるので，他のお母さん達とお話をする時は慎重に自分の考えを伝えていますが，意識の差が大きく違う方のお子さんとは遊ぶ機会が減ってしまい，子ども同士は淋しいようです」といったように，意見の違いを理由に他者とのかかわりに億劫になったとの意見もありました（加藤，2013a）。放射能に関する情報は様々で，健康にどのように影響を与えるのかも未知数です。そのため，一人ひとり異なる意見となりやすく，大きな意見の相違を招いていた可能性があります。このように放射能に関する考えの大きな食い違いにより，放射能の直接的影響だけ

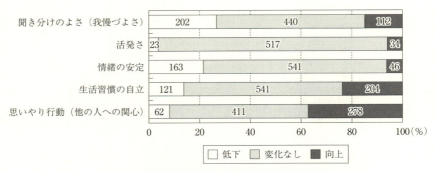

図7-5 震災後の子どもの変化

(出所) 加藤 (2013a)

でなく，二次的に地域コミュニティが分断されていた可能性が示されました。

(2) 子どもの様子

母親から見た子どもの様子については，『生活習慣の自立（204名；24%）』や『思いやり行動（278名；37%）』が「増えた」と回答した保護者が多くなりました（図7-5）。これらの子どもの能力は，加齢に伴って発達していくと考えられるため，この結果だけで福島県特有の傾向を見出すことはできません。ただし，滝田・音山（2011）によると，「震災後，幼稚園・保育所が再開された後，子どもにとってはなかなか受け入れることのできない外遊びをはじめとする遊びの制限を違和感なく受けいれていたこと」を報告しています。このように日常ではあまり経験しない制限が，その後の発達にどのような影響を与えるのかを注視し続ける必要があります。

『情緒の安定』に関しては，163名（22%）の母親は，「減少した」と回答しており，震災後の子どもが情緒不安定になっていたことがうかがえました。震災後の子どもの特徴的な行動として「津波ごっこ」に代表される震災後の状況を模倣する遊びが挙げられていました。今回の対象となっている，福島県の中通り地区は，内陸部のため，津波被害は一切ありませんでしたが，滝田・音山（2011）の報告では，福島県内の保育所でも「津波ごっこ」が確認されており，

余震の恐怖におびえながら，震災を身近に感じつつ，その苦しみを表出していったと考えられます。また，幼稚園・保育所での生活の折にも，震災前と比べても不安な姿や保育者（大人）の顔色をうかがいながら活動する姿が確認されており（賀門，2011），震災による影響を大きく受けながら，不安定な中で生活していた姿が見てとれます。また，「音への過敏性（以前よりも敏感になった，風で戸が揺れる音に怖がるなど）」「午睡の問題（物音で目が覚めて泣くことが続いたなど）」「排泄の問題（怖くてトイレに行けないなど）」等も指摘されています（本郷，2011：2013）。「津波ごっこ」も次第にエスカレートし，死体役の子どもが出現するようになったことも挙げられており（本郷，2011），現実と遊びの境目がわかりにくくなっていることも示されています。その後，夏以降減少していた「津波ごっこ」が，年明け後，急速に増加したことなども報告されています（本郷，2013）。この理由として，年末のテレビで放映されたことなどが指摘されています。その真偽は定かではありませんが，震災後に一度落ち着いたかに見えた不安定な行動が，外部からの刺激によって，再び不安定な行動として現れることも示されています。

　以上のように調査結果からは不安定な子どもの様子が浮かび上がりますが，実際に福島県に行き，自分の目で子どもたちを見ると，幾分異なった印象も受けました。筆者が福島県の幼稚園や保育所を訪れた際には，子どもたちが与えられた環境の中で，生き生きと遊んでいました。また，保育者や教育者を志す学生と福島県に行き，保育者にインタビューも行いましたが，その中で学生自身も「子どもは，非常にたくましく，大人以上に今ある環境（外遊びは出来ないなど様々な制限のある環境）を受け入れている」と感じていました（石川ほか，2014）。このように，調査の結果に見られる子どもの様子と実際の子どもの様子の間にはギャップもありました。ここに述べたような生き生きとした子どもの様子は様々な文献で語られており（田中，2013など），すべての子どもが不安定な行動をしたわけではないことにも留意しておく必要があります。

（3）保護者の様子

　東日本大震災後，福島県で生活する人は種々の不安と闘いながら生活をしていることは，想像に難くありません。それでは，具体的にどのようなストレスを抱えながら生活していたのでしょうか。そこで，「震災」「放射能」「意見の食い違い」の3つの視点から保護者のストレスの可能性を挙げていきます。

①震災によるストレス

　東日本大震災によるストレスとしてまず挙げられるのが，他の被災地域も抱える地震や津波の苦しみです。長時間の大きな揺れ，それによって生じる家屋の倒壊，そして多くの命や建物を飲み込んだ津波被害など多くの人が悲惨な経験をしました。震災直後，身内が亡くなったことを子どもに気づかれないように努力している保護者，自分たちの生活のメドが立たないまま避難所から保育所に通わせる保護者など，様々なストレスを抱える状況で生活をしていました（本郷，2011）。

　そして，東日本大震災以降も続く余震は，トラウマティックな体験を思い起こさせました。さらに，テレビから繰り返し流される津波の映像によっても，多くの悲しみと恐怖を体験したことでしょう。それらを裏付けるように，福島県立医科大学が行った大規模な免疫調査では，被災者のうつ病やPTSD等の不安障害リスクが高いことが明らかにされています（Maeda et al., 2014）。「被災地としての福島」と聞くと放射能災害ということが頭に浮かびやすいのが現状ですが，他の被災地と同様の地震によるストレスの大きさも忘れてはいけません。

②放射能によるストレス

　福島県特有の問題として，東京電力福島第一原発事故による放射能被害により，先の見えない長期的なストレスも抱えながらの生活を余儀なくされていることが挙げられます。

　「少子化」や「都市化」「女性の社会進出」「情報化」などの変化により，子育てを取り巻く環境は大きな問題を孕んでいると言われています。そのような状況の中で，先ほども挙げた「外遊び」や「食べ物」の制限を受けながら子育

てをすることは，想像以上に多くのストレスをもたらすことでしょう。具体的には，「子どもの手洗い・うがい」や「水分の摂取」「マスクの着用」などに神経を使っていたことが示されており（加藤，2013a；成，2016），他の地域に比べ，多くの配慮を必要としながら子育てをしていました。また，保護者自身も被災者であるため，大きなストレスも抱えていると考えられます。

　そんな中，前田ほか（2016）は，「震災後に出会うお母さんの多くは，自分自身の健康状態は省みず，子どもの成長や心身の安定，健康の維持に心血を注いでいる」と述べています。このように，自らの健康被害を受ける可能性もある中，自らを犠牲にしながら子どものことを第一に考え行動していることがわかります。これに関連して，放射能環境下における保護者のストレスに関する調査・研究も数多く行われ，たとえば筒井（2012）では，震災後の保護者が「子どもの外遊び」「洗濯物」「県内産の野菜」等に不安を抱えていることが示されています。

　また，幼稚園・保育所の保護者は小学校・中学校の保護者よりも不安が高いことも確認されています（筒井，2012）。放射能がどのように健康被害を与えるかは定かではありませんが，子どもが幼いほど，健康に与える影響を心配する親が多いと考えられます。この傾向は，チェルノブイリ災害時の調査においても同様の結果が示されており（Bromet, Goldgaber & Carlson, 2000 など），幼少の子どもを持つ母親の抑うつ・不安が強いと考えられます。よって，震災時，保育所・幼稚園に子どもを通わせていた保護者や，当時家庭で子育てをしていた保護者のストレスについては，今後も検討していく必要があります。

③意見の食い違いによるストレス

　放射能に関しては，情報化社会と言われる現代の社会的環境も相まって，非常に多くの情報が氾濫していました。そのため，どの情報が正しく，どの情報が間違っているのかもわからない状況が続きました。その中で，正否の判断が個々人にゆだねられ，子どもの将来を見据えた判断を下すことは，大きなストレスを招いたと考えられます。また，加藤（2013b）の調査では，子育てに関する設問に対して福島県の保護者は，関東の保護者に比べ，様々な項目で得点

のばらつきが大きかったことを示しています。このような状況や結果は，震災直後の福島県において，意見の食い違いが起こりやすい状況であったことを示しており，保護者間の意見の食い違いから生じたと考えられます。

　また，成（2016）は，震災直後の福島県中通りの保護者の様子は複雑化していることを示し，「避難したくてもできない人」「避難してきた人」「避難しない人」「仕事を求めて入ってきた人」「避難後，戻ってきた人」「避難と帰還の二重生活の人」「避難していった人」など，非常に多様な人や価値観が存在したと述べています。このような場合，家族内および地域内で放射能への対処を巡って葛藤や軋轢を生じやすいと考えられます。このように震災後は，多くの価値観が存在し，その中でどのように生活していくのかといった，人生にかかわる大きな選択が迫られました。その選択により，地域コミュニティが分断された可能性もあります。

2　震災1年後以降の家庭生活と保護者の意識

　ここからは震災からしばらくして以降の調査結果をもとに，「家庭生活」「子ども」「保護者」という3つの視点から，震災1年後からどのように変化したのかを解説します。

（1）家庭生活の様子
　震災1年後以降の家庭生活の変化について調査・研究したものとして，2012年1月から2014年2月までに年1回，福島市，郡山市の幼稚園の保護者を対象に，日本保育学会　災害時における保育問題検討委員会，および放射能災害にかかる保育問題研究委員会が行ったものがあります（加藤，2015a）。この調査は，加藤（2013a）で使用された質問項目を修正し，細かな質問項目を設定しています。その結果を中心に挙げつつ，他の調査結果も踏まえ震災後の変化について解説します。

第7章　震災・放射能災害下の家庭生活と保護者の意識

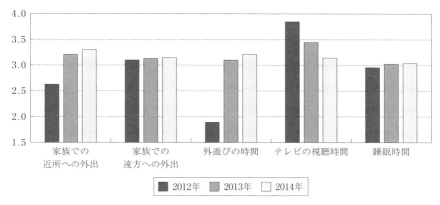

図7-6　2012年から2014年までの子どもの生活の変化
(注)　子どもの活動について5件法（1：非常に減少した〜5：非常に増加した）で回答を求めている
(出所)　加藤（2015a）の数値をもとに作図

①外遊びと近所への外出の変化

　震災後，急激に減少した近所への外出と外遊び，急激に増加したテレビ視聴は，その後どのように変化したのでしょうか。日本保育学会 放射能災害にかかる保育問題研究委員会の調査では，『家族での近所への外出』『外遊びの時間』という項目に関して，2013年に大きな得点の上昇があり（$p<.001$），外出や外遊びの時間が急激に増えたことが示されています（加藤，2015a；図7-6）。また，山・藤井・定行（2015）では，2013年の9月から11月の間に，家庭の放射線量をどのくらい確認しているかを調査したところ，9割以上の保護者が，家庭の放射線量の測定を行わなくなったことが示されています。この変化の理由としては，除染の進行があると考えられます。

　環境省の郡山市の除染状況報告によると，2011年9月から2012年7月までは，公共施設の除染が7割程度しか進んでいませんでしたが，2012年8月から9月の間に数値が大幅に上昇し，除染計画地域の9割以上の施設で除染が完了していることが示され，その後住宅の除染も進んでいった経過が公表されています（環境省「除染情報サイト」）。このような除染の進行により，放射能への意識

221

が若干薄れ、2013年を一つの契機として外遊びや近所での活動が飛躍的に上昇したと考えられます。

ただし、単純に改善のみを示した結果は少ないのが現状です。たとえば遠藤（2015）は、筒井（2012）などの一連の調査報告をもとに、保護者の意識の変化を分析しています。その結果、2014年の時点で、震災前のように外遊びをさせている母親は3割程度であることを示し、いまだ通常とは異なる事態で子育てが継続していると述べています。その他でも、山ら（2015）は、家庭における放射能対策について質問し、約35％の保護者が飲食の制限をしており、約25％の保護者が外遊びの制限をし、約15％の保護者が除染活動をしていることを示しています。加えて加藤（2015a）においても、『食材の放射線量』（2012年＞2013年、2014年；$p<.001$）や『健康被害』（2012年＞2013年＞2014年；$p<.001$）についての心配は、徐々に減少傾向にあるものの、いまだに高い不安があると述べています。その上、加藤（2015b）は、福島市、郡山市の幼稚園の新入園児の保護者に加え、徳島県の幼稚園の新入園児の保護者も対象にして調査を行い、子育ての心がけ等を比較しています。その結果、福島県の保護者は、徳島県の保護者よりも『外出を控える』『屋内で遊べる遊具をそろえる』『屋内遊び場への外出を増やす』『放射線量を確認する』といった傾向があり（$p<.001$）、県外の保護者と比べ、多くの気遣いをし続けていることが明らかになっています。

以上のように、外遊びについては、2013年を境に徐々に増加傾向にありますが、いまだ多くの不安と配慮の中で子育てをしていることが示されています。

震災後半年で急激な上昇を示した『テレビの視聴時間』に関しては、年々減少していることが示されています（2012年＞2013年＞2014年；$p<.001$）。これは、先に述べた近所への外出や外遊びの増加に加え、屋内遊び場も多く誕生し（2014年現在62か所；成井・小野、2014）、近所で体を動かすことが可能になったことも関係していると考えられます。ただし、図7-2でも示したように、いまだに体力低下や肥満率の増加も問題視されています。この理由として、以前の外遊びの制限が、震災前からのテレビやメディア漬けの生活に拍車をかけ、

取り戻すのに時間がかかっているとの指摘もあります（郡山市子どもの心と体の育ち見守り事業研究会，2014）。

　睡眠時間に関して，加藤（2015b）の調査によると，2014年の新入園児の保護者は，2013年新入園児の保護者に比べ，入園後も子どもの「夜泣き」について不安に思っていないことから（p＜.01），睡眠の質に関しても徐々に安定に向かっていることも推測されます。しかしながら，震災半年後にも震災１年半後にも保育所の午睡等の問題が指摘されており，睡眠の不安定さが報告されています（本郷，2011；2013）。その後も，睡眠については大きく改善したとの調査結果は確認できていないため，今後も注視していく必要があります。

②家族の結びつきと地域の交流

　震災直後に示された家族の密着化と地域との交流の希薄化は，その後どのように推移したのでしょうか。

　日本保育学会 放射能災害にかかる保育問題研究委員会の調査によると，『家族一緒に過ごす時間』『子どもの将来についての会話』については，2013年から減少傾向にあり，家族の結びつきが弱まったことが示されました（2012年＞2013年，2014年；p＜.001）（加藤，2015a；図7-7）。前田（2011）は，「災害時においては強烈な密着が生じ，その母子関係の相互作用も平常時に比べられないほど強くなる」としています。震災直後は，震災によるトラウマ体験によって，子どもは大きな不安にさいなまれます。さらに東日本大震災では，その後の余震や放射能の影響により，継続的な恐怖が子どもを襲う状況が続きました。また，親自身も子どもと離れることで大きな不安を抱えることも示されており（加藤，2013a），子どもと距離を置くことが難しくなっていることも示されています。よって親子の過度の結びつきは，不安の高さを示す指標ともとらえることができます。

　親子関係が親密になることにより，ストレスの緩衝効果や発達の促進などのよい面もありますが，それが過度になりすぎると，「母子の孤立」を生み，虐待の危険性が高まることも指摘されています。実際に，2012年度の児童相談所における児童虐待相談件数は，福島県で311件（前年比20％増）であり，虐待

第Ⅱ部　調査の結果から見えてきたこと

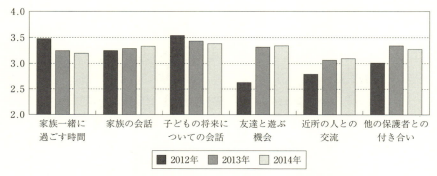

図7-7　2012年から2014年までの家族・地域交流の変化
（注）　子育てでの心がけについて5件法（1：全くしていない～5：強く心がけた）で回答を求めている
（出所）　加藤（2015a）の数値をもとに作図

の相談件数が増加しています（厚生労働省，2013）。よって，ある程度の距離が保てることは，徐々に心理的な復興が進んでいる一つの傾向とも考えることができます。このように震災直後の家族の親密化は，震災後2年を一つの区切りとして落ち着きを取り戻したと考えられます。

　地域との交流については，『友達と遊ぶ機会』『近所の人との交流』『他の保護者との付き合い』といったことが，2013年を区切りとして，かかわりが増加していることが示されています（2012年＜2013年，2014年；p＜.001）（加藤，2015a；図7-7）。これは，先に述べた地域の除染が進んだことが一つの要因と考えられます。

　また，太田ら（2015）の報告においても，震災後3年間の間に，0～4歳児の子どもの数が大きく減少し，その後，2014年を境に減少が止まっていることを示しています（2011年 −5.2％，2012年 −7.6％，2013年 −2.4％，2014年 −0.3％，2015年 ＋0.2％）。この推移だけを見て判断することはできませんが，震災後の生活をする中で意見の異なる者（たとえば，外遊びへの不安感が非常に強い保護者）は他の地域に移り住んだ可能性があります。

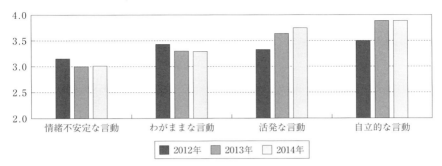

図7-8 2012年から2014年までの子どもの発達の変化
（注）　子どもの活動について5件法（1：非常に減少した〜5：非常に増加した）で回答を求めている
（出所）　加藤（2015a）の数値をもとに作図

（2）子どもの様子

①子どもの変化

　子どもの様子の変化では，『情緒不安定な言動』（p＜.001）『わがままな言動』（p＜.01）が2013年に減少し（2012年＞2013年，2014年），震災後2年目からこれらの行動が少なくなっていることが示されています（加藤，2015a；図7-8）。また，『活発な言動』（2012年＜2013年＜2014年；p＜.001）『自立的な言動』（2012年＜2013年，2014年；p＜.001）は，2年目から増加していました。この2年目という時期は，生活の変化でも，「外遊びの増加」や「地域交流の増加」といったように，日常の生活が戻りつつあることが示唆された時期と重なります。このような生活の変化により，子どもの行動をポジティブにとらえるようになったと考えられます。

　以上のように，保護者から見た子育てを取り巻く環境や子どもの様子については，ポジティブな要素が増え，ネガティブな要素が減少していることがうかがえました。

　一方で，学校現場などからは，「子どもの落ち着きのなさ」がしばしば報告され，幼稚園，保育所においても同様であることが指摘されています（本郷，2016）。この傾向は，震災後に誕生した子どもにも確認されています。つまり，

第Ⅱ部　調査の結果から見えてきたこと

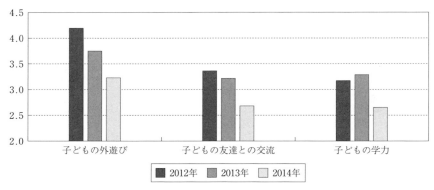

図7-9　保護者の子どもに対する不安

（注）　子どもへの心配について5件法（1：全く心配でない〜5：非常に心配）で回答を求めている

（出所）　加藤（2015a）の数値をもとに作図

震災の影響のみならず，生活環境の影響の可能性も高いと考えられ，親のストレスや養育態度等の影響も想定しつつ，今後もその動向を検討していく必要があります。

さらに，これらの調査は学校の先生や保育者を対象として行われていることにも注目する必要があります。学校の先生や保育者は，震災前から子どもの様子を見ているため，震災前の子どもの様子と比較して報告を成している可能性があります。一方で，震災前に子育てをしていない保護者は，震災前の子育てや子どもの状況との比較が行えないため，認識が異なる可能性も考慮する必要があります。

②子どもへの不安の変化

子どもに対する不安に関しても，毎年の変化が報告されています（加藤，2015a）。その結果では，『子どもの外遊び』『子どもの友達との交流』については，年を追うごとに不安が低くなっており（2012年＞2013年＞2014年；$p<.001$），『子どもの学力』に関しては，2014年の調査を機に不安が低くなっています（$p<.001$）（図7-9）。ただし外遊びについては，2014年についても平均得点が高く，いまだに高い不安があることが明らかとなっています。

第7章　震災・放射能災害下の家庭生活と保護者の意識

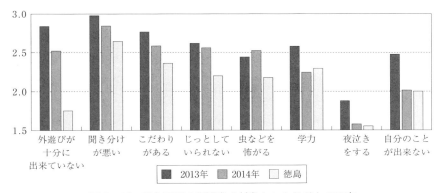

図7−10　新入園児の保護者を対象とした子どもの不安
（注）　子どもへの心配について5件法（1：全く心配でない〜5：非常に心配）で回答を求めている
（出所）　加藤（2015b）の数値をもとに作図

　幼稚園の新入園児の保護者を対象とした調査でも，『外遊びが十分に出来ていない』という項目については，2013年から2014年にかけては得点の低下が見られ（$p<.001$），徐々に不安は解消されていることが示されていますが，県外の得点と比べてみると，その開きは大きく，いまだに高い不安を持っていることが示されています（加藤，2015b；図7-10）。さらに，『聞き分けが悪い』（$p<.05$）『こだわりがある』（$p<.01$）といった項目に関しても，2013年から2014年にかけて不安は低減していますが，県外に比べれば不安が高いことがわかります。

　ただし，『学力』（$p<.01$）『夜泣きをする』（$p<.01$）『自分のことが出来ない』（$p<.001$）といった項目に関しては，2013年から2014年にかけては得点の低下が見られ，徐々に不安が解消していることが示された上，2014年調査と県外の調査との比較では統計的に有意な差は見られませんでした。このことから，不安がかなり低減しているものもあることが明らかとされています。

　このように，不安の低下がうかがえるデータがある一方，『じっとしていられない』（2013年，2014年＞徳島；$p<.01$）『虫などを怖がる』（2014年＞徳島；$p<.05$）という項目に関しては，2013年と2014年の不安に差は確認されず，県

外との比較を通じて不安に大きな差が確認されました。「じっとしていられない」ということに関しては，先に挙げた本郷（2013）でも指摘されています。このような落ち着きのなさについては，一見すると発達障がいなどの先天的な要因が想定されがちです。しかしながら，震災によって発達障がいが増加しているとは考えにくく，制限のある環境によって，落ち着きがなくなっていることや，先天的な落ち着きのない性質を促進させている可能性があります。また『虫などを怖がる』ということに関しては，幼いころの外遊びの不足や，外出した際も外の事物への接触を強く制限されていたことから，大きな不安を感じるようになったと考えられます。

　以上のように，子どもに対する不安は年を追うごとに減少している様子は見て取れますが，いまだに高い不安があるものや，不安が低減していないものもあることがわかります。このように，様々な性質の特徴を見極め，対応していくことが今後も求められます。

（3）保護者のストレスの変化

　震災1年後の不安に関しては，「震災」「放射能」「意見の食い違い」という3つの視点からストレスを解説していきましたが，ここでは，「放射能」「二次的なもの」に関するストレスという2つに着目します。

①放射能によるストレスの変化

　成（2016）は，震災後の生活の変化を，「事故直後」「半年後」「2年後」「3年後」「4年後」という時期ごとに調査を行い，生活の変化や子育ての不安の推移を明らかにしています（表7-1）。この調査の結果，『地元産の食材を使用しない』『洗濯物の外干しをしない』といった，放射能による内部・外部被曝を防ぐための取り組みが2013年を機に大きく低減しているものの，なおも多くの人が配慮しながら生活していることが示されています。とくに，『健康影響の不安』『子育ての不安』に関しては，いまだ50％以上の人が不安と考えており，福島県の保護者の不安の高さを示しています。

　また，日本保育学会 放射能災害にかかる保育問題研究委員会の調査でも，

第7章　震災・放射能災害下の家庭生活と保護者の意識

表7-1　事故後の生活の変化（放射能によるストレス）

	事故直後	事故後半年	2年後（2013年）	3年後（2014年）	4年後（2015年）
地元産の食材を使用しない	90.5	84.5	50.2	39.3	28.5
洗濯物の外干しをしない	93.9	80.5	44.9	36.4	32.3
保養への意欲	91.5	89.0	74.8	66.0	55.1
避難願望	85.0	74.5	45.7	31.8	24.5
健康影響の不安	95.2	91.3	79.5	63.7	58.5
子育ての不安	92.9	87.3	71.8	60.3	50.7
親子関係の不安定	16.3	14.8	9.6	8.1	5.5

（注）「あてはまる」「どちらかといえばあてはまる」の合計。数字は％。
（出所）　成（2016）

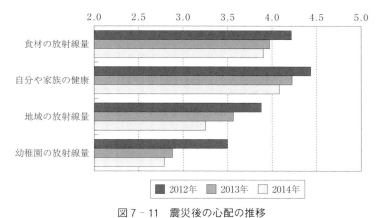

図7-11　震災後の心配の推移

（注）　生活への心配について5件法（1：全く心配でない～5：非常に心配）で
　　　回答を求めている
（出所）　加藤（2015a）の数値をもとに作図

生活に関する心配の推移について報告しています（加藤，2015a；図7-11）。その結果では，『食材の放射線量』（2012年＞2013年，2014年；$p<.01$）『地域の放射線量』（2012年＞2013年＞2014年；$p<.001$）『幼稚園の放射線量』（2012年＞2013年，2014年；$p<.01$）という放射能被曝に関する項目と，それが波及すると考えられる『自分や家族の健康』（2012年＞2013年＞2014年；$p<.001$）につ

第Ⅱ部　調査の結果から見えてきたこと

表7-2　事故後の生活の変化（二次的なストレス）

	事故直後	事故後半年	2年後(2013年)	3年後(2014年)	4年後(2015年)
情報不足		—	—	75.4	69.6
配偶者との認識のずれ	32.8	28.2	18.8	21.1	17.2
両親との認識のずれ	35.3	31.1	24.5	25.8	20.7
周囲との認識のずれ	39.2	36.6	29.9	28.0	23.0
補償の不公平感	73.7	74.8	73.0	70.8	70.2
経済的不安感	84.2	80.7	70.4	65.2	58.8
いじめや差別への不安	—	—	—	54.2	51.2

（注）「あてはまる」「どちらかといえばあてはまる」の合計。数字は％。
（出所）　成（2016）

いて年々不安が減少していることが示されていますが，その平均値を見ると高い値を示しており，いまだに高い不安を抱えていることが示されています。

②二次的なストレス

　また，時が経つことによって，新たな不安が増加している可能性があります。たとえば，成（2016）では，情報不足を感じている保護者が多いことが示されています（表7-2）。放射能災害においては，震災直後に正確な情報が提供されなかったことや，その後多くの情報が氾濫し，混乱を招いたことから，情報に関する不安はいまだに高い状態であることが示されています。

　また，震災直後に他の保護者との考えの相違も問題点の一つとして挙げられていましたが（加藤，2015a），成（2016）においては，『配偶者』『両親』『周囲』との認識のズレは，徐々に減少していることが示されています。また，生活での心配について調査したところ，『他の人との意見の違い』（2012年，2013年＞2014年；$p<.001$）について，徐々に「減少している」という結果も示されるなど（加藤，2015a），時間が経過することでバラバラだった意見が集約されていることもわかります。さらに，加藤（2015a）では，『知人の避難』（2012年＞2013年＞2014年；$p<.001$）についても，年を追うごとに不安が低下していることが示されています。この不安の低下は，福島での生活することへの不安

第7章　震災・放射能災害下の家庭生活と保護者の意識

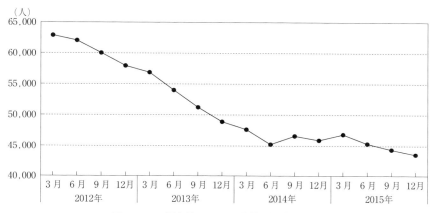

図7-12　福島県における県外避難者の推移
（出所）　復興庁（2015）の数値をもとに作図

の減少や新たな避難者数の減少等も影響していると考えられます。

　震災後の放射能被害・復興の特徴として，いまだ多くの方々の避難が継続していることが挙げられます（避難者の推移は，図7-12）。この中には，避難区域等からの強制避難と避難区域等以外からの自分たちの判断での自主避難が含まれます。ここまでで紹介した調査では，福島県に残って子育てをしている母親が対象となっているため，震災後時間が経過するにつれて，避難した母親は対象から外れています。そのため，成（2016），加藤（2015a）で示された認識や意見の一致は，意見の異なる者が他の地域に避難したことによって，意見のばらつきが集約された可能性もあります。

（4）忘れたい気持ちと忘れてほしくない思い
　震災後，時間が経過する中で福島には2つの「風」が吹いていると言われています。その風とは，「風評」と「風化」です。加藤（2015a；2015b）の両報告においても，『風評への不安』と『風化』や『支援の継続』に関する項目の得点が高いことが示されています。
　具体的には『支援が継続するか』『原発事故の問題の風化』については，

第Ⅱ部 調査の結果から見えてきたこと

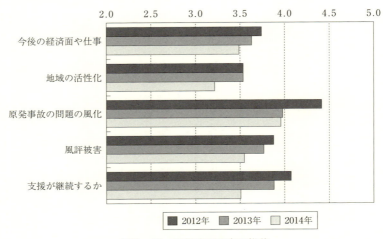

図7-13 震災後の不安の推移

（注） 生活への心配について5件法（1：全く心配でない〜5：非常に心配）で回答を求めている
（出所） 加藤（2015a）の数値をもとに作図

2013年に得点が低くなり（2012年＞2013年，2014年；p＜.001），震災後2年が経ったころに，不安が減少したことが示されています（図7-13）。『風評被害』『今後の経済面や仕事』『地域の活性化』については，2014年に得点が低くなり（2012年，2013年＞2014年；p＜.001），震災後3年たってから，不安が減少に向かったことが明らかとされています。このように徐々に不安が低くなっていることが示されてはいますが，平均値を見ると高い項目が多く，いまだに高い不安状態にあることが見てとれます。

『風評被害』とはまさに，震災のこと，放射能のことを忘れてほしい（忘れたい）という思いの表れだと考えられます。図7-14は，2016年3月12日の朝刊に掲載された福島県の広告です。そこにも述べられているように，放射能災害によって「ヒロシマ」「ナガサキ」と同じように，「フクシマ」といったカタカナ表記がなされることによって，一部の人にとっては，被曝地としてのイメージが定着しています。そのため，放射線量など，様々な部分で復興が進んでいるにもかかわらず，風評から福島県産の野菜が売れないなどの被害を招いて

第 7 章　震災・放射能災害下の家庭生活と保護者の意識

あなたの思う福島はどんな福島ですか？

福島県という名前を変えないと、復興は難しいのではないかと言う人がいます。
海外のかたの中には、日本人はみんな、防護服を着ていると思っている人もいるそうです。

あなたの思う福島はどんな福島ですか？

福島にも、様々な人が暮らしています。
括ることはできません。
うれしいこと。くるしいこと。
進むこと、まだまだ足りないこと。光の部分、影の部分。
避難区域以外のほとんどの地域は、日常を歩んでいます。

お時間があれば今度ぜひいらしてくださいね。
ふらっと、福島に。
いろいろな声によって誇張された福島はそこにはありません。
おいしいものが、きれいな景色が、知ってほしいことが、たくさんあります。
おもしろい人が、たくさんいます。
未来に向かう、こどもたちがいます。

あなたの思う福島はどんな福島ですか？
あなたと話したい。
五年と、一日目の今日の朝。

福島の未来は、日本の未来。
昨日までの、あたたかな みなさんからの応援に感謝します。
原発の廃炉は、長い作業が続きます。
名前は変えません。
これからもどうぞよろしくお願いします。

ほんとにありがとう。

福島県

図 7 - 14　2016年 3 月12日の福島県の新聞広告

います。そのことから「フクシマ」という表記を変えてしまった方がよいという意見すらあるようです。

しかしながら，忘れられるということは福島県の放射能被害が収束したことを意味しており，正に「風化」した状態ととらえることができます。この「風化」は，「支援の終わり」を導くと考えられます。しかしながら，本章で述べてきたように，被災者はいまだに多くの困難を抱えており，多くの支援を必要とします。よって，そのことを認識しながら，保護者やその支援にあたる保育者を支援し続ける必要があります。

そして新聞広告にもあるように，実際に福島県を訪れ，実際の福島の子どもやどのような生活をしているのかを目にし，何ができるのかを考えていくことが必要です。

〈文　献〉

阿部隆「東日本大震災による東北地方の人口変動（続報）」『日本女子大学大学院人間社会研究科紀要』第21号，2015年，1-18頁。

Bromet, E. J., Goldgaber, D., & Carlson, G. Children's well-being 11years after the Chornobyl Catastrophe. *Arch Gen Psychiatry*, 57, 2000, 563-571.

遠藤明子「原発被災地における子どもの野外活動制限・自粛の現状」『商学論集』第83巻第4号（富澤克美教授退職記念号），2015年，221-231頁。

福島子ども健康プロジェクト「福島原発事故後の親子の生活と健康に関する調査報告書（速報）」2013年。http://mother-child.jpnwellness.com/sites/mother-child.jpnwellness.com/files/130714results.pdf

復興庁「避難者数の推移【平成27年12月25日】」2015年。http://www.reconstruction.go.jp/topics/main-cat2/sub-cat2-1/20151225_hinansha_suii.pdf

本郷一夫「子どもと子どもを取り巻く人々への支援の枠組み」『発達』第128号，2011年，2-9頁。

本郷一夫「求められる心理的支援と支援の専門性」『発達』第133号，2013年，2-7頁。

本郷一夫「個人とコミュニティのレジリエンスを高める支援」『発達』第145号，2016年，52-57頁。

石川咲・大江亜実・大西智子・大西佐季・加藤美咲・後藤志織「放射能災害下の保育について——福島県の保育者へのインタビューを通じて」『第55回中・四国

保育学生研究大会発表要旨集録』2014年，52-53頁。
賀門康博「学会員からの報告事例・報告・意見等資料２．福島県事例３」『日本保育学会第64回大会　緊急シンポジウム「災害時における子どもと保育」報告書』2011年，127-145頁。
賀門康博「研究協園における保育の実態」日本保育学会　災害時における保育問題検討委員会報告書『震災を生きる子どもと保育』2013年，79-92頁。
金谷京子「原発事故避難の子どもたちを支援して」『発達』第128号，2011年，61-65頁。
金谷京子「続原発事故避難の子どもたちを支援して――離散からつながりへ」『発達』第133号，2013年，51-55頁。
環境省「除染情報サイト　除染実施区域の概要・進捗」http://josen.env.go.jp/zone/details/fukushima_koriyama.html
加藤孝士「Ⅰ．協力園対象継続調査　２．福島市・郡山市の幼稚園保護者の意識に関する調査報告」日本保育学会　災害時における保育問題検討委員会報告書『震災を生きる子どもと保育』2013a年，93-125頁。
加藤孝士「放射能災害と保育問題―福島県を中心に―Ⅱ．放射能災害地域と関東圏の比較　２．保護者対象調査」日本保育学会　災害時における保育問題検討委員会報告書『震災を生きる子どもと保育』2013b年，197-208頁。
加藤孝士「協力園保護者調査　Ⅰ．協力園継続調査について」日本保育学会　放射能災害にかかる保育問題研究委員会『放射能災害下の保育問題研究――平成25年・26年調査報告書』2015a年，203-209頁。
加藤孝士「協力園保護者調査　Ⅱ．2013年，2014年，新入園児保護者調査について」日本保育学会　放射能災害にかかる保育問題研究委員会『放射能災害下の保育問題研究――平成25年・26年調査報告書』2015b年，210-221頁。
郡山市子どもの心と体の育ち見守り事業研究会『2013年度郡山子どもの心と体の育ち見守り事業，調査報告書』2014年。
厚生労働省「児童相談所での児童虐待相談対応件数」2013年。http://www.mhlw.go.jp/stf/houdou/2r98520000037b58-att/2r98520000037ban.pdf
前田正治「子どもと災害――親子にみられる情緒的相互作用」『教育と医学』第700号，2011年，58-67頁。
前田正治・桝屋二郎・植田由紀子・内山登紀夫「福島における母子の相互作用――二つの支援現場から」『発達』第145号，2016年，75-79頁。
Maeda, M., Yabe, H., Yasumura, S., & Abe, M. What about the mental health of adults? *Journal of Mediacal Sciences*, 60, 2014, 209-210.
松谷満・成元哲・牛島佳代・阪田祐介「福島原発事故後における『自主避難』の社

会的規定因——福島県中通り地域の母子調査から」『アジア太平洋レビュー』第11号，2014年，68-77頁。

文部科学省「学校保健統計調査　平成20年度　統計表」2009年。http://www.e-stat.go.jp/SG1/estat/List.do?bid=000001015757&cycode=0

文部科学省「学校保健統計調査　平成21年度　統計表」2010年。http://www.e-stat.go.jp/SG1/estat/List.do?bid=000001025830&cycode=0

文部科学省「学校保健統計調査　平成22年度　統計表」2011年。http://www.e-stat.go.jp/SG1/estat/List.do?bid=000001029865&cycode=0

文部科学省「学校保健統計調査　平成24年度　統計表」2013年。http://www.e-stat.go.jp/SG1/estat/List.do?bid=000001046937&cycode=0

文部科学省「学校保健統計調査　平成25年度　統計表」2014年。http://www.e-stat.go.jp/SG1/estat/List.do?bid=000001052599&cycode=0

文部科学省「学校保健統計調査　平成26年度　統計表」2015年。http://www.e-stat.go.jp/SG1/estat/List.do?bid=000001058733&cycode=0

文部科学省「学校保健統計調査　平成27年度　統計表」2016年。http://www.e-stat.go.jp/SG1/estat/List.do?bid=000001070660&cycode=0

永井雅人・大平哲也・安村誠司・高橋秀人・結城美智子・中野裕紀・章文・矢部博興・大津留晶・前田正治・高瀬佳苗「東日本大震災の避難者の避難状況と運動習慣——福島県『県民健康調査』」『日本公衆衛生雑誌』第63巻第1号，2016年，3-10頁。

成井香苗・小野咲子「福島　親子支援のこれまでの3年間とこれから——子どもたちの未来のために」『子育て支援と心理臨床』第9巻，2014年，74-79頁。

太田光洋・原野明子・新山伸一・堺秋彦「子どもの居住と支援」日本保育学会　放射能災害にかかる保育問題研究委員会『放射能災害下の保育問題研究——平成25年・26年調査報告書』2015年，246-261頁。

関口はつ江「放射能災害下で原点に向かう保育——福島の保育所・幼稚園から」『発達』第133号，2013年，77-84頁。

成元哲「原発事故後の生活の変化とコミュニティ分断の実態」『心理学ワールド』第72号，2016年。

高原円「低線量下の福島で暮らす幼児・児童とその保護者の心理的ストレス（2）——子どもたちの睡眠問題調査との関連から」日本心理学会第76回大会（於：専修大学），2012年。

高谷理恵子「発達段階ごとに異なる震災の心理的影響について——東日本大震災後の福島市における幼稚園児・小学生の保護者の調査から」発達心理学会　ニューズレター，第77号，2016年，1-2頁。

高谷理恵子・富永美佐子・筒井雄二「原子力災害による心理的影響に関する研究（2）――福島県の園児・児童とその保護者の心理的ストレスの変化」『日本発達心理学会第26回大会発表論文集』2015年。

滝田良子・音山若穂「学会員からの報告事例・報告・意見等資料2．福島県事例4～15」『日本保育学会第64回大会 緊急シンポジウム「災害時における子どもと保育」報告書』2011年，146-173頁。

田中三保子「保育者の振り返りと非常時の保育からの学び」日本保育学会 災害時における保育問題検討委員会報告書『震災を生きる子どもと保育』2013年，162-167頁。

筒井雄二「多重災害ストレスが児童期および幼児期の精神的健康に及ぼす影響」『福島大学研究年報別冊』2012年，21-26頁。

筒井雄二・高谷理恵子・富永美佐子「原子力災害による心理的影響に関する研究（1）――福島県の1歳6カ月児，3歳児の母親の心理的ストレス」『日本発達心理学会第26回大会発表論文集』2015年，P4-002。

富永美佐子・高谷理恵子・筒井雄二「原子力災害による心理的影響に関する研究（3）――大学生は原子力災害をどのように捉えたのか？」『日本発達心理学会第26回大会発表論文集』2015年，P4-002。

渡辺顕一郎・山根純佳『震災後の子育て家庭の生活実態に関する調査報告書――福島県および山形県内への避難者を中心に』2012年。 http://kosodatehiroba.com/pdf/12box/shinsai-chosa.pdf

山侑子・藤井里咲・定行まり子「福島県の家庭における放射能の現状と子どもの外遊びの変化について」『日本女子大学紀要 家政学部』第62号，2015年，59-64頁。

第8章

支援活動とその意義

原野明子

　東日本大震災の発生後，被災した地域に対して多くの支援が行われました。これは，保育の現場においても例外ではなく，国や自治体，企業，団体や個人からの様々な支援がよせられました。しかしながら，どのような支援が行われたかその全貌はよくわかっていません。そこで，筆者は同僚らとともに福島県内の公立，私立の幼稚園や保育所，認定こども園の園長に対し，支援内容と支援に対し感じたことについてアンケートによる調査を行いました。本章では，このアンケート結果に基づきながら，支援活動とその意義について考えていきます。

1　調査の対象と内容

　アンケートは，2015年2～3月に実施しました。福島県内の幼稚園，保育所，認定こども園の計652園の園長宛に郵送し，回答後は同封した返信用封筒による返送をお願いしました。依頼した園は福島県下の全59市町村内に所在していますが，分析にあたっては市町村を県北，県中，県南，会津・南会津，避難指示区域内および相双地区，いわきといった福島県内の行政区ごとにまとめました。

　アンケートは無記名とし，フェイスシート部分により，園が所在する地域，公立か私立（法人）か，幼稚園か保育所かが特定できるようにしました。その他に，震災以降に受けた支援とその内容を尋ねました。支援は，「①建物や園

庭・固定遊具に関係した支援」「②保育の活動に関する支援」「③除染に関する支援」「④物資に関する支援」「⑤人的支援」「⑥金銭的支援」の有無（「あった」「あったが受けなかった」「なかった」から1つ選択）と，それらの支援を受けた時期と支援者を自由記述方式で記述してもらいました。さらに，受けた支援について「有り難かった支援」（2011年3月以降，年度ごとに），「支援を受ける際に負担に感じたこと」「配慮がほしかったこと」についても自由記述で回答を求めました。

なお，支援の有無の分析は，SPSS for Windows ver. 23.0 を使用し，χ^2 検定と残差分析を実施しました。以下，差があるもしくは多少について記述しているものは，いずれも分析の結果，5％水準で有意差があったものです。

回答をよせてくれた園(2)は，表8-1のとおり計247園でした（回収率は37.9％）。以下に，調査の結果を「震災以降に受けた支援」「有り難かった支援」「支援を受ける際に負担に感じたこと，配慮がほしかったこと」ごとに述べていきます。

2　震災以降に受けた様々な支援

（1）建物や園庭・固定遊具に関係した支援

震災以降に受けた支援のうち，建物や園庭・固定遊具に関係した支援の有無

---

(1) 福島県の地域については，第1章（図1-1）で述べられているとおりである。本章では，第1章の区分の「浜通り地方（相双・いわき地方）」をさらに「避難指示区域内および相双地区」と「いわき」に分けた。なお，これも第1章で述べられているが，東日本大震災以降，主に相双地区の市町村は，避難指示区域として指定された。これまでの居住地を離れ，会津や県北，県中に行政区を置いているところもある。本研究での園の所在地についても，主にこの行政単位による区分けを行った。ただし，会津と南会津は数の上からも一緒にして問題がないと考えられたため，会津・南会津としてまとめている（第1章の図1-1の会津地方にあたる）。また，避難指示区域内の園は，他の地域に主たる行政庁舎が移っていても，従来の所在地である避難指示区域内および相双地区に分類した。

(2) 保育所についても，以下「所」ではなく「園」と表記した。

第8章　支援活動とその意義

表8-1　回答者の属性別内訳

	私　立			公　立			計
	幼稚園	保育所	認定こども園	幼稚園	保育所	認定こども園	
県　北	5	12	1	29	17	2	66
県　中	11	5	3	10	21	2	52
県　南	2	2	0	13	8	1	26
会津・南会津	5	5	1	19	17	1	48
避難指示区域内および相双地区	1	2	0	10	5	2	20
いわき	7	9	3	5	11	0	35
計	31	35	8	86	79	8	247

とその内容を尋ねました。全体として見ると，支援内容としてもっとも多く挙げられていたのが，固定遊具の交換でした。これは「子ども元気復活交付金」（福島定住等緊急支援交付金）によるものです。この交付金は，原発事故の影響により人口が流出し，地域の復興に支障が生じていると認められる地域に交付されるもので，たとえば運動機会の確保に係る事業として，遊具の更新が含まれています。国から市町村に2分の1が交付されます。

　その他には，砂場の砂や園庭の土が挙げられていました。これらは個人やNPO法人，民間の企業や団体による支援が多いようでした。

　次に，公立園と私立園とで受ける支援の有無に差があったかどうかを，設置母体（2：公立・私立）×支援の有無（3：「あった」「あったが受けなかった」「なかった」）についてのχ^2検定を行いました[3]。その結果，設置母体による支援の有無には差があり，私立園では支援があったとの回答が多く，公立園では支援がなかったとの回答が多いことがわかりました。しかしながら，支援があったと回答した園数自体は公立園の方が多くなっています（図8-1）。

　次に，地域による支援の差の有無を見るために，園の所在地域（6：県北，県中，県南，会津・南会津，避難指示区域内および相双地区，いわき）×支援の有

（3）　以下，χ^2検定で有意差があった場合の下位検定はすべて残差分析による。

第Ⅱ部　調査の結果から見えてきたこと

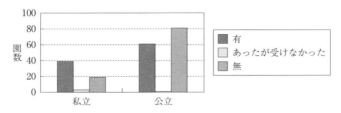

図8-1　設置母体別に見た建物や園庭・固定遊具に関係した支援の有無

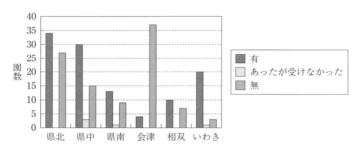

図8-2　地域別に見た建物や園庭・固定遊具に関係した支援の有無

無（3）についてχ^2検定を行いました。その結果，園の所在地域（以下，地域）によって支援の有無に差があり，県中地域では支援が「なかった」「あったが受けなかった」という回答より「あった」との回答の方が多く，会津・南会津地域（以下，会津）では「あったが受けなかった」という回答はゼロで，「あった」という回答より「なかった」との回答が有意に多いことがわかりました（図8-2）。

なお，園種の違いは見られませんでした。

（2）保育の活動に関する支援

保育活動に関する支援の有無を尋ねたところ，もっとも多く挙げられていたのが，福島県による「ふくしまっ子自然体験・交流活動支援事業（幼稚園・保育所自然体験活動等支援事業）」とユニセフによる「外遊びプロジェクト」でし

第8章　支援活動とその意義

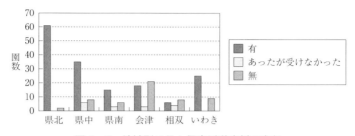

図8-3　地域別に見た保育活動支援の有無

た。いずれも放射線量が高く外での遊びが制限されている中で，放射線量が低い地域に行くためのバス代の補助をしてくれる支援です。その他の団体や企業からもバス代の補助や県外への招待の事業の支援があったとの記述もありました。また，子どもの心のケア事業や親子運動遊び教室，室内での遊びを教えてもらったり，外の土を使わずにすむ栽培活動を教えてもらったりするプロジェクトも挙げられていました。いずれも外で遊べない子どもの保育に悩む保育者を支援するものであったと考えられます。これらの支援は県や市町村に加え，保育関連の団体，NPO法人，民間の企業や団体，大学，個人によるものでした。

　この保育活動に関する支援についても，(1)と同様に，園の設置母体や地域，園種による支援の有無に違いがあるかを検討しました。その結果，設置母体による差はなく，地域および園種による違いが見られました。地域によるちがいとしては，県北地域では保育活動の支援が「あった」との回答が多く，会津地域では支援が「なかった」との回答が多く見られました（図8-3）。さらに，避難指示区域内および相双地区（以下，相双地区）では，「あった」との回答は他の地域に比べ少なく，「あったが受けなかった」と「なかった」との回答の割合が，多いようでした。

　また，幼稚園は保育所より「なかった」との回答が多く見られました。

第Ⅱ部　調査の結果から見えてきたこと

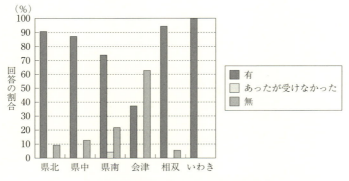

図8-4　地域別に見た物資支援の有無

（3）除染に関する支援

　これは，除染作業そのものに加え，線量の測定機の貸与や寄附を受けたことなどが挙げられていました。支援者は主として国や自治体です。ただし，除染を待つ間に，園の職員や保護者による作業をしたところも少なくないようでした。その他に，保育室へのエアコンの設置の支援もありました。

　除染に関する支援では，園の設置母体，地域，園種による違いは見られませんでした。

（4）物資に関する支援

　物資の支援があったかどうかを尋ねたところ，水や紙おむつ，食料，おもちゃ等の物資に関する細やかな支援が各所から寄せられたようでした。これらは自治体というより，園と関係のある地域の企業や個人，県外の個人等から寄せられたものが多いようです。

　次に，物資に関する支援の有無が，園の設置母体，地域，園種により違うかを検討したところ，地域による違いのみ有意な差がありました（図8-4）。県北地域においては，支援が「あった」との回答が他の地域より多く，会津地域では「なかった」との回答が他の地域より多く見られました。さらに，いわきでは，すべての回答が「あった」となっていました。

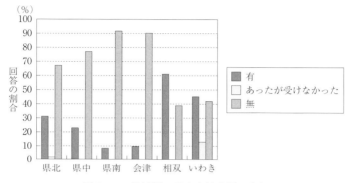

図8-5　地域別に見た人的支援の有無

(5) 人的支援

　人的支援について尋ねた結果，緊急スクールカウンセラー派遣事業の他，音楽の演奏や演劇などの支援があったようでした。他には園庭の表土除去や除染の人的支援もありました。他の支援に比べると支援者は多岐にわたっているようです。しかしながら，恒常的な人的支援があったという回答はありませんでした。さらに，線量を測定する人的支援がほしかったという記述もありました。

　これら人的支援の有無が，園の設置母体や地域，園種により異なるかどうかを，これまでと同様に検討したところ，物的支援と同様，地域により有意な差があり，相双地区といわきは「あった」との回答が他の地域よりも多く，県南，会津地域では「あった」の回答が他の地域よりも少ないとの結果が得られました（図8-5）。

(6) 金銭的支援

　金銭的支援について見ると，支援を受けた園は，その園が所属する団体を通じた支援を受けることが多いようでした。この金銭的支援についても，これまでと同様に，園の設置母体，地域，園種により違いがあるかを検討したところ，地域および園種により，支援の有無の回答に有意な差がありました。県北では，「あった」との回答が多く，「なかった」との回答が少なくなっていました。

会津地域では，逆に，「あった」との回答が少なく，「なかった」との回答が多いことがわかりました。また，相双地区では，「あったが受けなかった」の回答が多く，「なかった」の回答が少なくなっていました。

　また，園種による違いを見ると，幼稚園では「あった」との回答が少なく，「なかった」との回答が多い結果となりました。逆に，保育所では「あった」との回答が多く，「なかった」との回答が少なかったです。

（7）考　察
　上記（1）～（6）の結果を，①設置母体，②園種，③地域，そして④条件差のなかった支援という視点から考察し，支援の特徴についてまとめます。
①設置母体：私立園と公立園の間に見られた違い
　以上の結果から，設置母体別に見て支援の差があったのは，「建物や園庭・固定遊具に関係した支援」のみであり，私立園では支援があったとの回答が多く，公立園ではなかったとの回答が多いことがわかりました。この差は何によるものかを探るため，復興庁および県内各市町のウェブサイトから幼稚園や保育所の遊具更新のために「子ども元気復活交付金」（福島定住等緊急支援）の交付が認められたものを調べてみました。その結果，2016年10月末の時点で，私立幼稚園56，私立保育所44，公立幼稚園55，公立保育所94の遊具更新事業が認められていました。これを，私立，公立でわけると，私立園110，公立園149となり，公立園への支援が多いことがわかります。では，実際の交付と本調査への私立園，公立園の回答のちがいは何によるものでしょうか。
　これは，図8－1からもわかるように，公立園では交付を受けた園も多いのですが，受けていない園はさらに多く，私立園は公立園よりも交付を受けた園は少ないものの，私立園だけで見ると交付を受けた園が多いことによるのかもしれません。さらに市町村ごとの遊具更新を調べると，59市町村のうち17市町村で遊具更新が認められていました。このうち私立園への交付があったのは5市町村にすぎず，さらに言えば，私立園への交付の85％が中核市である郡山市といわき市に対するものでした。また，17市町村でも，それ以外の市町村でも，

園の遊具更新より地域の公園や運動施設等の整備を優先させているところが多いこともわかりました。交付金が予算の2分の1であることから，限られた財政の中での市町村の選択の結果が反映された結果だと考えられます。

②園種：幼稚園と保育所のあいだに見られた違い

　次に，幼稚園と保育所における支援の有無に違いがあったのは，「保育の活動に関する支援」のみでした。これは，幼稚園の方が保育所よりも，支援がなかったとの回答が多いという結果でした。「保育の活動に関する支援」に多く挙げられていた「ふくしまっ子自然体験・交流活動支援事業（幼稚園・保育所自然体験活動等支援事業）」の2014年度の参加団体報告を福島県教育庁社会教育課のウェブサイトで確認したところ，幼稚園が57.5%，保育所が34.5%，認定こども園等が8.0%でした。この結果は，調査の結果とは逆になっています。保育の時間が短い分，幼稚園には他の様々な支援が届かなかったのでしょうか。

③地域による違い

　受けた支援についての分析で，多くの項目でもっとも有意差が出たのが地域によるちがいでした。たとえば，県北地域では，「保育の活動に関する支援」や「物的支援」「金銭的支援」において，支援が「あった」との回答が他地域に比べ多いことがわかりました。一方，県中地域については，「建物や園庭・固定遊具に関係した支援」が「あった」との回答が多いことがわかりました。これら4つの支援について，「なかった」との回答が多かったのが，会津地域です。すなわち，放射線量の高い地域（県北，県中）においては日々の保育に関連する支援が多かったと考えられます。その一方で放射線量の低い地域に対しては，支援が少なかったと言えるでしょう。また，いわきのように，放射線量は低いが相双地区に近い地域では，全国からの物や人の支援が多かったようです。相双地区では，「保育の活動に関する支援」や「金銭的支援」「人的支援」は，「あったが受けなかった」という回答が他地域よりも多いことがわかりました。これは，支援はあるが園そのものが従来のように運営できないというような，他の地区とは異なる状況が反映されていると考えられます。

　以上をまとめると，放射線量の高い県北や県中といった地域では，放射線量

の高さによる保育の困難を軽減させる助けとなる支援を受けることが多く，いわきでは，放射線量は低いが地震や津波の被害および原子力発電所に近いという立地に基づいて，全国から物や人の支援があったと考えられます。そして，会津のように他の地域に比べると震災自体の被害が少なく，相双地区などからの避難を受け入れられるような地区の園には，支援も少ないということがわかりました。すなわち，地域という単位で大まかに見ると，支援は状況に応じたものが行われていたとも考えられます。なお，地域と放射線量の関係については，第1章で述べたとおりです。

④**条件差のなかった支援**

これまでに設置母体や園種そして地域といった要因による支援の有無のちがいを見てきましたが，これらによる差がない支援がありました。除染に関する支援です。除染に関する支援は，除染というより放射線の測定をする機器の支援がほとんどであり，これらは全県下で実施されていたということです。国や自治体がまずは放射線量を測定することを基盤として，福島県下の震災後の支援を講じたためであると考えられます。

⑤**「なかった」との回答の多かった支援**

支援の有無について，多くの項目で支援があったとの回答が多かったのですが，人的支援については「なかった」との回答が多くの地域でみられました。自由記述部分をあわせてみると恒常的な人的な支援がほとんどなかったようです。支援があったと回答した園も一時的な支援（演奏・演劇など）をあげることが多かったようです。第6章で述べられているように，保育の現場では震災後の業務が増えたという実態とは乖離した結果となっています。

ではこれらの支援が園側にどのように受け止められているのかも，アンケート調査の結果をもとに紹介していきます。

まずは，2011年3月以降でとくに有り難かった支援に関する自由記述による回答結果を年度ごとにまとめて述べます。

第 8 章　支援活動とその意義

表 8－2　年度ごとの有り難かった支援

2011年3月	出現回数	2011年度	出現回数	2012年度	出現回数	2013年度	出現回数	2014年度	出現回数
水	47	水	28	バス補助	36	バス補助	48	バス補助	49
マスク	18	バス補助	20	水	13	遊具	16	金銭	6
紙おむつ	8	マスク	14	絵本	10	演奏・演劇	16	食料	6
食料	8	除染	12	食料	10	金銭	10	遊具	6
ミルク	5	演奏・演劇	9	演奏・演劇	9	食料	6	演奏・演劇	5
消毒	4	絵本	8	砂・砂場	8	絵本	5	絵本	4
タオル	3	紙おむつ	8	除染	8	人形	5	積み木	4
絵	2	食料	8	金銭	7	水	5	講師	3
演奏・演劇	2	自然物	6	マスク	7	自然物	4	自然物	3
ティッシュペーパー	2	金銭	4	遊具	7	マスク	3	水	3
		ミルク	4	人形	4	研修	2	人形	2
		毛布	4	自然物	3	交流	2		
		サッカーゴール	3	鬼	2	除染	2		
		情報	3	交流	2	砂場	2		
		扇風機	3	サッカーボール	2	積木	2		
		人形	3	花火	2	花火	2		
		遊具	3						
		砂・砂場	2						
		スマイルパーク	2						
		日用品	2						
		プレゼント	2						

3　とくに有り難かった支援

　震災後から2014年度の終わりまでに受けた支援のうち，とくに有り難かったものを，2011年3月，2011年度，2012年度，2013年度，2014年度の5期に分けて，自由記述で回答を求めました。5期のそれぞれの回答をまとめた結果は表8－2のとおりです。表には自由記述の中で2回以上の記述があったものをまとめました。なお，表の中の，「演奏・演劇」は，コンサート，観劇，音楽，アンサンブル，楽器演奏，パントマイム，紙芝居，公演，文化事業といった記述をまとめました。「自然物」は，落ち葉，木の実，花，花壇，栽培物，「食料」は，米，野菜，お菓子，給食などをまとめたものです。さらに，「除染」は，除染，表土除去，表土入れ替えといった記述をまとめました。

　さて，表8－2を見てわかるように，2011年3月および2011年度は，有り難

かった支援の上位には,「水」や「マスク」が挙げられています。これは,放射性物質についての不安が大きく,内部被曝を避けるためにも,口に入れるものに対して,敏感になっていた時期と重なることがわかります。

　しかしながら2011年度以降に圧倒的に多くの園が挙げているのは,バス代の補助です。震災直後から保育時間中に外に出る時間を制限していたこともあり,バス代の補助を受けて放射線量の低い地域に遠足に出かけ,子どものみならず保育者たちも安心して過ごせたようです。自分たちでお金を出し合うとすると安価ではないバスの借り上げに対する補助は,県やユニセフ,あるいは保育団体等からの援助によるものがほとんどでした。

　また,取り上げられる頻度はやや下回るものの,「演奏・演劇」のように,子どもだけではなく,保育者も日常から解放されて,震災にまつわる様々な業務のことを一瞬でも忘れることができるような支援は2011年度以降上位をしめています。このことから,「水」や「食料」など口に入れるものについての情報や入手に目処がつき,それらの支援が以前ほどには必要ではなくなった後に,金銭面から自分たちの力だけでは実現不可能である保育の内容にかかわる支援を有り難く受け入れていることがわかります。さらに,「金銭」のように,自分たちが必要とするものを手に入れる助けとなるものも上位に出ています。また,2012-2014年度に出てきている「遊具」は,先にも述べた「子ども元気復活交付金」(福島定住等緊急支援交付金)による固定遊具の交換が主です。

　このように,有り難かった支援は,放射線と健康への不安にかかわるものから,放射線の不安の中での日常の保育内容にかかわるものへと移行してきていることがわかります。この推移は,第4章で述べられている保育内容の変化とも少なからず合致していると思われます。また,有り難かった支援は,金額で見たときに,自分たちの力では実現の可能性が高くないものへの支援が挙げられることが多いようです。

　しかしながら,有り難かった支援もあればそうでないものがあるのも実情です。そこで,次に「支援を受ける際に負担に感じたこと」「配慮がほしかったこと」についての自由記述による回答を紹介します。

4　支援を受ける際に負担に感じたことと配慮がほしかったこと

「支援を受ける際に負担に感じたこと」,「配慮がほしかったこと」について自由記述による回答をまとめ，KH-Coder で分析を行いました。

（1）負担に感じたこと

まず，「支援を受ける際に負担に感じたこと」への自由記述データを分析対象ファイルとし，語と語の関係を可視化するために，図式化しました（図8-6）。この図の中で円の色が濃いほど他の語とのつながりの強い語で，また，円が大きいほど使用頻度が多い語ですが，「事務」「報告」「放射能」「アンケート」「写真」「送る」「負担」「感じる」「お礼」などの語が多く用いられていることがわかります。すなわち，支援に対するお礼を求められることや，支援物資（受領）の写真を送ることを求められること，一方で，放射能（線量）の測定や「福島元気アップ緊急支援事業」などの事務対応や報告，「震災」の「アンケート」「調査」への対応が負担であったことをこの図に見ることができます。

（2）配慮がほしかったこと

次に，「支援を受ける際に配慮がほしかったこと」への自由記述結果についても上記と同様の処理を行い図式化しました（図8-7）。

（3）自由記述の記載に見る負担や求められる配慮

支援を受ける際に配慮してほしかったこととして多く挙げられたのは，「温かい」「手」「福島」「気持ち」「お金」「情報」「欲しい」「専門」という語でした。図の中の語の繋がりから，「全国の温かい気持ちを感じる」という語のまとまりと，「室内外で使える遊具とお金の使い方」「専門の情報がほしい」というまとまりが大きく見てとれます。

第Ⅱ部　調査の結果から見えてきたこと

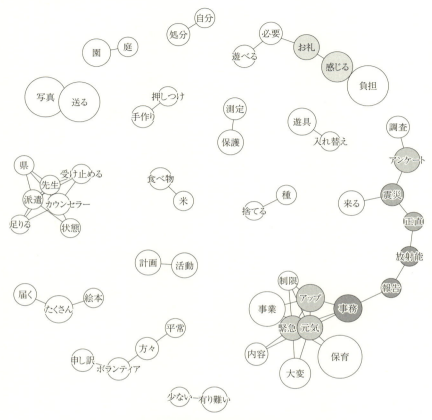

図8-6　支援を受ける際に負担に感じたこと

　そこで，以下にこれらの言及と(1)で述べたお礼や事務手続きへの負担もあわせ，これらに関連した自由記述の記載を紹介しながら，支援を受ける側の負担や求めたい配慮について考えたいと思います。

①必要なものを届けることの難しさ

　自由記述には，全国からの温かい気持ちに感謝が述べられる一方で，以下のような記載がありました。県などから補助されるお金の使い方が限定されたり，支援を受けた時期が求めるときとずれていたりと無駄があったこと。食料の消

252

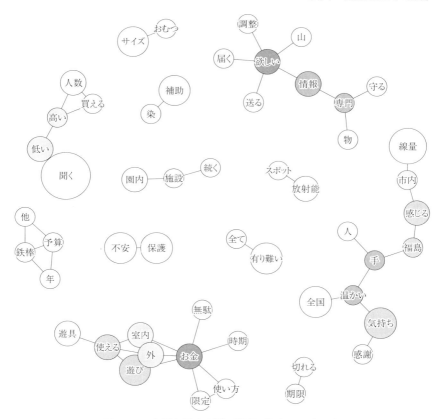

図8-7 支援を受ける際に配慮がほしかったこと

費期限が切れていたり，たとえばおむつのサイズが限定的で一部の子どもにしか使用できなかったりして，せっかくの支援も無駄になることが多かったこと。そこで，あらかじめ欲しいものを聞いてくれたり，どこかで調整してくれたりするとよいという意見が見られました。その一方で，支援物資は自治体や社会福祉協議会などに送られると，そこでとどまったままであったり，運ぶためのガソリンがなかったりするので，直接園に届けてほしいとの意見もありました。さらには，支援する方の思いが強すぎ，この支援はいらないと思っても受けざ

るを得ない場合もあったとの意見もあり、必要とするものを必要とする人に届けることの難しさを再認識しました。筆者もこれについては苦い思い出があります。支援は善だとの思い込みが人の迷惑になることもあるということに、日常の中で思いをめぐらすことをしておけば、いざというときにひと呼吸をおいて、支援ができるのではないかと考えます。

②書類作成等にかんする行政への要望

　ほしかった配慮への自由記述には、行政の支援についての記述が多く見られました。行政からの補助をもらうためには、皆が同じ様式の書類で要望を出すことで、同じ支援を受けることになります。その結果、まだ使えるものを廃棄し新しいものを受け入れねばならなかったり、園児数に応じた配分のため、園児の少ない園では自分たちでも購入できるようなものしか支援が受けられなかったようです。また、書類の書き直しも多く、通常業務に加えこういった事務作業をすることが負担であるとの回答もありました。このことについて、あるとき、県の担当者に申請書と報告書が負担であるとの現場の声について伝えたことがあります。しかしながら、国からのお金の交付であり、間違いがあるからという理由で後で返金を求められても困るために、遺漏のないような書類作成をしているとの回答がありました。人的支援もなく震災関連の業務が増えている保育の現場では、簡便な書類のもとでの自由度の高い支援が求められると思われます。

③「公平さ」と「迅速性」

　同様に、公平な支援と迅速な支援の両立の難しさを述べる記述もありました。たとえば放射線量が高い地域にあったある保育所では、日常の保護者の心配に答えるためにも、専門家に相談して放射線量測定機を震災後の早い時期に購入したそうです。しかしながら、自治体からの支援により放射線量測定機の補助が可能になったときに、すでに購入していた園には補助が認められず、自治体からは、要件にあった測定機でなければ認められないとの回答があったとのことでした。

　このことは、齋藤（2014）も震災後の園での取り組みを述べた著書の中で述

べています。自治体の言い分では、要件にあう測定機を支援することが、公平な支援ということになるようです。乳幼児を対象とする保育所や幼稚園においては、様々な情報を精査しつつ一刻も早く対応することが求められます。しかしながら、役所の考える公平を期した対応では時間的に追いつきません。こういった場合には、後で柔軟に認めるという方策の転換が求められます。園の実態により、必要とされる物や人、そして時期は様々です。それらに見合った支援が公平だということになるのではないでしょうか。平等や公平というと、皆が同じように享受することと考えられる傾向がありますが、そうではないことをこのたびの事態が明らかに示しています。

④現場の実態に応じた補助を

　また、自治体からのその他の補助についても、使い方が限定され、その事務だけで大変な思いをしたとの回答がありました。とくに、放射線に関する研修や情報は必要度が高く、専門家による講演会を保護者対象に開催した園も少なくなかったようです。しかし、予算や手続きの問題が日常の保育を必死にやっている保育者にのしかかりました。「補助が受けられるのは有り難い」と現場では受け止めています。しかし、福島県の保育現場が受けた被害は、震災による被害もありますが、原発事故によるものが大きいと考えるならば、これは人災によるといってもよいものなのです。つまり、「補助が受けられるのが有り難い」と現場では受け止めていますが、奪われた日常を取り戻すための当然の権利であるとも言えます。現場の実態よりも、公的機関の立場が優先されてしまっていることが顕在化したとも言えるのではないでしょうか。

　以上が簡単ではありますが、震災後に保育現場が受けた支援の概要です。なお、行政からの支援については、日本保育学会　放射能災害にかかる保育問題研究委員会「放射能災害下の保育問題研究——平成25年・26年調査報告書」にも紹介されているので、あわせて参照してください。

5 支援について考えたいこと——今後の課題

本章で紹介したアンケート調査の結果から,震災後の支援について考えておきたいことを述べたいと思います。

(1) 緊急時の支援に対する手続きの問題

国や自治体により多くの支援策が講じられ,保育現場はそれを受けてきました。しかしながら,その手続きは煩雑であり,公平の名のもとに,保育現場への新たな業務を増やすものでした。このことについては,ぜひともこれまでの書類を見直し,必要な情報とそれほどではないものを精査し,非常時には簡便な手続きですむように国や自治体に検討をしてもらいたいと考えます。震災などの災害をもう被りたくはありませんが,緊急時に備えた事務手続きの簡便さを平時から追求しておくことで,何かが起こった後の業務負担は,保育の現場だけではなく自治体側においても軽減されるのではないかと考えます。

(2) 人的支援の工夫

先にも述べましたが,恒常的な人的支援はありませんでした。第4章で述べられているように,震災前までも業務で多忙をきわめ,さらに業務が増えたにもかかわらず,人員はそのままだったのです。学校には全国から多くの支援教員が派遣されたようですが,保育所,幼稚園においては,つねに保育者不足の中で実践が続いたということから,いざというときの保育者派遣制度や保育ボランティアの登録制度など,専門職としての保育者の支援制度が必要ではないかと,磯部（2014）は述べています。本来ならば,自治体等の支援で,人的支援が入ってもよさそうなものですが,支援は物や金銭によるものが多く,恒常的な人員には結びつきませんでした。たしかに,人員を増強することには多くの困難が伴います。しかしながら,職務内容によっては,複数の園を同時に受け持つことができるものもあるはずです。保育の免許資格がない人にできるこ

ともあるはずです。こういった可能性を探ることは無駄ではないでしょう。保育の現場でも，保育者ではなくともできること，できたことを集約しておくことからはじめ，考えておくとよいと思われます。

（3）支援する側とされる側

　保育現場への支援は，その時期に応じて必要な内容が異なっていました。また，支援する側も公的な団体から私的団体，個別支援など多岐にわたっていました。アンケートの中では，個人が持続的に支援してくれることへの感謝も述べられていました。清水（2014）は，保育の現場への支援で大事なことの一つとして「説得はできないと考えよう。カギになるのは信頼」と述べています。これは放射能の問題について述べているのですが，支援についても同様に「信頼」こそが一番の支援なのだと考えられます。持続的に支援をしてくれる，卒園児の保護者が様子を見に来てくれる，保護者が除染を手伝ってくれる等々，必要なことを知っている人が必要に応じて支援してくれることや継続的に支援してくれる人への感謝がアンケートでも述べられていました。このような支援こそが，真の支援ではないでしょうか。

　アンケートには，「(何が必要な支援なのかを）知らないのに，演奏だけしに来られても……」という記述がありました。支援する方は，何か自分にできることをと考えていても，現場ではありがた迷惑なこともあるようです。災害時における「支援」とはなにかについて，日常から考えをめぐらす必要を感じます。笠虎（2012）は，「被災地の自立支援ではなく，自己満足のボランティア中毒者が，避難所なき後，被災地で熱中しているのがイベントである」ことを指摘しています。アンケートの中では，演奏や演劇により，日常を忘れられ，ホッとしたという保育者の記述もありました。しかしこれも，ある程度日常が落ち着いてからのことです。どのような時期にどのような支援が求められるのかを一考することが，よりよい支援に繋がると思われます。

　支援される側が我慢をして有り難く受け入れなければならない状況があるようです。先にも述べましたが，支援をされる側は，自分の非により現在の状況

を招いたわけではないのです。被災者という呼び方自体も，哀れみをもって語られ，そしてそう呼ばれる人たちはそれを甘んじて受けねばなりません。被災者が受け身にならず，必要とする支援を積極的に発信できるあり方を検討していければと考えます。

（4）支援者・研究者に求められる配慮

　前節でも述べましたが，支援に対して配慮してほしかった点について，「支援を受けて有り難かったが」と前置きがある上で，「お礼状を求められる」「使用している状況を写真等で知らせるよう求められる」「報告書を求められる」等が挙げられていました。また，「アンケートが多すぎる」という記述が多く，これについてはかなり語気も強いものでした。日常業務に加え，震災関連業務の多い保育現場にとって持って行き場のない怒りがそこにはこめられていました。

　アンケートは，「現場の意見を発信する」手段でもあり，ともに考える場にもなり，研究や実践発展のための貴重な資料ともなり得ます。現場が負担に感じるということは，フィードバックを感じられない，つまり自分たちのためにはならないとアンケートの書き手が感じたということです。すなわち，研究者の（利己的な）目的のために利用されているとしか思われていないのでしょう。このことは，舟橋（2011）も「調査公害」として論考しています。先に紹介した清水（2014）の「カギになるのは信頼」ということに尽きるように思います。また，子どもや保育の問題を，本当に相手の立場でとらえて行動する文化が育っているのかどうか，大きな課題が内包されていると考えられます。現場（当事者）を守る，尊重するということと，支援者や研究者の利己性について考える必要があぶり出されたと言えます。

（5）支援者支援——園長・保育者への支援

　県内各地域において，細かく見ると，同一条件下にあっても園種，設置者の違いで必ずしも同じ支援が行われているとは言えません。これは一つには保育

制度の複雑さの問題でもあると思われます。震災後の保育をどうするかは設置者個々の努力に依存するところが大きくなりました。この点公立園は，良くも悪くも設置する市町村が園の方針の拠り所となりましたが，私立園は園長に判断が大きく求められ，その責任も大きくなりました。

　このように園長をはじめ保育者は，震災直後から様々な判断を求められながらも，家に帰れば自分自身も被災者でした。震災後のメンタルヘルスへの影響は，被災者だけでなく，業務として災害にかかわる災害救援者・支援者にも及ぶことが知られるようになり，「支援者支援」として取り組みがなされています（高橋，2012；澤口・操，2014；重村，2014）。自衛隊員や警察官，遺体関連業務に従事した歯科医師や行政職員，原発復旧作業従事者，医療保健福祉担当者など震災直後から救援・支援にあたった人々が「心の中で支援者と被災者の二つの立場が混在しているため，とても複雑な心理状況」（高橋，2012）であるため，とくにこういった職種の人々の支援をしていく取り組みです。保育現場においても，園長をはじめ保育者は園児やその保護者を支援する立場でありつつ，同時に自身も被災者でしたが，そのメンタルヘルスについては目が向けられていないと言ってよいでしょう。

　また，支援者支援は災害後の時期によって支援内容が異なり，「災害中長期になった今は…（中略）…，支援者と『一緒に考えること』，すなわちコンサルテーション的な役割が求められているよう」だとも高橋（2012）は述べています。これは長期にわたり支援を行っている行政職員や医療保健福祉担当者にあてはまると考えられますが，同時に，保育者（園長も含め）も支援者支援の対象になりうるのです。地域の子ども（乳幼児）全体に対する支援の連絡調整機能や保育のあり方について相談できる機能がこれからの保育者に対する支援として考えられます。保育にかかわる研究者ができることの一つは，保育者支援に継続的にかかわることではないでしょうか。たとえばアンケートをとった場合，保育者支援の場でフィードバックすることや調査の結果を行政をはじめ多くの人々に知ってもらうことが調査研究への信頼に繋がると考えます。

　このように考えると，各職場でさらに業務が増えることになりそうです。し

かし災害はいつ自分の身にふりかかるかわかりません。「災害への備えは平常時から」と言われるように，明日は我が身と考え，日常から対策を講じておく必要を強く感じます。

〈文　献〉

舟橋國男「災害の『調査・研究』と『復興案』について」『MERA Journal 人間・環境学会誌』第14巻，2011年，43-48頁。

磯部裕子「復興後の社会を担う子どもたちの今を支える――震災後の保育から見えてくる課題」『現代と保育』第88号，2014年，6-19頁。

笠虎崇『検証　新ボランティア元年――被災地のリアルとボランティアの功罪』共栄書房，2012年，130頁。

日本保育学会 放射能災害にかかる保育問題研究委員会『放射能災害下の保育問題研究――平成25年・26年調査報告書』2015年。

齋藤美智子「…そして今まで――被災3年間のあゆみ」大宮勇雄・安斎育郎（著）さくら保育園（編）『それでも，さくらは咲く――福島・渡利　あの日から保育をつくる』かもがわ出版，2014年，20頁。

澤口利絵・操華子「practice note 実践の根拠と臨床知を探る――被災地の地方自治体職員のケアを通じて支援する～東日本大震災から学ぶ心のケアの支援者支援活動」『月刊ナーシング』第34巻第10号，2014年，108-115頁。

重村淳「福島県県中地域の支援者支援を通じて考えること」『保健師ジャーナル』第70巻，2014年，204-208頁。

清水修二「福島の今と子ども達の未来――放射能災害に正面から立ち向かう」『現代と保育』第88号，2014年，20-35頁。

高橋葉子「東日本大震災の支援者支援――支援者であり被災者である人達を支えるということ」『精神医療』第67巻，2012年，114-120頁。

第 9 章

放射能災害と保育問題に関する研究の現在

岡野雅子

1 放射能災害と日本保育学会の取り組み

　東日本大震災が2011年3月11日に発生しました。日本保育学会第64回大会は2011年5月21～22日に玉川大学にて開催されましたが，その大会時に「緊急シンポジウム」が行われています。それは大災害発生からわずか2か月余のことでした。事前の大会プログラムにはその予定は入ってはいませんでしたが，当日は被害の現状についての展示も行われました。シンポジウムは，保育の場で地震・津波・放射能による前代未聞の体験をしたことは，子どもにとって，保護者にとって，保育者にとってどういうことであったのかを考えるとともに，今やるべきこととして「そこで，子どもは，保育者は，保護者は何を考え，どう行動したか」を明らかにして残すことである，という認識のもとに開催されました。被災地の幼稚園や保育所で行ったヒアリングの内容の報告も含まれていて，保育者の献身的な働きが紹介されました。そして，この現実を理解し共有して，今後の保育のあり方に向けての糧にしていくことが関係者の責務であるとし，さらに，保育現場をたんに元に戻すのではなく，この状況から学び，先に進むために継続して現場を支え，実態を究明するための継続的な活動が必要である，と指摘しています（日本保育学会『「災害時における子どもと保育」報告書』，2011）。

　日本保育学会には「災害時における保育問題検討委員会」が設けられ，その後も年次大会時にシンポジウムを開催してきました（日本保育学会 災害時にお

ける保育問題検討委員会「日本保育学会企画シンポジウムⅠ」，2012a；災害時における保育問題検討委員会「シンポジウム報告」，2012b；日本保育学会「震災を生きる子どもと保育」，2013；災害時における保育問題検討委員会「日本保育学会企画シンポジウムⅡ」，2013a；災害時における保育問題検討委員会「シンポジウム報告」，2013b）。第65回大会時には，災害下に生きる子どもや保護者，保育者の状況について広く共有し，課題や問題を整理し保育施設の役割，今後のあり方，保育者の専門性やその支えについてともに考えることを趣旨としています。第66回大会時には，福島県についての調査結果に基づいて放射能災害下における具体的な子ども・保護者・保育者の姿を振り返ることを通して，保育の原点や本質について検討することを趣旨としています。

　また，自主企画シンポジウムも行われてきました（日本保育学会自主企画シンポジウム，2012；2014）。

　本章では，日本保育学会の学会誌『保育学研究』をはじめ関連する学会誌，大学等の紀要，学会年次大会の研究発表などを検索し，2011～2016年2月に発表されたものの中から，研究題目に原発事故と保育問題について取り上げていると思われる研究を拾い出し，アクセスが可能であったものを資料としました。したがって，ここに取り上げることができなかった研究の中にも優れた研究があることは十分に推測され，それらが資料としてすくい上げられていないことをお許し願いたいと思います。

　探索の結果，原発事故について保育問題の観点から取り上げている学会誌掲載論文は，現在のところ見当たりません。関連する論文は，大学等の紀要に少し散見される状態ですが，日本保育学会，日本発達心理学会，日本教育学会などの年次大会では研究発表が行われています。

2　放射能災害による環境の変化が保育に及ぼした影響

　東日本大震災による被害は東北および北関東の太平洋沿岸の広範囲に及んでいますが，福島県，中でも沿岸部（浜通り）は原子力発電所の事故により，地

震・津波だけでなく放射線被曝という目に見えない被害も受け，二重の被害を受けることになりました。日々育ちつつある子どもにとって，このような突然の環境の変化はどのような影響を及ぼしているのでしょうか。

（1）保育に対する取り組みや子ども・家庭の変化

各保育所の取り組み　澤井・滝田（2012）は，放射能災害発生から半年後の9月に福島県内陸部の6か所の保育所長への聞き取り調査および職員と保護者への質問紙調査を行っています。その結果，子どもたちの戸外遊びが制限される中，体力づくりが課題であること，そして安全な食品について保護者との共通認識をもって給食を提供することが必要であることを指摘しています。さらに，帰宅困難な保護者の園児への対応や，緊急時の園児引き渡しにおける問題，地域との連携の重要性とそれに伴う責任に対する課題など，保護者・保育所・地域が綿密にコミュニケーションをとり，いっそう開かれた保育を心がけることが重要であると述べています。また，保護者の保育所への信頼感は園側の努力によって形成されていることが明らかになりましたが，さらに長期的な環境不安状態において保育所が果たす役割について，継続的に追跡研究をする必要性を指摘しています（関口ほか，2012）。

放射能汚染への対策　福島第一原発から約100km離れた宮城県の保育所で放射能汚染を測定したところ，狭い園内でも場所によって線量に10倍以上の開きがあり，数値は雨水の溜まる場所が高く放射性物質が雨水で濃縮されたと考えられることから，園の敷地内を細かく測定する必要があることを山本（2012）は指摘しています。そして，汚染箇所に蓋をしたりビニールシートを被せ，園児を汚染箇所付近に留まらせない対策を取ることにより，園児の被曝線量は大幅に低減したことを報告しています。

自然体験　生駒・大澤（2014）は，福島県の沿岸地区南部にある幼稚園の震災後3年間の保育実践のうち，自然体験に関するエピソードについて検討し，震災直後は屋内での栽培活動だったが，1年後は戸外でのプランター栽培が実施され，2年後には園庭改造を行い，戸外活動を全面的に取り戻している姿を

報告しています。

室内での保育などの工夫　2013年夏の福島県の幼稚園の調査では，屋外遊びや砂場の停止・制限，また畑を持つ園ではすべての園が畑活動を停止し，室内に砂場を用意したり走り回れるようにするなどの工夫をして保育活動の確保が図られるとともに，保護者との討論や研修・説明会・広報など保護者と積極的に連携を図っていることが報告されています（岩倉・小松，2014）。

子どもの姿の変化など　震災後2年9か月が経過した時点での保育者へのインタビュー資料を分析した結果，外遊びをするための準備の厳重さと活動を終えて室内に戻る際の入念な洗浄など，従来の保育にはなかった複雑なルーティンが保育活動に入り込み保育者や子どもの負担になっていること，また子どもの姿については，大人の言うことに対する聞き分けがよい反面，主体的な行動の少なさ（例；あきらめが早い，自己主張が弱い，自分を抑えている様子，遊びに自分から積極的に取り組もうとする喜びや感動の少なさ，「貸して」と言われると簡単に物を手放すなど）が語られ，異年齢交流が激減したことも共通認識であることが見出されています（池田・長田，2015；長田・池田，2015）。

震災後保育の地域差　音山・関口・滝田（2015）は，震災後保育の地域差に着目しています。中通りの園の園長・職員へのインタビューの内容は，主に屋外活動の制限下における屋内保育の工夫や実践とそれを通した保育者の学びでしたが，一方，沿岸地区北部の園では子どもの体力低下や気になる子どもの増加，保護者の不安やストレスの強さなど，かかわりの困難さについての意見が出されています。しかし，いずれの地域でも協同で課題を乗り越えて学び成長する保育者の姿が語られ，個々の保育者が振り返りを深め，子どもに寄り添った保育を追求するようになったことが語られました。

園庭活動再開後の課題　被災地の幼稚園では，園庭活動が再開された後も課題は山積していることを井上・三浦（2015）は指摘しています。子どもは固定遊具や砂場での遊びは楽しんでいますが保育者自身が楽しむことができていないこと，また第1子を震災前に育てた保護者はそのときの子育て経験がモデルとなり，震災後に生まれた子どもの子育てに悩んでいる様子がうかがえると報告

しています。

自然と交わる活動の制限　岩倉・小松（2015）は，前述の2013年夏に調査を行った（岩倉・小松，2014）同じ幼稚園を含む浜通り4園と中通り4園を調査しています。災害発生後3年が経過した時点でも調査したすべての園で畑活動は停止したままであり，多くの園で園外活動が制限されていて，子どもが自然と交わる活動が大幅に制限されていました。そのため，遊びが痩せていると指摘しています。

家庭での外遊びの変化　震災後2年が経過した福島県の家庭における子どもの外遊びの変化について，山・藤井・定行（2015）は報告しています。4分の1の家庭ではいまだに屋外活動を制限していますが，保護者は子どもを外で遊ばせたいという思いと屋外で遊ばせることの不安とに挟まれ苦悩しながら暮らしていることがうかがえます。屋外活動の制限が子どもに及ぼす影響についての危惧は「運動能力の低下」が77％と最多で，「ストレス（56.8％）」，「遊びの発想力（35.8％）」などが多く，除染状況は地域により差があり，家庭での除染作業はあまり進んでいないことが明らかになりました。

県外に避難した母子の実態　紺野・佐藤（2014）は，原発事故により福島県外へ避難した母子の実態に焦点を当てて，事例的に検討しています。母子での自主避難者は地元から自分たちだけが避難したという現実を踏まえ，その行動に対してネガティブな感情を伴った認知をしていることが多いのですが，自主避難生活がおおむね順調に推移している事例では，福島県内に残って生活している夫や両親の支持が適切であること，避難先の受け入れ施設（小学校など）の対応が適切であること，母親が事態を冷静に認知し柔軟に対応していること，などを挙げています。

子どもの心の発達　被災地における子どもの心の発達という課題は，複雑で見えにくいものになっていると中村（2015）は指摘しています。深い喪失感や悲嘆は容易には回復せず，それを分かち合い受容するための安心な場が必要ですが，現実には家族や友達，親しかった郷土の自然から切り離されていることが回復を遅らせていると述べています。したがって，発達における愛着形成と

そこからの分離，個体化・社会化の過程および複雑な心的外傷からの回復過程が複合した問題としてとらえて，子どもの声を深く聞き取りながら支援のあり方を考えていくことを提案しています。

母親の震災への備え　松澤・白木・津田 (2014) は震災を経験した通園児の母親の災害への備えについて調査を行っています。調査対象となった母親の居住地は 100 km 圏内および 10 km 圏内に 2 か所の原発があるのですが，結果は，9 割以上の母親が災害への何らかの備えを実践していて，その内容は備蓄が多く，家庭内でのコミュニケーション等を含めた災害に対する備えの実践は少ないことを明らかにしています。したがって，乳幼児を持つ家庭への防災・減災への支援としては，家庭内における連絡方法の確認等の備えの行動化に向けた保護者と子どもに対する防災教育等が必要であると指摘しています。

(2) 幼児の運動能力についての実証的研究

前項でも複数の研究が指摘しているように，災害後の福島では戸外での活動が制限されましたが，そのような環境要因は子どもの運動能力にどのような影響を及ぼしているのでしょうか。

戸外遊び時間の制限の影響　澤田ら (2015) は，福島県内の 3 か所の保育所で調査を行い，震災前の環境とほぼ同様の保育環境にある保育所 1 か所と，戸外で遊ぶ時間や場所を制限せざるを得ない環境にある保育所 2 か所を比較しています。5 歳児に運動能力検査（往復走・テニスボール投げ・立ち幅跳び・両足連続跳び越し・体支持持続時間・捕球）を実施した結果，戸外遊び時間の制限を受けていない園の園児の方が体支持持続時間（子どもの両側に跳び箱などの台を置き，それぞれの台の上に両手を置いて腕だけで体を支えさせて持続時間を測るもの。自分の体を支え引き上げる力や行動を持続する能力の指標となる）が大幅に長く，有意差が認められました。

歩数計による調査　菊池ら (2014) は，福島県内の保育所児・幼稚園児を対象に歩数計を用いて一日の歩数を算出しています。一日の歩数は 1 万歩前後であり，園内での歩数が園外（降園後）に比べて圧倒的に多く，降園後はあまり活

動していないことが推測されました。したがって，園外での歩数を確保するための運動遊びが実施できる公園等の整備が必要であると述べています。

（3）福島におけるボランティア等の保育実践

保育者養成校による保育実践　増田ら（2014）は，保育者養成校として保育研究の成果を活用して福島県内の保育所・幼稚園で保育実践を行っています。震災後2年を経過した2013年の夏から秋の資料では，「これまで当たり前になされていたことができない，除染には限界があり様々な制限ある生活を送らざるをえない，戸外での活動が制限される，自然に触れ合い身体を十分に動かすことが難しい」などの状況は，大きくは変化していないことを指摘しています。さらに，2014年の秋から冬には，地域社会を活用する親子活動や園近隣家族参加ウォークラリーなどの保育実践を試みています（大澤・岩田・増田，2015）。

飲料水を届ける支援　放射能災害により大きな健康不安を抱えた住民にとって水などの飲み物への不安は深刻であるという認識のもとに，被災地の幼稚園にペットボトルの飲料水を届けるボランティア活動を行った報告もあります（八尋，2014）。その活動により健康不安が軽減され，児童家庭福祉的支援としての成果が得られたことがわかりましたが，一方で，この活動によって福島県の水道水が安全ではないという風評被害や，水道水よりもペットボトルの方が安全であるという固定観念を強化してしまうおそれがあることを課題として述べています。

長期的支援の課題　震災および原発事故から時間が経つとともに人々の関心が遠のき，ボランティアの数も激減する中で，長期的支援の課題を考える動きもあります。シンポジウムの中で，日本臨床発達心理士会埼玉支部では2012年9月から仮設住宅集会所を借りて「遊びの広場」を開催したことを紹介し，今後の自分の生活の場はどこになるのか等，長引く仮設生活によって子どもたちや保護者はストレスと不安を抱えている現状を報告しています（須藤，2015）。

3　放射能災害による幼児と保護者のストレス

　長引く原発事故による災害が福島で生活する子どもの心のストレスに及ぼす影響について，筒井・高谷・富永・高原が取り組んでいる一連の研究があります。

　震災直後のストレス　震災後3〜4か月後（2011年6〜7月）に小学校・幼稚園・保育所の教員・保育者を対象に行った調査結果では，ストレス因子として「抑うつ」「条件性恐怖」「不安・退行」「イライラ・集中困難」の4つが抽出されています。4因子とも幼稚園・保育所の幼児の得点は小学校低学年・高学年の子どもと比べて高く，年齢の上昇とともに低下していることから，子どものストレスは年齢が低いほど強いことが示されました。4因子の中では「抑うつ」は全体に少なく，「不安・退行」「イライラ・集中困難」などのフラストレーション反応と「条件性恐怖」[1]が中心でした。この結果は，現在「心のケア」の中心となっているPTSD（Posttraumatic stress disorder：心的外傷後ストレス障害）への対応だけでなく，日常生活が制限された子どもたちのフラストレーションを低減することの必要性を示しています（富永ほか，2012）。

　発達段階と時間経過の影響　その後も，2012年1月から1年間隔で調査を行っています。幼児，小学校低学年，小学校高学年を比較すると，ストレス反応の表れやすさは子どもの年齢によって異なること，ストレス反応は年齢により異なるタイミングで増減することが明らかになりました。したがって，災害に対する子どものストレス反応をとらえる場合に「子どもの発達段階による違い」と「時間経過」の両方を考える必要があります。すなわち，幼児のストレス反応は，震災から3か月後にもっとも高い値を示し小学生よりも高いレベルでしたが，その後は幼児・小学生ともに低下していき，幼児の方が減少していく過

（1）　条件性恐怖：条件反応の一つ。たとえば，ラットに電気ショックを与えると跳びあがったりするが，電気ショックと音をいっしょに繰りかえし呈示しつづけると，音だけを呈示してもラットは動きが少なくなったり跳びあがる場合がある。条件性抑制ともいう。

程も早いことが明らかとなりました。小学生のストレス反応は半年後に強まっていますが，それは転校していく友達などの影響が考えられることから，年齢が高くなると社会との繋がりの中で感じるストレスが増えるのではないかと高谷（2016）は述べています。

　睡眠の問題　心理的ストレスに伴う子どもの睡眠問題として，一人で眠れないなどの睡眠不安や，日中の眠気が挙げられています（高原，2014）。

　子どものストレスと母親のストレス　筒井・高谷・富永（2015）は，子どものストレスと母親のストレスを関連づけて検討しています。2013年11月～2014年3月に乳幼児を持つ母親を対象に調査を行ったところ，福島の母親は他県の母親と比較して放射線不安得点もストレス得点も有意に高い結果となりました。2011年6月～2014年1月の間にどのように変容してきたかについて見ると，福島県の保護者の放射能に対する不安は時間経過とともに有意に低下していますが依然として高い状態にあり，とくに「飲み物」「食品の産地」への不安については経年変化は認められませんでした。保護者のストレスおよび子どものストレスは2014年には大きく低下していますが，詳しく見ると「抑うつ」「イライラ・集中困難」に関しては有意な減少は認められません。したがって，震災や原発事故と関連するストレスは，福島の子どもと保護者に影響を与え続けていると考えられます（高谷・富永・筒井，2015）。

　母親の精神的健康　佐々木ら（2015）は，幼児を育てる母親の精神的健康に焦点を当て，それに影響を与える要因について検討しています。その結果，放射能による子どもの健康への影響懸念と放射線問題をめぐる周囲との相違および放射能にかんする自己判断不確実感は抑うつを高めること，および，放射能にかんする公的・専門的情報は抑うつを低下させる影響を持つことを見出しています。

　母親の慢性的なディストレス　牛島・成・松谷（2014）は，子育て中の母親のディストレス持続関連要因について取り上げています。福島県中通りの子育て中の母親のメンタルヘルスは，時間経過とともに適応できていく人と回復から取り残されてしまう人に分かれる鋏状格差の傾向を呈していることを指摘して

います。原発事故から2年経過後の子育て中の母親の慢性的なディストレスは，過覚醒症状を中心にうつ症状が加わった状態であると考えられ，いわば慢性的な自律神経系の過敏状態で，つねに緊張状態にありリラックスすることができません。それらに影響をもたらしている事項としては，原発事故後の生活変化とそれに伴う子育て不安，配偶者や両親との認識のずれ，経済的負担感などがあります。たとえば，福島では幼い子どもを持つ母親同士であっても放射能に対する考え方は様々であるため，家庭外で子育てについて安易に口にすることができない状況にあると言います。そのため，環境放射能への対処をめぐる配偶者・両親・周囲の人との認識のずれを緩和するための早急な支援策が求められます。したがって，母親の子育て不安は生活拠点の除染を進めるだけでは払拭しきれない可能性は高く，経済的支援とともにきめ細やかな情報提供による信頼回復が必要不可欠であると指摘しています。

4　放射能災害の特殊性と深刻性

　2011年3月11日に発生した東日本大震災に伴う原発災害とは，そもそもどのような災害なのでしょうか。あらためて考えてみたいと思います。

　放射能災害の影響の大きさ　震災3か月後に行った全国調査で「東日本災害で起きた地震，津波，原発災害のうちで，最も深刻な被害を与えた災害は何ですか」という質問に対する回答は「原発災害」が55.4％と過半数を占め，「津波（24.0％）」，「地震（19.1％）」を大きく引き離しています（広瀬，2012）。なぜ深刻だと判断したかの理由として，地震や津波は自然災害としての体感型災害であり被害の程度が具体的に把握でき，その責任を帰属させるべき大自然を前にしてひたすら頭を垂れる以外になすすべがなく，しかも被害は限定的であるのに対して，原発災害には災害因を五感でとらえることができない不気味さがあることが考えられます。それゆえ，被曝への不安は弥漫的であり，とらえようがないだけに心身への危害性は大きいと言えます。「非常に不安である」「かなり不安である」を合わせると日本中の8割以上の人が放射能への被曝の不安

を訴えています。したがって，レベル7の原発災害は，M9.0の地震の被害よりも規模はより大きく，影響はより深刻です。そして，被害者は放射能除染の効果に懐疑的であると言います。そこには収束するまでに数十年もかかる災害の特殊性が存在します。避難地域はもともと高齢者が多く，過疎化が進行していた地域であり，若い世代の人口流出は長期にわたり，彼らの多くは再び戻ることはないだろうと考えられます。原発災害の被害者に必要なことは，ノスタルジックに住民の帰還を図ることではなく，安定した職と健康に不安のない住環境である，と広瀬は指摘しています。

放射能災害の特殊性　震災後3年が経過しても「フクシマは未だ東日本大震災被災の最中である」と梅宮（2014）は言います。原子力災害の被災によるストレス因の諸相は，東日本大震災の被災（地震・津波）によるものとはその経過および今後予想される内容が異なることを指摘して，教育的な支援や心理学的・精神医学的支援を展開するときに効果予測や到達点の設定を混同してはならないと主張しています。

母親の心理的ストレスと子どもの心理的発達　筒井（2016）は，1986年に起きたチェルノブイリ原発事故のWHO報告書（2006年）が，事故によってもたらされた最大の公衆衛生上の問題は，心理的健康への影響だと指摘していることを紹介しています。原子力災害までも「震災」に含めてよいのか，「震災」というくくり方をすることで個々の災害の持つ特殊性が見えにくくなるのではないかと述べています。放射線に被曝し，身体的健康を害する危機が自分や家族に迫っていると感じ，不安や恐怖，心理的ストレスに長期間さらされる経験が心理的影響を引き起こす強力な要因となっています。このような健康被害に対する不安やリスクの認知が，そこで生活する母親の心理的ストレスを押し上げ，母親の親行動にネガティブな影響を与えています。福島で生活している子どもたちの心理的ストレスが高い理由の一つは，このような母親の親行動と密接に関与していると考えられます。乳幼児期は子どもの心理的発達にとってきわめて重要な時期であり，社会にうまく適応し，情動を制御するための基盤が作られます。それはアタッチメントと自己制御です。もし，この時期に慢性的スト

レスを経験すると、その発達が阻害され、母子関係が破綻したり、情動コントロール、行動統制の問題となって顕在化する可能性があり、将来、大きな社会的問題となる可能性があるのではないかと筒井は述べています。

コミュニティ分断の影響　原発事故後の変化について、成（2016）は、生活変化とコミュニティ分断の側面を取り上げています。福島の子どもは原発事故が原因で、長期にわたって健康不安、将来の結婚・出産などの差別不安、心身への後遺症を抱える可能性があります。自然災害の場合には地域ごとに被災状況が似ているのに対して、原発事故後に中通り9市町村で調査を行った結果では、同じアパートに住んでいてもそれぞれリスク認知と対処行動が異なっていて、家族内および地域内で放射能への対処をめぐって葛藤や軋轢が生じやすいと言います。原発事故後の生活の変化のみならず、こうした認識のずれに伴うコミュニティの分断が母親の精神的健康に影響し、それが子どもの行動・発達にも影響を及ぼしていると指摘しています。そして、避難区域に隣接する地域における原発事故の影響は依然深刻であり、その影響は慢性化しています。とりうる選択肢として、放射能の影響についての感じ方や対処の仕方が異なっている人々が納得して自己決定できる環境を整備することを提案しています。

5　様々な観点からの研究と長期的研究の必要性

　東日本大震災に伴う福島の原発事故について保育問題およびそれに関連する観点から取り上げた研究について概観してきました。「原発事故と保育問題」といっても、そのどこに焦点を当てるか、どの観点から問題にアプローチしているかは、様々です。日本保育学会年次大会（第65回、第66回、第67回、第68回）における研究発表11編について発表部門を見ると、「保育内容Ⅰ（保育内容総論・遊び）」2編、「保育内容Ⅱ（健康・人間関係・環境・言葉・表現）」3編、「保育環境・保育教材」3編、「保育方法」2編、「家庭教育・家庭及び地域との連携・子育て支援」1編であり、研究発表はいくつもの部門に分散して行われていることがわかります。

しかし，原子力災害と子育ての関係に対する関心は，一般的には大きくはないようです。メディアが原子力災害と子育てについてどのように取り上げているかを新聞記事のデータベースで分析したところ，1999年に東海村で発生した臨界事故を経験してもなお，新聞社は原子力災害と子育てとの関係についてはまったく記事として取り上げていないことが明らかになりました。つまり，新聞社としてもこのような事態は想定していなかった，と佐藤・大場（2015）は指摘しています。

　また，本章で見た研究から，原発事故災害の被災地を「福島」として一括りに言うことが多いのですが，しかし地域により事情は異なっていることが明らかとなりました。そして，時間が経過しても「災害」はいまだに解決されない状態であり，現在も進行中であると言えます。

　さらに，「課題」は状況の進行および変化とともに移り変わっています。それはたとえば，被災地には様々な支援が行われていますが，必要以外のモノまで何でも与えられる中での子育ては，一部では保護者を支援慣れさせてしまっていると指摘する声もあります（井上・三浦，2015）。したがって，震災後の課題は，状況が刻々と変化する中でより多方面にわたり，より深刻になっていると言えるようです。

　今後は調査しつつ支援の課題を明らかにするという，支援と結びついた長期的コホート研究を行っていく必要があります（中村，2015）。

　藤田（2013）は「東日本大震災と教育に関する総合的研究」の知見の一つとして，次のように述べています。「福島原発事故は自然災害・文明災害・人災の複合災害となったが，同被災地と津波被災地の人々は悪夢のような体験とPTSD等に加えて『故郷喪失』状況に追いやられることにもなった。その過酷災害からの復興・立ち直りの道は険しいが，学校再開と子どもの笑顔や被災地内外に形成されたNPO・有志団体の協働と活力が復興・立直りの契機・先導となることが明らかになった」。原発事故と保育問題は今後とも長期的に私たちが取り組む必要がある課題ですが，子どもは未来であることをここでも確認することができると言えます。

〈文　献〉

藤田英典「東日本大震災と教育に関する総合的研究」科学研究費補助金による研究，研究概要，2013年。https://kaken.nii.ac.jp/ja/report/KAKENHI-PROJECT-24243073/RECORD-242430732012jisseki/（2017年2月1日閲覧）

広瀬弘忠「3.11原発災害とはどのような災害なのか」『心理学ワールド　特集：東日本大震災から一年』（日本心理学会）第57号，2012年，5-8頁。

池田りな・長田瑞恵「環境変化による保育の変化が子どもに与える影響（2）──3歳児クラスの検討」『日本保育学会第68回大会発表要旨集』2015年，ID: 724。

生駒恭子・大澤力「放射能と子どもと保育──ほうとく幼稚園における子どもの実態と保育の検討」『日本保育学会第67回大会発表要旨集』2014年，719頁。

井上孝之・三浦主博「放射線下における幼稚園の戸外活動再開後の課題（3）──新入園児の園生活の適応から観る震災の影響（2）」『日本保育学会第68回大会発表要旨集』2015年，ID: 17003。

岩倉政城・小松秀茂「放射能汚染地区の保育園幼稚園活動と保護者連携」『日本保育学会第67回大会発表要旨集』2014年，902頁。

岩倉政城・小松秀茂「放射能汚染地区の保育活動は復興しているか──現地追跡調査から」『日本保育学会第68回大会発表要旨集』2015年，ID: 15042。

菊池信太郎・岸本あすか・長野康平・中村和彦「東日本大震災後の子どもたちの体力・運動能力低下の要因について，未就学児の日常生活パターンからの考察──未就学児における一日の歩数と，日常生活パターンに関するアンケート結果から」『日本体育学会第65回大会予稿集』2014年，193頁。

紺野祐・佐藤修司「東日本大震災および原発事故による福島県外への避難の実態（1）──母子避難者へのインタビュー調査を中心に」『秋田大学教育文化学部研究紀要教育科学部門』第69集，2014年，145-157頁。

増田まゆみ・大澤力・岩田力・関章信・生駒恭子「大震災を乗り越えるⅠ──福島の保育，家族，保育者養成校を繋ぐ」『日本保育学会第67回大会発表要旨集』2014年，246頁。

松澤明美・白木裕子・津田茂子「乳幼児を育てる家庭における災害への『備え』──東日本大震災を経験した通園児の母親への調査より」『日本小児看護学会誌』第23巻第1号，2014年，15-21頁。

長田瑞恵・池田りな「環境変化による保育の変化が子どもに与える影響（1）──4歳児クラスと5歳児クラスの検討」『日本保育学会第68回大会発表要旨集』2015年，ID: 723。

中村俊「福島から考える，日本教育学会ラウンドテーブル8　東日本大震災被災地における子どもの発達課題と地域主体形成の可能性──子どもの情動・感情と

自己の発達を支える教育学と脳科学の共同」『日本教育学会第74回大会研究発表要旨集録』2015年，98-99頁．

日本保育学会『「災害時における子どもと保育」報告書（日本保育学会第64回大会緊急シンポジウム　平成23年5月22日　於：玉川大学）』2011年．

日本保育学会『震災を生きる子どもと保育（日本保育学会　災害時における保育問題検討委員会　報告書）』2013年．

日本保育学会自主企画シンポジウム「東日本震災と子どもたち――『3.11その時，保育園は――いのちをまもる・いのちをつなぐ』の視聴を通して」『日本保育学会第65回大会発表要旨集』2012年，167頁．

日本保育学会自主企画シンポジウム「保育環境の変化と保育の危機――放射能災害後の子ども，保育者，保護者における危機を考える」『日本保育学会第67回大会発表要旨集』2014年，27頁．

日本保育学会　災害時における保育問題検討委員会「日本保育学会企画シンポジウムⅠ　震災を生きる子どもと保育――災害下の保育施設のあり方を問う」『日本保育学会第65回大会発表要旨集』2012a年，36-37頁．

日本保育学会　災害時における保育問題検討委員会「シンポジウム報告　震災を生きる子どもと保育――災害下の保育施設のあり方を問う」『保育学研究』第50巻第3号，2012b年，98-105頁．

日本保育学会　災害時における保育問題検討委員会「日本保育学会企画シンポジウムⅡ　鼎談『放射能災害下における保育のこれまでとこれから――保育の原点を問い直す』」『日本保育学会第66回大会発表要旨集』2013a年，36-37頁．

日本保育学会　災害時における保育問題検討委員会「シンポジウム報告　放射能災害下における保育のこれまでとこれから――保育の原点を問い直す」『保育学研究』第51巻第3号，2013b年，130-141頁．

大澤力・岩田力・増田まゆみ「大震災を乗り越えるⅡ　福島の保育のさらなる充実を目指して」『日本保育学会第68回大会発表要旨集』2015年，ID：637．

音山若穂・関口はつ江・滝田良子「福島県における震災後保育の地域差の一検討」『日本保育学会第68回大会発表要旨集』2015年，ID：806．

佐々木美恵・小林紀代・市川陽子・香山雪彦「東日本大震災後の放射線不安下において幼児を育てる母親の精神的健康」『日本発達心理学会第26回大会発表論文集』2015年，P7-082．

佐藤由香里・大場智樹「原子力災害と子育て（2）――新聞報道の分析より」『日本発達心理学会第26回大会発表論文集』2015年，P1-020．

澤田美砂子・杉山哲司・鹿内菜穂・定行まり子「環境と幼児の運動能力の関係――震災後福島の保育所における運動能力検査の実施」『日本女子大学紀要家政学

部』第62号，2015年，21-27頁。

澤井洋子・滝田良子「災害後の保育所保育の変化と課題Ⅰ——保育所のあり方と危機管理」『日本保育学会第65回大会発表要旨集』2012年，256頁。

関口はつ江・加藤孝士・澤井洋子・滝田良子「災害後の保育所保育の変化と課題Ⅱ——保育所の取り組みと保護者の意識」『日本保育学会第65回大会発表要旨集』2012年，257頁。

成元哲「原発事故後の生活変化とコミュニティ分断の実態」『心理学ワールド　特集：われわれは何をなすべきか——東日本大震災と心理学の5年間を振り返る』（日本心理学会）第72号，2016年，25-27頁。

須藤幸恵「長引く仮設住宅の影響——福島県いわき市支援報告　日本臨床発達心理士埼玉支部企画シンポジウム　原発被害者の長期的支援を考える」『日本発達心理学会第26回大会発表論文集』2015年，CS6。

高原円「福島原発事故関連の心理的ストレスに伴う子どもたちの睡眠問題に関する調査　日本発達心理学会自主企画シンポジウム　放射能汚染が福島の人々に及ぼした心理的影響」『日本発達心理学会第25回大会発表論文集』2014年，46-47頁。

高谷理恵子「発達段階ごとに異なる震災の心理的影響について——東日本大震災後の福島市における幼稚園児・小学生の保護者の調査から」『ニューズレター　特集：東日本大震災と個々の発達——心理的影響と支援をめぐる現状と課題』（日本発達心理学会）第77号，2016年，1-2頁。

高谷理恵子・富永美佐子・筒井雄二「原子力災害による心理学的影響に関する研究（2）　福島県の園児・児童とその保護者の心理的ストレスの変化」『日本発達心理学会第26回大会発表論文集』2015年，P4-003。

富永美佐子・高原円・高谷理恵子・筒井雄二「福島県の小学生および幼児のストレスの評価——震災から3～4か月後のFUKUSHIMAの子どもたちを中心に」『日本発達心理学会第23回大会発表論文集』2012年，423頁。

筒井雄二「原子力災害が引き起こす心理的影響——福島が経験した原子力災害の5年間」『心理学ワールド　特集：われわれは何をなすべきか　東日本大震災と心理学の5年間を振り返る』（日本心理学会）第72号，2016年，10-12頁。

筒井雄二・高谷理恵子・富永美佐子「原子力災害による心理学的影響に関する研究（1）　福島県の1歳6ヶ月児，3歳児と母親の心理的ストレス」『日本発達心理学会第26回大会発表論文集』2015年，P4-002。

梅宮れいか「被災支援者としての自分とフクシマでの葛藤　日本発達心理学会自主企画シンポジウム　東日本大震災後の継続的な心の支援の必要性について——被災地在住の心理学者による3年間の振り返りを通じて」『日本発達心理学会

第25回大会発表論文集』2014年，24-25頁。
牛島佳代・成元哲・松谷満「福島県中通りの子育て中の母親のディストレス持続関連要因——原発事故後の親子の生活・健康調査から」『ストレス科学研究』第29巻，2014年，84-92頁。
八尋茂樹「幼児をもつ保護者の放射線不安を軽減するための児童家庭福祉的支援の試み——被災地の幼稚園にペットボトルの飲料水を届けるボランティア活動を通して」『新見公立大学紀要』第35巻，2014年，81-84頁。
山侑子・藤井里咲・定行まり子「福島県の家庭における放射能の現状と子どもの外遊びの変化について」『日本女子大学紀要家政学部』第62号，2015年，59-64頁。
山本広志「保育園における放射能汚染と現場の対応」『山形大学教職・教育実践研究』第7巻，2012年，55-58頁。

結びにかえて

　東日本大震災後，災害に遭われた地域の保育所，幼稚園の園長先生，保育者，保護者の方にお目にかかりお話をうかがう機会を多く持ちました。震災直後から，現在にいたるまで，苦労話はお聞きしましたが，怒りや恨み，後悔の言葉はほとんどお聞きしません。「子どもの今を肯定すること」を最優先にして，今できることに専念しているからだと感じました。蒙ったことに受け身にならずに，課題を解決しつつ生活することを第一義としてきたことが伝わってきました。子どもの存在，言い換えればそれまでに積み上げていた子ともと保育者の生活が，どれほど大切に営まれていたかがわかります。どのような状況であっても，大人を信頼し，安心して寄りかかり，その指示を受け入れようとし，制限され設定された場所でも自分なりに遊び，面白さを見つけようとする子どもの能動性が，大人を励ます力にもなったと思われます。それはそれまでの保育の中で培われていたものです。

　放射能に対する保護者の対応はまちまちでした。園で戸外活動ができるようになっても，外遊びを禁止した保護者もいらっしゃいます。みんなが外で遊んでいる30分，室内で補助の先生と，場合によっては一人で遊んでいます。でも，みんなが戻ればまた自然に一緒に遊びます。何もかも同じでなくても，同じことをしなくても大丈夫でした。自分なりの時間の過ごし方ができる子どもの強さが育てられ発揮されていました。こうした事例から，特殊な状況での大人の決断，子どもの行動，関係の展開は，それまでの生活の延長線上にあって，日ごろは隠れていた土台が顕在化し，不測の事態を支えると言えましょう。

　この災害下にあって，地域も保育の場も本来の子どもらしい生活にもどすために，力を尽くしてきました。地域ぐるみの環境改善やイベントの開催，専門家によるPTSD対策，外部からの支援活動等，種々の取り組みがなされてきました。そうした地域の動きが子どもたちや保護者の活動の可能性を広げ，励まし支え続けたことは言うまでもありません。危機的状況をそれぞれの立場で

共有しようとする裾野の広がりが現場を孤立から救っていることも明らかです。しかし，その効果は一様ではなかったようです。当事者が必要としていることは何かを細やかに配慮する寄り添い方が今後の課題ではないでしょうか。

　この制限された環境下での子どもたちの活動，成長の様子の中で，子どもはいつも「環境の中の子ども」であること，しかも「自分は自分なりに」育とうとする強い意志を持つことが見えてきました。自身がおかれた状況を全身で受け留めて，その中で一心に育とうとしている子どもの真剣な姿は，「自分たちとしてはそうせざるを得ない」と訴えかけていたようにも思われます。その子どもたちの姿と，子どもに応じようと奮闘されている保護者，保育者の状況を心に留め，この社会環境の中で，これまで当たり前のこととして見逃してきた子どもの生活の根底を考える得難い機会としなければならないと考えます。

　震災から5年を経過していますが，私たちは災害に遭われた保育者や保護者の方々への聞き取り，アンケート調査を続けています。災害は様々な形で，今に繋がっていることが明らかです。2016年10月に行いましたアンケート調査の自由記述からいくつかの意見を紹介します。

　保育者の意見として，「震災を経験し，子どもたちの命をお預りしているという気持が強くなりました」「災害があったことでどの状況においても子どもたちが楽しいと思える保育を考えて保育をしてきました」「つねに子どもたちの状況を把握するということだけでなく，その次の行動も予測して保育するようになりました」「自然と触れ合うこと，思い切り体を動かして遊ぶ経験が心の安定や体力面に影響していることを痛感しています」「戸外遊びの重要さ，子どもたちの思いを十分に受けとめる保育を心がけています」など，保育に前向きな意見とともに，「子どもたちの集中力や忍耐力がかなり衰えた。我慢することができない」というような課題が指摘されています。

　保護者の意見として，「今まで子どもに合わせたその場の対応ばかりだったが，危機管理も考えながら，今後の生活の流れが上手くいくような基盤つくりを考えながら動くようになってきました」「いつどこで命を落すか分からない

結びにかえて

が，物や土地に執着せず，少ないもので小さく暮らし，幸せをかみしめたい」「近所，仕事を含めてコミュニケーションをとって，助け合える関係を作りたい」「子どもと過ごす時間を増やしたい。出来るだけ外で遊ばせたい」と生活への向き合い方への覚悟が表われています。しかし，その根底にはけっして終わらない苦悩もあります。「震災から5年過ぎようと10年過ぎようが，あのメルトダウンしたことで多くの福島県民（子育て世代）の苦しみは変わりません」「子どもが受けるあらゆる被害（体のこと，心のこと，成長のこと）は5年経とうが10年経とうがぬぐえない」「放射線量を定期的に測定し，子どもの健康面に気を配っています。甲状腺ガンにならないかとても不安です」。

　今後も，震災の影響は時間の経過，子どもたちの成長とともに姿を変えて続くものと考えられます。保育関係者には今後とも子どもたちのよりよい育ちのための支えが求められるでしょう。

　この本が出来上がるまでに，多くの先生方や保護者の方に何度もお話を聞かせていただいたり，書いていただいたり，質問紙調査に答えていただいたりしました。正直なところ，執筆者一同，問題の複雑さに立ち往生してしまい，発信すべき焦点を鮮明にすることができないまま，事実をお伝えするにとどまりました。しかも，提供していただいた資料を十分生かすことすらできなかったと反省しております。

　読み手の皆様が，私たちが読み解くことができなかった課題，浅薄な解釈をご指摘くださることを切に願うものです。

　厳しい状況でありながら，元気を失わなかった保育現場の皆様に深く敬意を表し，今後のご発展をお祈り申し上げます。また，資料の提供，活用をお認めくださいました関係団体様，保育現場との橋渡しをしてくださいました諸先生方に心より感謝申し上げます。

　　2016年10月

　　　　　　　　　　　　　　　　　　　　　　　　　　　　関口はつ江

《執筆者紹介》

関口はつ江（せきぐち　はつえ）編者，第2章，第3章第2節・第3節，第4章第1節・第3節，
　　　結びにかえて
　　東京福祉大学社会福祉学部　教授

賀門康博（かもん　やすひろ）第1章，第3章第1節
　　郡山女子大学附属幼稚園　園長／郡山女子大学短期大学部　非常勤講師

田中三保子（たなか　みほこ）第4章第2節(1)(2)
　　道灌山学園保育福祉専門学校　非常勤講師

池田りな（いけだ　りな）第4章第2節(3)
　　大妻女子大学家政学部　教授

安斉悦子（あんざい　えつこ）第5章第1節
　　大槻中央幼稚園　園長／郡山市私立幼稚園協会幼児教育センター　センター長

長田瑞恵（ながた　みずえ）第5章第2節
　　十文字学園女子大学人間生活学部　教授

加藤孝士（かとう　たかし）第6章，第7章
　　四国大学生活科学部　講師

原野明子（はらの　あきこ）第8章
　　福島大学人間発達文化学類　准教授

岡野雅子（おかの　まさこ）第9章
　　東京福祉大学短期大学部　教授

■事例執筆
伊藤ちはる　伊藤博美　遠藤澄恵　大越洋子　奥美代　小澤千晶　川上むつみ
根本頼子　屋代京子

■資料提供協力
日本保育学会／福島県私立幼稚園連合会［現：福島県私立幼稚園・認定こども園連合会］（理事長・関章信［当時］）／郡山市私立幼稚園協会（会長・平栗裕治）／郡山市大成保育所（所長・大越洋子［当時］）／はなさと保育園大町分園（園長・屋代京子［当時］）／大槻中央幼稚園（園長・安斉悦子）／田村町つつみ幼稚園（園長・辻紀美子）／みらい幼稚園（園長・鈴木則子）／郡山女子大学附属幼稚園（園長・賀門康博）／富田幼稚園（理事長・宮澤キヨ子）

《編著者紹介》
関口はつ江（せきぐち・はつえ）
1937年　生まれ
青山学院大学大学院心理学研究科修士課程修了
慶應義塾大学大学院社会学研究科教育学専攻後期博士課程満期退学
郡山女子大学短期大学部教授（附属幼稚園園長兼務），鶴見大学短期大学部教授，十文字学園女子大学教授を経て
現　在　東京福祉大学社会福祉学部保育児童学科　教授
主　著　『保育者論（改訂版）』（共著）建帛社，2007年
　　　　『保育原理——実践的幼児教育論（第4版）』（共編著）建帛社，2009年
　　　　『実践としての保育学』（共編著）同文書院，2009年
　　　　『実践理解のための保育内容総論』（共編著）大学図書出版，2011年
　　　　『保育の基礎を培う保育原理（第2版）』（編著）萌文書林，2015年

東日本大震災・放射能災害下の保育
——福島の現実から保育の原点を考える——

2017年3月30日　初版第1刷発行　　　　　　〈検印省略〉

定価はカバーに
表示しています

編著者	関　口　はつ江
発行者	杉　田　啓　三
印刷者	江　戸　孝　典

発行所　株式会社　ミネルヴァ書房
607-8494 京都市山科区日ノ岡堤谷町1
電話代表 075-581-5191
振替口座 01020-0-8076

© 関口はつ江ほか，2017　　共同印刷工業・藤沢製本
ISBN978-4-623-07805-9
Printed in Japan

震災復興が問いかける子どもたちのしあわせ
――地域の再生と学校ソーシャルワーク
鈴木康裕 編著
四六判 216頁 本体 2400円

東日本大震災 復興5年目の検証
――復興の実態と防災・減災・縮災の展望
関西大学 社会安全学部 編
A5判 380頁 本体 3800円

東日本大震災と社会学――大災害を生み出した社会
田中重好・船橋晴俊・正村俊之 編著
A5判 364頁 本体 6000円

災害復興からの介護システム・イノベーション
――地域包括ケアの新しい展開
小笠原浩一・栃本一三郎 編著／日本介護経営学会 編集協力
A5判 296頁 本体 3000円

災害復興におけるソーシャル・キャピタルの役割とは何か
――地域再建とレジリエンスの構築
D.P.アルドリッチ 著／石田 祐・藤澤由和 訳
A5判 314頁 本体 4000円

原発災害はなぜ不均等な復興をもたらすのか
――福島事故から「人間の復興」，地域再生へ
除本理史・渡辺淑彦 編著
A5判 280頁 本体 2800円

東日本大震災とNPO・ボランティア
――市民の力はいかにして立ち現れたか
桜井政成 編著
A5判 232頁 本体 2800円

季刊誌　発達
1・4・7・10月 各25日発売
B5判／120頁　本体 1500円
乳幼児期の子どもの発達や，それを支える営みについて，幅広い視点から最新の知見をお届け！
＊128号「特集　震災の中で生きる子ども」，132号「特集　震災の後を生きる子ども」，145号「特集　子どものトラウマのケアとレジリエンス」など。

ミネルヴァ書房
http://www.minervashobo.co.jp/